BAYERISCHE SAGEN

Sagen aus
Altbayern, Schwaben und Franken

Herausgegeben
von Günther Kapfhammer

Eugen Diederichs Verlag

CIP-Kurztitelaufnahme der Deutschen Bibliothek

Bayerische Sagen : Sagen aus Altbayern, Schwaben u. Franken / hrsg. von Günther Kapfhammer. – 4. Aufl. – Düsseldorf, Köln : Diederichs, 1978.
ISBN 3-424-00421-9

NE: Kapfhammer, Günther [Hrsg.]

Vierte Auflage 1978
Mit 16 Bildtafeln und 35 Abbildungen im Text

Schrift Korpus Baskerville-Linotype
Umschlaggestaltung Friedrich & Hannelore Schwarzat
Klischees Erwin Vogt KG, Düsseldorf
Gesamtherstellung Passavia Passau
Printed in Germany
ISBN 3-424-00421-9

Zur Einführung

In den zwanziger und dreißiger Jahren veröffentlichte der Eugen Diederichs Verlag in einer Reihe von Sagen deutscher Landschaften auch einen Band bayerischer Sagen. Sein Herausgeber war Friedrich Lüers, Mitarbeiter der Wörterbuchkommission der Akademie der Wissenschaften in München. Der Band »Bayerische Sagen« von Lüers beschränkte sich nicht nur auf eine Sagensammlung, sondern verarbeitete Materialien aus vielen Bereichen der Europäischen Ethnologie. Dem Leser vermittelte er seinen Stoff in einer überarbeiteten, erzählerisch ansprechenden Form. Die großen Sammlungen, die im 19. Jahrhundert Bayerns vielfach führende, auch von den Brüdern Grimm anerkannnte Sonderstellung begründeten – zu erinnern ist an die Sammlungen von Panzer, Schönwerth und Leoprechting, aus denen auch hier zitiert wird –, erfuhren durch die Lüers'sche Sagenedition keine Fortsetzung.

Nach dem Zweiten Weltkrieg blieb eine neukonzipierte, quellenkritische, überregionale Sagenveröffentlichung aus, wenn man vom Nachdruck des »Panzer« durch Will-Erich Peuckert absieht. Regionale Sagensammlungen erschlossen bestimmte Gebiete Bayerns. An erster Stelle ist hier, für den fränkischen Raum, die vorbildliche Sammlung von Josef Dünninger zu nennen. In ihr werden Sagen in chronologischer Reihenfolge geschildert, so wie sie aus den Quellen ermittelt werden konnten. Zu nennen sind weiter die von Hermann Endrös und Alfred Weitnauer herausgegebenen (neubearbeiteten) Allgäuer Sagen oder die Sagensammlung ähnlichen Stils von Karl Treutwein für Mainfranken; eine gute mundartliche Sammlung legte Ulrich Benzel für die östliche Oberpfalz vor. Im

Rahmen der vom Diederichs Verlag herausgegebenen landschaftlich orientierten Sagenbände wird nun eine überregionale bayerische Sagensammlung vorgelegt. An einen wenn auch revidierten Nachdruck des Lüers'schen Bandes war nicht zu denken, da seine Gliederung (Die Landschaft und ihre mythischen Bewohner; Geschichtliches Leben und Christentum; Fortwirkender Beiglaube) überholungsbedürftig und die Texte nicht eindeutig nach Quelle und Bearbeitung getrennt waren. Die Beschränkung auf eine »reine« Sagensammlung erwies sich deshalb bei dieser Ausgabe als notwendig.

In der vorliegenden Neuveröffentlichung bayerischer Sagen sollten neben Texten aus älteren Sageneditionen auch Sagen aus Stadtchroniken und Erzählstoffe der Gegenwart zu einem Gesamtbild zusammengefaßt werden. Das Schwergewicht der modernen mundartlichen Aufzeichungen liegt auf dem nördlichen Niederbayern und der Oberpfalz, hier existieren neuere Tonbandaufzeichnungen des Herausgebers, die wortgenau transkribiert wurden. Auch aus dem schwäbischen Raum (Allgäu, Donaustädte) sind neuere Sagen aufgenommen, die im Rahmen eines Seminars an der Pädagogischen Hochschule Augsburg (Prof. Hermann Endrös) 1966/67 auf Anregung des Herausgebers aufgezeichnet und hier zum ersten Mal – mit bestimmter Namens- und Ortsverschlüsselung, soweit dies aus persönlichen Rücksichten notwendig war – veröffentlicht werden.

Der Großteil der ausgewählten Texte stammt aus Sammlungen des 19. Jahrhunderts. In dieser Zeit wurden, angeregt durch die Brüder Grimm, auch in Bayern die mündlichen Überlieferungen rasch zusammengetragen und in Zeitschriften, Sonderpublikationen oder Reiseberichten bekannt gemacht; besonders hinzuweisen ist auf die Sammlung von Hyazinth Holland, die hier geschlossen abgedruckt wird.

Der älteste publizierte Sagenbestand ist der der Stadtsagen und aufgrund der besonderen Quellenlage der des Fichtelgebirges. Die anderen landschaftlichen Sagen sind jüngeren Datums. Zu verweisen ist z. B. auf die Sagenfolge aus Sattelbogen (Landkreis Cham, Bayerischer Wald), eine Aufzeichnungsfolge des Herausgebers vom Dezember 1970.

In dieser Sammlung stehen nebeneinander hochdeutsche und mundartliche Texte. Auch die Editionen des 19. Jahrhunderts enthalten mundartliche Sagen, wohl angeregt durch die plattdeutschen Märchen, wie sie von den Brüdern Grimm in ihren Kinder- und Hausmärchen veröffentlicht wurden. Gute mundartliche Fassungen lokaler Sagen bietet die (mit Vorbehalt zu verwertende) Sammlung von Schöppner. Mundartliche Fassungen des Erzählmaterials wurden grundsätzlich in den eigenen Sammlungen des Herausgebers verwendet. Der besseren Lesbarkeit wegen wurde auf eine phonetische Schreibweise verzichtet und eine andere entwickelt, die dem Sprachduktus der jeweiligen Landschaft mit Hilfe des gängigen Alphabets möglichst nahe zu kommen sucht. Schwierigere Begriffe oder Formulierungen wurden in Klammern erklärt bzw. übersetzt.

Grundsätzlich wurden die Sagentexte im vollen Wortlaut der Quelle belassen. Auch die Interpunktion, die wesentlich zum Sprachgestus vor allem der Texte des 19. Jahrhunderts gehört, ist beibehalten. Kürzungen sind im Kommentar angegeben. Aus Gründen der Einheitlichkeit des Schriftbildes wurde die von Panzer und den Mitarbeitern der Zeitschrift für deutsche Mythologie und Sittenkunde (Fries, Holland, Kaufmann, Meier) verwendete Kleinschreibung durch die heute gängige Groß- und Kleinschreibung ersetzt. Vom Abdruck der Lautzeichen, wie sie u. a. die Mundarteditionen von Panzer und Herrlein bringen, wurde abgesehen, weil jeder Autor sein eigenes, oft kompliziertes System entwickelte, in das man sich erst einarbeiten muß.

Es handelt sich bei dieser Veröffentlichung um ein Quellenwerk, das für wissenschaftliche Zwecke zitierfähig ist und das vor allem dort, wo es aus schwer zugänglichen älteren Sammlungen Texte bringt, auch wichtige Hilfe leisten kann.

Eine Neubearbeitung d. h. eine sprachliche Neugestaltung der Sagen, wie sie Grimm noch vorgenommen hatte, ist heute bei einer wissenschaftlichen Sammlung nicht mehr vertretbar. Schon Panzer wich vom Grimm'schen Schema ab und brachte Zitate aus älteren Quellen bzw. wortgenaue Notationen von (mundartlichen) Sagenmitteilungen seiner Gewährsleute; Schöppner schloß sich ihm an.

Aus Raumgründen mußte auf die Wiedergabe ausführlicher Sagen und Sagenerzählungen (Erzählketten) verzichtet werden. Eine Ausnahme bildet der Sagenkomplex Untersberg (im Kapitel »München und das bayerische Oberland«), weil hier in lockerer Folge der Untersberg als Sagenberg aufgebaut wird und die zugrundeliegende Edition von Maßmann heute nur schwer erreichbar ist.
Zwei Gestaltungsprinzipien boten sich für diese Sagensammlung an: eine thematische Ordnung, wie sie von Leander Petzoldt in der von ihm bearbeiteten Ausgabe der Rankeschen Sagensammlung vorgenommen wurde (C. H. Beck Verlag, München 1970), oder eine landschaftliche Gliederung. Auf das erstgenannte Gestaltungsprinzip aufzubauen, hätte der alten Lüers'schen Konzeption und der Peuckertschen Editionsweise bzw. dem Klassifizierungskodex des Budapester Erzählforscherkongresses von 1963 entsprochen. Diese Gliederung bringt aber eine Ordnung, die sich inzwischen als revisionsbedürftig erwiesen hat, vor allem der häufigen Überschneidungen wegen. Sie erfordern ein vielgliedriges Verweissystem. Ich entschloß mich zu einer landschaftlichen Gliederung, und zwar deshalb, weil der tradierte Sagenbestand Bayerns nicht so reichhaltig variiert ist, daß er eine Klassifizierung nach Budapester Muster rechtfertigen würde. Es sind im Gegenteil eine große Zahl motivgleicher, aber erzählerisch unterschiedlich intensiv gestalteter Berichte, die bei entsprechender Anhäufung an Wirkung verloren hätten. Sie können jedoch bei der hier gewählten Anordnung verwendet werden, ohne daß die Gefahr der Gleichförmigkeit besteht. Ich habe versucht, das vorhandene und zugängliche Sagenmaterial im Rahmen einer kulturräumlichen Gliederung nach landschaftlichen Einheiten vorzunehmen und dabei bestimmte Schwerpunkte herauszuarbeiten (Zwergensagen im Fichtelgebirge etc.). Diese Gliederung nach Kulturräumen bot sich auch deshalb an, weil viele der Sagensammlungen auf landschaftliche Einheiten ausgerichtet sind; das Fichtelgebirge stellt in der Sagenliteratur seit Bruschius einen festen Begriff dar.
Der Kommentar beschränkt sich auf kurze Quellenhinweise und bringt keine weiterführenden Verweise auf Fachliteratur zu den einzelnen Topoi. Über diese Probleme unterrichtet die bereits er-

wähnte Ausgabe von Petzoldt in ausführlicher Weise und mit vielen Literaturhinweisen; Petzoldt bringt auch eine Reihe bayerischer Sagen und geht auf die sich daraus ergebenden Probleme in seinem Anmerkungsapparat ein.

Jacob und Wilhelm Grimm wählten für die 2. Auflage ihrer Deutschen Sagen folgendes Titelbild: Auf einem Felsen sitzt eine hünenhaft-urweltliche Frauengestalt in weiten Gewändern. Ein Efeukranz ist kronenartig um ihr aufgelöstes Haar gewunden. Vor ihr liegt zerschlagenes Gerät – ein Schwert, Krüge – und ein Totenkopf. Zwei rabenartige Vögel fliegen mit geöffneten Schnäbeln vor ihren Ohren und scheinen ihr etwas zuzuflüstern. Die Bildunterschrift lautet lapidar: Die Sage. Die Sage wird personifiziert als Schicksalsfrau, die aus der Kenntnis der Vergangenheit in einer Art mystischer Verklärung ihr Wissen den Nachkommen übermittelt.
Diese Darstellung wurde deshalb ausführlich beschrieben, weil ein großer Teil der hier vorliegenden Sagen aus Sammlungen stammt, die mit dieser Einstellung – oder anders ausgedrückt: in diesem Welt- und Wissenschaftsbild – gesucht und schriftlich niedergelegt wurden. Die Wissenschaftler der Grimm-Ära waren aus unserer Sicht falsch vorprogrammiert. Der Leser von dergestalt gesammelten und sprachlich aufbereiteten Sagen konnte Aufschlüsse über die Vergangenheit, insbesondere über die Zustände erwarten, deren Klärung den Zeitgenossen der Brüder Grimm wichtig schien: nämlich die Reste antiker und germanischer Glaubensvorstellungen, wie sie aus den Sagen ersichtlich waren. Man las die Sage folglich anders als das Märchen, dessen Spiel- und Phantasiecharakter eine gleiche Einstellung bei der Lektüre von vornherein ausschloß. Die Brüder Grimm und ihre verbündeten oder von ihnen abhängigen Sprach- und Altertumswissenschaftler sammelten unter den geschilderten Aspekten entweder Sagen im Rahmen der sog. Feldforschung, mit Hilfe von Gewährsleuten im »Gelände«, oder sie bearbeiteten die Literatur, vor allem die Chronikliteratur; z. T. trieb man auch archivalische Quellenforschung, wobei man sich besonders auf die ergiebigen Hexenprozeßprotokolle stützte

(Bechstein). Die Tendenz der Aufzeichnung wird bei fast allen Sagen deutlich, vor allem faßlich in Auswahl und Gruppierung, dem Anmerkungsapparat und den allgemeinen Vorbemerkungen. Hier sind die zeitgebundenen Informationen, Attitüden, Prognosen, Hypothesen und interpretatorischen Irrwege offenkundig. Ein positiver Zug war, daß diese Herausgeber ihre Interpretationen vom eigentlichen Sagentext trennten, was ihre Epigonen anders hielten. Sie mischen Text und Interpretation, bearbeiten ihre Sagenveröffentlichungen trivialliterarisch und versuchen künstlerisch wirksam zu werden. Eine häufig gewählte Form ist die der Romanze mit Anleihen bei Eichendorff, Chamisso und Fontane. Die Monatsschrift »Bayerland« (München 1891 ff.) bietet dafür viele Beispiele. Das bedeutet, daß diese Sagen als brauchbare Grundlage für die Neuedition entfallen. Es verbleiben die Veröffentlichungen des frühen 19. Jahrhunderts, deren Vorläufern sowie Ausgaben des 20. Jahrhunderts und eigene Erhebungen.

Die moderne, wissenschaftlichen Anforderungen genügende Sagenaufzeichnung und -sammlung hat sich von den Editionsprinzipien und der Sehweise des 19. Jahrhunderts weit entfernt. Zum ersten hat sich das Weltbild grundlegend gewandelt und damit auch die Geisteshaltung des Erzählers, des Zuhörers und letztlich auch des Lesers. Der Numinalraum, der zu Grimms Zeiten noch bestand, wurde durch die wissenschaftlich-aufklärerische Beschäftigung der Volkskunde und Germanistik mit diesem Sujet nach und nach säkularisiert. Sagen sind heute durchschnittliche Erzähl- und Lesestoffe von gewissem Reiz, jedoch von geringer Transzendenz. Vorherrschend ist der fast intellektuelle Genuß der Beschäftigung mit einer Materie, die wie im Märchen die Realität negiert oder sie in anderem Licht erscheinen läßt, was anregend und auch faszinierend sein kann. Das ist die Situation, die ein Explorator vorfindet, der nicht bereit ist zu manipulieren. Die Schwierigkeiten bei Neuaufzeichnungen bestehen für ihn vor allem darin, daß er erstens seinen Stoff erst auf Umwegen, nie direkt erreicht. Und zweitens, daß er den Rücklauf, der besonders seit der Romantik wirksam ist, kaum abschätzen, d. h. autochthones Material von Fremdmaterial nur unvollständig trennen und entsprechend einordnen kann. Neuere

Sammlungen zeigen, daß das Repertoire im Lauf der Zeit aufgrund der veränderten Erzählsituation reduziert und auf wenige Formen (Typen) beschränkt wird.
Die vorliegende Sammlung bayerischer Sagen umschließt, um noch einmal zusammenzufassen, Sagen aus der Zeit des Barock, mit ihrer Weiterbildung humanistischer Traditionen (etwa dem Versuch, die »römische« Vergangenheit anhand obskurer Namensinterpretationen nachzuweisen), sodann Sagen aus Landesbeschreibungen, Reiseliteratur und Stadtchroniken, in denen entweder auf die humanistischen Interpretationen der Barockliteratur zurückgegriffen wird oder Sagen eingebaut werden, die wie die Venedigersagen des Fichtelgebirges dort gerade kursieren und dem Autor zu Ohren kommen. Die Aufklärer des 18. Jahrhunderts durchleuchten ihre Sagenstoffe kritisch (Fichtelgebirge – Weißenstädter Weiher) und relativieren sie zuweilen ironisch (Augsburg – Attila und die Hexe). Die Romantik – Brüder Grimm und ihre Schule – sehen die Sagen als Rudimente der vorchristlichen Zeit, als Relikte germanischer Glaubensvorstellungen und Brauchhandlungen, die man aus Tacitus und anderen antiken Quellen zu erschließen suchte.
Die Sammlung enthält weiterhin Sagen aus neueren Aufzeichnungen, in der die Autoren versuchten, die Erzählstoffe ohne vorgefaßte Meinung zu sammeln; daß auch sie nicht frei von zeitgebundenen Vorstellungen sind, wird sich bei einer späteren kritischen Bestandsaufnahme zeigen.
Die »Bayerischen Sagen« zeigen somit einen Querschnitt durch die Sagenliteratur des Barock bis in unsere Zeit, reichen vom 17. bis in die siebziger Jahre des 20. Jahrhunderts. Es entstand eine auf den ersten Blick vielleicht etwas verwirrende, aber doch ergiebige und hoffentlich anregende Sammlung.

Die Gliederung des Bandes erfolgt nach landschaftlichen Gesichtspunkten bzw. stellt Stadtketten dar, wie sie sich geographisch (als Flußstädte) oder kulturhistorisch (als Reichsstädte z. B.) ergeben. Das Anfangskapitel ist München und dem bayerischen Oberland gewidmet. Bei den Sagen der Stadt München beschränkte ich mich aus Gründen sprachlicher Einheitlichkeit auf die Sammlung von

Mayer. Mayer publiziert im Rahmen einer stadtgeschichtlichen Abhandlung auch das Sagenmaterial, wie es in München im 19. Jahrhundert als mündliche oder schriftlich fixierte Tradition faßbar war. Er verwertet Funde aus der Münchener Stadtliteratur des 18. Jahrhunderts und Sagen der Panzerschen Edition und bringt dabei im wesentlichen all jene Sagen, die in München zu seiner Zeit bekannt und auch heute noch der Bevölkerung geläufig sind.

Es fällt auf, daß bis auf die Sage von den drei Götzen (nach Panzer) kein Versuch unternommen wurde, die Geschichte der Stadt München in eine nicht genau festlegbare Frühzeit zurückzuverfolgen. Das Gründungsdatum (1158) war zu allgemein bekannt, als daß es opportun erschien, weiter auszuholen. In Regensburg oder in Würzburg bot sich eine andere Haltung von selbst an.

Die Sagen aus dem bayerischen Oberland beginnen mit Sagen aus den unmittelbar südlich von München liegenden Gebieten. Nach einem Auszug aus der Lüers'schen Edition über Vogtareuth bei Rosenheim folgen die Sammlungen von Holland. Sie umfassen das Gebiet zwischen Ammer-, Wörthsee und Lenggries. Daran schließt sich der Sagenkomplex Untersberg an (Sammlung Maßmann) sowie die von Panzer publizierten Sagen über die »Wilden Frauen vom Untersberg«. Abschließend stehen die von L. Steub notierten Sagen des Seebühlers.

Der Untersberg, aus einer etymologischen Spielerei auch Wunderberg genannt, ist der zentrale Sagenberg der bayerisch-salzburgischen Kontaktzone. Er wird ähnlich wie der Kyffhäuser zu dem Ort, an dem sich die deutschen Kaiser bis zur letzten Schlacht aufhalten, damit zu einem Kristallisationspunkt der Reichssymbolik. Das 19. Jahrhundert – die häufig erschienenen Sagenpublikationen über den Untersberg beweisen es – und auch das Dritte Reich waren dafür besonders empfänglich. Inwieweit die Maßmannsche Edition der Aufschreibungen des Lazarus Aigner dazu dienten, den Untersberg als Sagenberg weiter auszubauen und im Allgemeinwissen zu verankern, oder ob schon vorher bekannte und unabhängig von Maßmann erzählte Sagen um den Untersberg bestanden, wird sich heute nicht mehr nachweisen lassen.

Die Sagen des Allgäu, des südlich Buchloe liegenden Teils des Regierungsbezirks Schwaben, werden eingeleitet mit Sagen der Stadt Memmingen. An sie schließen sich jene des nordöstlichen Allgäu an, der Landschaft um Kempten, des südöstlichen und des südlichen Allgäu an. Sagen des südwestlichen Allgäu (Gebiet zwischen Oberstaufen und Lindau) runden das zweite Kapitel ab.
Eine in dieser Landschaft häufig wiederkehrende Sage ist die vom Muetas (Muetasheer), die z. B. in der von Reiser herausgegebenen Sammlung deutlich die Tendenz zeigt, hier eine Verbindung mit dem sog. Wotansheer herzustellen, während z. B. die sog. Nochtgoidsagen des Bayerischen Waldes nur von einem (nicht näher erläuterten) Durchzug sprechen.
Im dritten Kapitel werden Sagen der Stadt Augsburg, vom Lechrain und Lechfeld dargestellt. Die Augsburger Stadtsagen entstammen Sammlungen vom 17. bis 20. Jahrhundert. Sie sind im Gegensatz zu den Münchener Sagen sprachlich und in ihrer Geisteshaltung nicht einheitlich und bringen in ihren sehr unterschiedlichen Sprachschichten das jeweilige Zeitkolorit deutlich zum Ausdruck; ähnlich ist die Situation bei den anderen Stadtsagen dieser Ausgabe. Die Sagen des Lechrains (Gebiet südlich von Landsberg am Lech) entstammen der Sammlung von Leoprechting. Leoprechting gestaltet seine Texte nach den Berichten der Gewährsleute erzählerisch lokker, in einem unverwechselbar eigenen Tonfall, aber weitgehend »werktreu«. Die Sagen des Lechfelds stammen aus der 1919 in den Bayerischen Heften für Volkskunde edierten Sammlung von Rühfel.
Das Kapitel »Donaustädte« umfaßt die Stadtsagen von Günzburg bis Passau. Hier fällt eine Vorliebe für Wappeninterpretationen auf. Die Texte stammen vorwiegend aus Stadtchroniken. Die reichhaltigste Chronikliteratur hat die Reichsstadt Regensburg aufzuweisen.
Wie bereits bei den Münchener Stadtsagen angedeutet, ist man sich gerade in den Donaustädten der langen geschichtlichen Entwicklung – vor allem durch römische Funde und Baurelikte (Regensburg) – seit Jahrhunderten bewußt und ist deshalb nicht zurückhaltend, wenn es darum geht, die Geschichte der Stadt mög-

lichst weit zurückzuverlegen. Man bringt damit auch sein Selbstbewußtsein zum Ausdruck.

Im Kapitel »Bayerischer und Oberpfälzer Wald« wird zunächst ein Überblick über den allgemeinen Sagenbestand gegeben, eingeleitet mit der in der Sammlung von Oskar von Zaborsky abgedruckten Sage »Der alte Böhmerwald«. Es folgen Aufzeichnungen des Herausgebers aus St. Englmar (1963) und Sattelbogen (1970). Abschließend werden Sagen aus einer 1954 edierten Sammlung von Richard Weber aus dem südöstlichen Oberpfälzer Wald abgedruckt.

Die Sagen des Stiftlandes, des Gebietes um die oberpfälzische Stadt Waldsassen, sind geteilt in Sagen des 19. Jahrhunderts aus der Sammlung von Schönwerth, und in Sagen aus Münchenreuth (bei Waldsassen), die 1969 vom Herausgeber aufgezeichnet wurden. Die Sagen der Münchenreuther Erzähler können z. T. auf Leseerfahrungen (vor allem des »Schönwerth«, der ständig in Auszügen nachgedruckt wird) aufbauen, die die Gewährsleute oder deren Informanden besaßen. Besonders auffallend ist dies bei der Sage von der wilden Jagd, die ein Gegenstück bei Schönwerth hat: »In Neudorf, unweit Bärnau, nahm die Jagd einmal einen Zimmermann mit. In weniger als ¾ Stunden war er in Constantinopel und brauchte ein halbes Jahr, um wieder nach Hause zu kommen.« (Schönwerth II, 157)

Die Sagen des Fichtelgebirges stammen aus den berühmt gewordenen Arbeiten von Bruschius und Pachelbel. An sie schließen sich Sagen von Panzer, Schönwerth und Zapf an. Den Abschluß des Kapitels bilden Sagen der Stadt Hof aus der bekannten Chronik von Enoch Widmann nach einer Ausgabe des 19. Jahrhunderts. Hof liegt am Nordrand des Fichtelgebirges.

Bruschius und Pachelbel sind die ersten Schriftsteller, die die Sagen einer bayerischen Landschaft gesammelt und dargestellt haben; und zwar nicht nur durch die Bearbeitung der ihnen zur Verfügung stehenden älteren landeskundlichen Literatur, sondern auch indem sie das mündliche Überlieferungsgut des Mittelgebirges aufzeichneten. Durch Bruschius und Pachelbel wurde das Fichtelgebirge, vor allem der Ochsenkopf, zu einem bekannten Topos.

Das Kapitel »Fränkische Reichsstädte, Residenzen und Bischofssitze« berücksichtigt wie bei fast allen Stadtsagen dieser Ausgabe Literatur vom 17. bis 20. Jahrhundert. Sagen aus der Stadt Bayreuth fehlen. Offensichtlich bestehen in dieser Stadt keine geschichtlichen Kontinuitäten, oder ihre Stellung als typisch »evangelische« Stadt verhinderte die Ausbildung von Sagen bzw. behinderte deren Tradierung. (Die Bischofs- und Residenzstadt Würzburg wird im Kapitel »Mainstädte« behandelt.)

Im Kapitel »Rhön und Spessart« fällt ein deutlicher Überhang an Burgensagen auf sowie der mit ihnen verbundenen Schatzsagen – Zeichen der intensiven Beschäftigung mit der Geschichte der zahlreichen kleineren Herrschaftssitze, die wegen politischer Neu- und Umgruppierungen verfielen oder zerstört wurden. Die Rhönsagen werden geteilt in jene der nördlichen Rhön und die des südlichen Rhönvorlandes um Bad Kissingen. Die Sagen des Spessart werden naturräumlich gegliedert, dem Mainlauf folgend: mit dem Raum Lohr, dem Marktheidenfelder Gebiet bis zum Kahlgrund als westlichem Vorland des Spessart, im unmittelbaren Einzugsgebiet der Stadt Aschaffenburg.

Den Abschluß dieses Bandes bilden die Sagen der Mainstädte (Eltmann bis Aschaffenburg). Zentraler Sagenort ist Würzburg, die Residenz- und Bischofsstadt mit reichhaltiger stadt- und territorialgeschichtlicher Literatur. In die Sagen der Mainstädte wurden auch die Sagen von Wertheim einbezogen, obwohl Wertheim nicht mehr zum Bundesland Bayern gehört. Wegen seiner wichtigen Sagenüberlieferungen sollte es aber nicht von den übrigen Mainstädten getrennt werden.

1 Marktplatz vor dem Alten Rathaus. Kupfer 18. Jahrhundert. München, Sammlung Maillinger

2 Marienplatz mit Mariensäule, Blick auf die Frauenkirche. Gottesdienst im Jahre 1638. München, Sammlung Maillinger

1. München und das bayerische Oberland

Sagen der Stadt München

Der Affe im alten Hofe

Herzog Ludwig der Strenge erbaute um das Jahr 1255 seine erste Residenz, die alte Veste oder heut zu Tage der alte Hof genannt. Zugleich damit erbaute er auch die Hofkapelle zum heil. Lorenz, welche aber leider im Jahre 1815 abgebrochen wurde, und an jener Stelle stand, wo gegenwärtig das kgl. Rentamtsgebäude sich befindet. Neben dem Chore dieser Kapelle ragte ein niedriges gothisches Thürmchen empor, auf dessen Spitze sich die aus Stein gehauene Figur eines Affen befand, der ein kleines Kind in seinem Arme hält. Wahrscheinlich war diese Figur nur ein Steinmetzenwitz, wie wir dergleichen viele an allen alten gothischen Kirchen finden. Allein das Volk knüpfte in späterer Zeit daran eine Sage.

Ein bayerischer Herzog – die Sage nennt zeitwidrig Heinrich den Löwen – soll einen zahmen Affen in seiner Burg gehalten haben, der frei herumlief. Da geschah es eines Tages, daß ein Schwein durch Unachtsamkeit der Hofleute und der Kindswärterin in die Kammer gerieth, in welcher das jüngste Kind des Herzoges ohne Aufsicht in der Wiege lag. Das Schwein kam bis zur Wiege, und wollte eben den kleinen Prinzen packen, als der Affe, der gerade sich in diesem Gemache befand, das Kind aus der Wiege nahm, und mit ihm durch das Fenster auf das Dach des Thürmchens sprang. Mit Schrecken und Angst erblickten die Hofleute und die Wärterin den Affen auf dem Thurm, der unter freundlichem Grinsen und Zähnefletschen das Kind in seinen Armen schaukelte, wie er solches oft bei der Wärterin gesehen. Während man aber jeden Augenblick befürchten mußte, der Affe möchte das Kind fallen lassen, kehrte er nach einiger Zeit wieder auf dem nämlichen Wege in das Zimmer zurück, und legte das Kind unversehrt in die Wiege, aus der er es genommen.

Die drei Götzen

Bis zum Anfange unseres Jahrhunderts befand sich am Karlsthore ein Thorwarthaus sammt der Zöllnerstube.
In dieser wurde ein steinerner unförmlich großer Kopf mit drei Gesichtern, einem schwarzen, rothen und weißen gezeigt, den man die drei Götzen nannte. Auf demselben waren die Jahreszahlen 1105, 1109 und 1767 eingemeißelt. Der Sage nach soll in uralter Zeit an der Stelle, wo das Karlsthor sich befindet, ein heidnischer Götzentempel gestanden, und in demselben dieser Kopf verehrt worden sein.
Bei Abbruch der Wälle und des Thorwarthäuschens verschwand dieser Kopf spurlos, und wurde wahrscheinlich zertrümmert.

Der Teufel in der Frauenkirche

Als die Kirche zu unserer lieben Frau in München erbaut wurde, ärgerte sich der böse Feind, der dadurch sein Reich der Hölle bedroht sah, ganz teufelmäßig darüber. Mit all seiner bösen List konnte er den Bau nicht hintertreiben; nachdem aber endlich die Kirche vollendet dastand, beschloß er sie mit Wind und Sturm zu verderben. Als nun der Teufel in dieser Absicht durch das Hinterthor in die Kirche eintrat und unter dem Musikchore stand, sah er zu seiner großen Verwunderung wegen der vorstehenden gewaltigen Säulen kein einziges Fenster. Darüber lachte der dumme Teufel ganz vergnügt, denn er hielt die Kirche für einen ungeschickten und unnützen Bau, der ihm nicht viel schaden könne, weil es ja zu dunkel in derselben sei. Er ging daher wieder beruhigt fort, aber an der Stelle, wo er stand, ist sein Fuß noch sichtbar schwarz im Steine eingeprägt.

Ansicht von München um 1567. Holzschnitt von Jost Amman

Als aber der Teufel nachher sah, daß dennoch die Leute fleißig in die neuerbaute Kirche zur Andacht und zum Gottesdienste gingen, er selbst aber, weil sie nun schon geweiht war, nicht mehr in dieselbe eintreten konnte, stürmte er außen um die Kirche herum, um die Leute vom Kirchgange abzuhalten. Daher kommt es, daß der Wind um die Frauenkirche oft so heftig geht, daß er Manchen das Frauenbergl hinabtreibt, ehe er sich's versieht, oder den Leuten den Hut vom Kopfe nimmt.

Der Spiegelbrunnen

Das Eck, welches die Theatinerstraße in das Schrannengäßchen der k. Polizeidirektion gegenüber bildet, hieß in alten Zeiten das Spiegelbrunneneck und kömmt unter diesem Namen schon in einer Urkunde vom Jahre 1543 vor. Noch vor etwa fünfzig Jahren war an diesem Hauseck ein Gemälde angebracht, welches ein hahnartiges Thier, wie man den fabelhaften Basilisken zu

malen pflegt, vorstellte. Vor diesem Hause stand damals an derselben Stelle, wo noch jetzt der Schöpfbrunnen steht, ein Zieh- oder Kettenbrunnen. Hierüber geht folgende Sage:
In diesem Brunnen hausete vor uralten Zeiten ein Basilisk. Der Basilisk ist aber ein gräuliches Thier, denn seinen Blick kann kein lebendiges Wesen ertragen; wer ihn sieht muß sterben, und auch er selbst, wenn er seiner ansichtig wird. Das war nun ein großer Jammer in München, denn Jeder, der in die Tiefe des Brunnens hinabschaute, wurde von dem Blicke des Basilisken sogleich getödtet, und Viele waren auf diese Weise schon umgekommen. Da wurde endlich ein großer Spiegel herbeigebracht und über dem Brunnen aufgestellt, und als gleich darauf der Basilisk aufwärts schaute und in dem Spiegel sein eigenes Bild erblickte, war er sogleich todt. So wurde die Stadt von diesem Unheile errettet, und der Brunnen hieß seitdem der Spiegelbrunnen.

Dr. Luther in München

Der Reformator Dr. Martin Luther erschien im Oktober 1518 zu Augsburg, um seine Sache daselbst vor Kaiser und Reich zu vertheidigen. Allein, obgleich er sicheres Geleit vom Kaiser erhalten hatte, glaubten er und seine Freunde gerechte Besorgnis für seine Sicherheit hegen zu müssen; heimlich entfloh er daher nach einigen Tagen mit Hilfe des bösen Feindes unter der Gestalt des »Langenmantels« nach Mitternacht durch ein kleines Pförtchen aus Augsburg, und auf feuerschnaubenden Rossen führte der Langenmantel ihn mit Windeseile nach den gastlichen Schlössern der befreundeten Freiberger und Schwangauer auf Hohenschwangau.
Auf dieser Flucht soll er, einer alten Sage nach, nach München gekommen sein, woselbst er beim Koche in der Hölle in der Sendlingergasse einkehrte, eine Wurst aß und einen Trunk Bier that. Allein sein Begleiter befürchtete auch hier Gefahr, so daß er sich schnell wieder fortflüchtete, in der Eile aber die genossene Wurst zu bezahlen vergaß. Wird sie wohl auch bis heute noch schuldig geblieben sein. Das Haus des Koches in der Hölle wurde noch bis

in die neuere Zeit gezeigt. Der Pöbelwitz aber ließ Luthern auf unzähligen Bildern mit der Bratwurst auf einer Sau davon galoppiren.
Einer weiteren Sage nach soll Katharina von Bora, Luthers nachherige Gattin, eine Zeitlang als Nonne in dem Klarissinenkloster auf dem Anger gelebt haben.

Der Wachtposten an der Hexenbastei

Nahe bei dem vor ein paar Jahren abgebrochenen Falkenthurme stand in früherer Zeit der Hexenthurm und an diesem die Hexenbastei. An letzterer befand sich eine Schildwache zur Bewachung der Gefangenen. In älteren Zeiten geschah es oftmals, daß der Teufel zwischen 11 und 12 Uhr Nachts kam, um die Wache förmlich abzulösen, und er rief sie mit rauher, hohler Stimme an: »Abgelöst!« Wehe dem Soldaten, der sich hiezu vom Teufel verführen ließ; er wurde Morgens bewußtlos mit zerbrochenem Gewehre im Stadtgraben liegend aufgefunden. Selbst Offizieren vom kurfürstlichen Leibregimente, die ungläubig es über sich nahmen, als Schildwache das Abenteuer zu bestehen, passierte Gleiches.

Der schöne Turm

Seit alter Zeit her führte aus der innern Stadt von der Kaufingergasse in die Neuhausergasse ein Thorthurm, welcher früher Kufringerthor, dann später der öde Thurm, und als er im Jahre 1479 wegen Baufälligkeit theilweise abgetragen und in verschönerter Gestalt mit Malereien geschmückt wieder aufgebaut war, der schöne Thurm genannt wurde. Unter diesen Freskogemälden befand sich ein prächtiger Zug des Kaisers mit dem Adel und der Ritterschaft, wie man aus den noch erhaltenen Abbildungen desselben ersehen kann.
Im Jahre 1807 wurde dieser schöne Thurm zur Erweiterung der engen Passage eingerissen. Einige Tage vor dem Beginne des Abbruches wurden die Bewohner der nächstgelegenen Häuser in der

Nacht durch großen Lärm und Trompetengeschmetter aufgeweckt, und man hörte, jedoch ohne etwas zu sehen, vom schönen Thurm aus gegen das Karlsthor zu unter lautem Befehlrufe den Abzug gespenstischer Reiter, deren Harnische weithin durch den Wind rasselten, wobei von Hufestritten der Pferde die Straße erdröhnte.

Das schwarze Kalb

Vor alten Zeiten ließ sich täglich in einem Hause in München ein Geist in Gestalt eines schwarzen Kalbes sehen, welches darin umher rumorte, so daß Niemand mehr im Hause verbleiben zu können vermeinte. Da die gewöhnlichen Beschwörungsmittel nichts fruchteten, so wurde ein Geistlicher geholt, den Geist zur Ruhe zu bringen. Dem Priester gelang es, denselben zum Sprechen zu bringen, und da zeigte es sich, daß es die verstorbene Hausfrau war, welche zeitlebens ein böses Weib gewesen, und zur Strafe nach ihrem Tode als schwarzes Kalb umgehen mußte. Da aber selbst der Geistliche mit dem bösartigen Geiste nicht zurecht kommen und ihn zur Ruhe bringen konnte, so bannte er ihn in eine zinnerne Flasche mit zugeschraubtem Deckel, versiegelte sie mit geweihtem Wachse und drückte ein Signet mit einem Kreuze versehen darauf, so daß der Geist den Deckel nicht heben konnte. Dann wurde noch in derselben Nacht die Flasche in das Erdinger Moos gebracht und dort vergraben. In dieses Moos wurden schon manche solche geheimnisvolle Flaschen gebracht und Geister dahin gebannt, daher es gefährlich ist, dasselbe an gewissen Orten zur Nachtzeit zu betreten, indem der Geist gerne den Wanderer in den bodenlosen Sumpf verlockt.

Die Hundskugel

Zwischen der Sendlinger- und der Josefspitalgasse befindet sich ein Gäßchen, welches den Namen »Hundskugel« führt. Der Sage nach sollen in alter Zeit einmal Hunde eine Kugel durch das

Neuhauserthor hereingewälzt und an dem Hause Nr. 2 an diesem Gäßchen niedergelegt haben. An diesem Hause ist zum Denkzeichen noch gegenwärtig ein Holzrelief, verfertigt von dem Bildhauer Roman Boos, eingemauert, auf welchem Hunde mit einer Kugel spielen.
Allein der Ursprung dieses Namens ist in Wirklichkeit ein anderer. Im fünfzehnten Jahrhunderte ruhte auf diesem Hause das Recht eines sogenannten »Ehehaftbades« und der Bader früherer Zeit war zugleich auch Arzt. In dem Saalbuche der Stadt München vom Jahre 1440 ist es genannt »das Hundsfudsbad sammt Garten«. An diesem Hause war ehemals ein Freskogemälde, welches Hunde mit dem Kegelspiele beschäftigt darstellte, und darunter stand der Spruch:

»Bis diese neun Kegel umscheiben die Hund,
Können wir heilen noch manche Stund.
Hundsfottbad armer Leut.«

Im Mittelalter war nämlich der Ausdruck »Hundsfott« nicht ein Schimpfwort wie heut zu Tage, sondern man bezeichnete mit diesem Worte überhaupt die armen Leute. Das Bild und obiger Spruch war also offenbar ein empfehlendes Aushängschild für die Leute, eine Reclame, um bei diesem Bader fleißig zuzusprechen.
Später hörte das Bad auf, und mit ihm verschwanden Gemälde und Spruch. Der Name »Hundskugel« war zwar geblieben, aber mit der Zeit dem Volke unverständlich geworden.

Der ewige Jude in München

Im Jahre 1721 machte ein sonderbarer Vorfall in München großes Aufsehen. Am 22. Juli kam am Isarthore ein alter Mann an, gebräunten Angesichts, mit gefurchten Zügen und von fremdartigem Aussehen. Als er auf Befragen sich dem Thorwächter als den ewigen Juden angab, ließ ihn dieser nicht ein, ohne zuvor die Erlaubnis vom städtischen Magistrate erhalten zu haben, und auf geschehene Anfrage verweigerte ihm auch dieser den Eintritt in die Stadt.

Dieser fremde Mann begab sich nun noch selbigen Tages nach Haidhausen, wo er Unterkunft fand und einige Zeit sich dort aufhielt, indem er mit Schmucksachen, Gold und Perlen, die er mit sich führte, Handelschaft trieb.
Da sich die wunderbare Märe von diesem Manne schnell verbreitete, so erhielt er großen Zulauf von Leuten jeden Standes und Geschlechtes sowohl aus der Stadt München, als aus der nahen und fernen Umgebung. Er erzählte den Leuten, er sei wirklich und wahrhaftig der ewige Jude, Ahasverus mit Namen, ein Schuster aus Jerusalem, und es sei die Sage, daß er Christum den Herrn verhöhnet und Ihm eine kurze Rast auf der Steinbank vor seinem Hause verweigert, und er deshalb zur Strafe auf der Erde bis zum Ende der Welt herumwandern müsse, vollkommen wahr, und er habe bereits schon siebenmal die Erde ganz durchwandert. Er erzählte ferner die genauesten und ganz unbekannte Data von dem Leiden und von der Kreuzigung des Herrn, die ihm freilich Niemand widerlegen konnte; er berichtete von den Wundern Christi und der Apostel, die er alle selbst sehr gut gekannt habe, erzählte ferner von der damaligen Judenschaft in Jerusalem, und daß allen Nachkommen jener Juden, welche Christo den Backenstreich gegeben, die rechte Hand zweimal länger als die linke sei, daß aber die aus jenem Geschlechte, welche Jesum angespieen, sich jederzeit beim Ausspucken bis auf den heutigen Tag selbst anspeien. Alle diese albernen Mährchen fanden bei der Menge des zugelaufenen Volkes unbedingten Glauben, so daß dieser Mann bei seinem Handelsgeschäfte eine gute Spekulation machte, indem fast Jedermann von dem »ewigen Juden« etwas besitzen wollte.
Auf dem Gasteigberge betrachtete er lang und genau das Kruzifix, das noch gegenwärtig daselbst aufgestellt ist, und von dem Hofbildhauer Gabriel Luidl zu München verfertigt worden war, und betete mit großer Andacht vor demselben. Deshalb befragt, gab er zur Antwort, diese sei allein die rechte Abbildung unseres Herrn, das Gesicht und die Länge des Körpers sei ihm vollkommen gleich.
Nachdem dieser Mann einige Zeit sein Unwesen getrieben hatte, ohne merkwürdigerweise darin von der Polizei auch nur im Geringsten gestört worden zu sein, verschwand er eines Tages wieder

eben so plötzlich als er vor der guten Stadt München erschienen war.

Wir lesen in den nächsten paar Jahren von dem wiederholten Erscheinen des ewigen Juden an mehreren Orten des Frankenlandes, namentlich in Bamberg und Würzburg; aber dort überall ausgewiesen, verschwand er spurlos nach kurzer Zeit.

Der Jungfernturm und die eiserne Jungfrau

An jenem Reste der ehemaligen Stadtmauer, welcher sich vom St. Salvatorplatze – dem sogenannten griechischen Markte – bis zur Häuserreihe des Maximilians- oder Dultplatzes hinzieht, ist eine Gedenktafel angebracht mit der Inschrift:

Hier stand der
Jungfernthurm,
erbaut im Jahre
1493
Abgebrochen
im Jahre
1804.

Auf diesem Jungfernthurm haftet eine schauerlich-romantische Volkssage. Nach dieser soll in demselben eine eiserne Statue der heiligen Jungfrau gewesen sein, welche das Schlachtopfer, dessen Tod beschlossen war, habe küssen müssen, während dem der Boden unter seinen Füßen sich öffnete und der Unglückliche in die Tiefe des Verließes versank. Nach einer anderen Erzählung öffnete sich unter dem Verurtheilten eine Fallthüre, und derselbe sank in der Tiefe in die Arme der eisernen Jungfrau, die ihn mit denselben umschloß und an ihre mit Dolchen gespickte Brust drückte, während zugleich die mit Schwertern bewaffneten Arme ihn zerfleischten und der Unglückliche hierdurch des qualvollsten Todes starb. Namentlich knüpft die heutige Volkssage dieses geheimnisvolle Walten der eisernen Jungfrau an die Zeit des Kurfürsten Karl Theodor, durch dessen geheimen Ausschuß, an dessen Spitze der berüchtigte geheime Rath Lippert stand, allerdings ohne gerichtliches Urtheil Landesverweisungen ausgesprochen, Todesurtheile gefällt und ohne Geräusch heimlich vollzogen wurden. Personen, welche durch revolutionäre Grundsätze dem Staate gefährlich schienen, sollen dieser Sage nach plötzlich verhaftet, durch den gespenstigen »Einspänniger« in die Residenz abgeführt, dort im gefürchteten gelben Zimmer von dem geheimen Ausschusse abgehört und verurtheilt, und sodann in dem Jungfrauenthurm durch die Arme der eisernen Jungfrau ermordet worden sein. Die Münchener Sage benennt sogar mit Bestimmtheit den Hauptmann des churbayerischen Leibregimentes Franz von Unertl, welcher am Abende des 6. Januar 1796 aus einem Gasthause dahier mit dem Einspänniger abgeholt, und am 7. Januar Morgens 3 Uhr durch die eiserne Jungfrau hingerichtet worden sein soll.

Der Walchensee bedroht München

In den bayerischen Alpen unweit Kochel, von ungeheuern Bergen eingeschlossen, liegt ein See, genannt der Waller- oder Walchensee. Seine schwarzen Wasser sind von unergründlicher Tiefe und er steht mit dem Weltmeere in Verbindung, daher er im Jahre 1755, als Lissabon durch das große Erdbeben zerstört wurde, heftig tobte und brausete. Und auch zu andern Zeiten stürmt und schäumt er oft hoch auf, und würde er einmal sein Felsenbett in seiner Wuth zersprengen, so würden sich seine Wasser gegen München ergießen, und diese Stadt ein Raub der Fluthen werden. Zur Abwendung dieses entsetzlichen Unglückes wurde in der ehemaligen in der Gruftgasse befindlichen Gruftkirche täglich eigens eine heilige Messe gelesen, und zur Sühne des zürnenden Wassers alle Jahre ein goldener Ring geweiht und in den Wallersee geworfen.

Der Schlafhaubenkramer

Vor hundert und einigen Jahren mied Jedermann, Nachts dem Frauenfreithofe – der damals noch als Gottesacker benützt wurde – zu nahe zu kommen und machte lieber einen weiten Umweg, denn seit einiger Zeit ging daselbst ein unheimlicher Geist um mit einer weißen Schlafhaube auf dem Kopfe.

Damals gab es in München in der Weinstraße gegenüber der heutigen Polizeidirektion einen Kramladen, wo noch gegenwärtig ein Kaufmann sich befindet. Der damalige Krämer, ein tüchtiger, unternehmender, und dabei lustiger Mann, ging alle Abende nach dem Ladenschlusse zum Bier, und bei dem Läuten der Bierglocke wieder ordentlich über den Frauenfreithof, wohin ihn der nächste Weg führte, nach Hause. Eines Abends, als er wieder wie gewöhnlich beim Biere saß, wurde von einem andern Gaste als größte Neuigkeit erzählt, daß sich der unheimliche Geist mit der Schlafhaube wieder auf dem Frauenfreithofe sehen lasse. Unser Krämer lachte ungläubig über diese Märe, spöttelte darüber und vermaß sich, den Geist heute zu bestehen und mit ihm fertig zu werden, wenn er ihm etwa in den Weg kommen sollte.

Als die Stunde der Heimkehr gekommen war, nahm der Krämer, der sich zuvor noch Muth getrunken hatte, Hut, Stock und Laterne und trat seinen gewöhnlichen Nachhauseweg an. Siehe! als er den Freithof betreten hatte, da sitzt ein langer weißer Mann mit einer Schlafhaube an einem Grabsteine. Bei dem Anblicke des Gespenstes rieselte es zwar dem Krämer eiskalt und schauerlich über den Körper; aber beherzt, wie er war, faßt er Muth, eilt auf das Gespenst zu und gibt ihm mit der Faust eine solche Maulschelle, daß ihm die Schlafhaube vom Schädel fällt. Nach dieser heroischen That befiel aber plötzlich unsern Krämer eine panische Furcht; er lief, was er laufen konnte, das Gespenst aber ihm nach. Glücklich erreicht er noch sein Haus und die Hausthüre, und schlägt dem Verfolger die Thüre vor der Nase zu. Durch die Hausthüre konnte der Geist aber nicht durch, weil sie nach altem löblichen Brauche mit drei Kreuzen und den Buchstaben C. M. B. bezeichnet war. Der Krämer eilt über die Stiege hinauf in seine Stube, – aber, o Schrek-

ken! da sieht die unheimliche Gestalt auch schon zum Fenster herein. In der Angst ergreift der Krämer ein Bild der heiligen Muttergottes von Altötting, reißt es von der Wand und wirft es dem Geiste entgegen, der hierauf augenblicklich verschwand. Der zum Tode erschreckte Krämer sinkt alsbald in tiefen Schlaf, und als er des andern Morgens gesund und wohl aufwacht, siehe, da hängt das Bild wieder ruhig an seinem Nagel an der Wand.
War nun diese Geistergeschichte etwa wirkliche Wahrheit, oder war sie vielleicht nur ein wüster Traum des etwas angetrunkenen Krämers, oder war sie ein neckender Spaß seiner Freunde, – kurz, von dieser Zeit an hieß dieser Krämer in der ganzen Stadt der Schlafhaubenkramer, und dieser Name blieb bis vor ein paar Jahrzehnten noch immer auf diesem Hause. Der Geist mit der Schlafhaube wurde aber von jener Stunde an nicht mehr gesehen; vielleicht war er durch die erhaltene Maulschelle erlöst.

Die drei Raben

Vor sechzig bis siebzig Jahren lebte in München ein Advokat bösen Herzens und argen Gemüthes; er dachte nur darauf, auf Kosten seiner Klienten seinen Geldsack zu füllen, hetzte sie zu ungerechtem Prozessieren auf, bis er sie ganz ausgeplündert hatte, und machte sich gar kein Gewissen daraus, Witwen und Waisen durch seine hinterlistigen Kniffe um ihr letztes Scherflein zu bringen. In diesem sündhaften Treiben ereilte ihn plötzlich der Tod, ein Schlagfuß hatte ihn getroffen.
Da lag er denn mit vielem Prunke aufgebahrt in seinem Saale mit Lichtern umgeben und ein Kruzifix mit einem Weihbrunnenkesselchen daneben, und da kamen viele Leute aus der ganzen Nachbarschaft, die Leiche zu beschauen und ein paar Vaterunser zu beten, wie's der Brauch ist. Aber getrauert hat Niemand um ihn, vielmehr fiel manches harte und böse Wort über den Verstorbenen. Da fliegen mit einem Male zwei Raben an das geschlossene Fenster, und picken so lange an dasselbe, bis es zerbricht und die Glasscherben klirrend auf den Boden fallen. In diesem Augenblicke entfliegt aus dem offenen Munde des Todten ein kohlschwarzer

Vogel und sämmtliche drei Raben fliegen von dannen. Der Leichnam des bösen Advokaten ist aber gleich nachher über und über schwarz geworden.

Das Tutlipfeiferl

Von München führt nach dem nahen freundlichen Vergnügungsorte Harlaching durch die Isarauen ein lieblicher und lustsamer Spazierweg, der erst seit ein paar Dezennien vom Stadtmagistrate mit reizenden Anlagen und schattigen Gängen verschönert wurde. Lustwandler, die zur späten Abendzeit, wenn schon die Sterne am Himmel blinken, von Harlaching her über die Überfälle zur Stadt zurückkehren, werden oft von einem unsichtbaren neckischen Geiste erschreckt, der sie schrillend bald in der Nähe, bald aus der Ferne, bald aus einem der Gebüsche oder Sandbänke, bald mitten aus dem Flusse anpfeift. Das ist die Isarnixe, bekannt unter dem Namen: das Tutlipfeiferl.

Das Geistergericht

In der Nähe von München zwischen Ramersdorf und Zorneding liegt eine weite Haide. Zu gewissen heiligen Zeiten entsteigen dort Nachts aus der Erde Geistergestalten in alter verblichener Tracht, um Gericht zu halten. In einem großen Kreise sitzen sie umher, in ihrer Mitte eine Gestalt als Angeschuldigter, zu seiner Seite der Nachrichter mit bloßem Schwerte. Eine Glockenstunde lang dauert die lebhafte und erregte Verhandlung; doch dem Geistermunde ertönt kein lautes Wort, klanglos sind alle Reden. Endlich wird der Angeschuldigte von dem Nachrichter enthauptet, in diesem Augenblicke schlägt die Ramersdorfer Kirchthurmuhr ein Uhr, und mit dem ersten Schlage ist das Geistergericht verschwunden.

Nur zufällig haben solches nächtliche Wanderer erblickt; denn kein Bewohner der Umgegend wagt sich in solchen Nächten auf die Haide.

Sagen aus dem bayerischen Oberland

Der Schloßberg bei Grünwald

Am hohen rechtseitigen Ufer der Isar liegt ein künstlich gebildeter runder Hügel; gegen die Isar und seitlich ist der Zugang durch steile Gehänge, und rückwärts durch Wall und Graben erschwert. Derselbe ist auf dem Steuerblatte S. W. VI. 3. mit: »Römerschanze« überschrieben. Am Suwend nachts sah man auf den Wällen, meistens auf dem Platze, wo das Schloß gestanden seyn soll, drei Jungfrauen. Die eine war ganz weiß, die andere von oben bis zur Lende weiß, unten schwarz, die dritte bis zum Hals weiß, dann abwärts ganz schwarz. Die Weiße ging voran, die halb Weiß, halb Schwarze folgte ihr, und die bis auf den Kopf Schwarze ging zuletzt. Dieser folgte ein schwarzer großer Hund mit feurigen Augen. Jede der Jungfrauen hatte einen Rocken an der Seite hängen und die spunnen Flachs mit der Spindel. Aus den Gewölben hörte man am Suwend nachts auf dem Platze, wo das Schloß gestanden ist, aus der Tiefe einen Hahn krähen.

Einst wurde das Schloß belagert, konnte aber nicht eingenommen werden. Eine alte Frau von Grünwald mit schlechtem Gewand, Strohhut und Bürl (Bündl) Holz, das sie für das Suwendfeuer sammelte, ertheilte den Belagerern folgenden Rath: »Nehmt ein unausgeworfenes schwarzes Roß, gebt ihm drei Tage nichts zu saufen, so wird es den Fluß schon finden.« Das Wasser zum Schlosse wurde nämlich mittelst Deicheln zugeleitet. Das geschah; das Pferd scharrte mit dem Fuße, und hier wurde die Wasserleitung abgegraben. Die Belagerten mußten sich wegen Wassermangel ergeben.

Auf dem Platze, wo das Schloß stand, sah man am Suwendtage oft das schwarze Pferd. Auch das Weibl sah man am Suwendtage, aber noch bei Mannsgedenken des Erzählers. Sie trägt ein schlechtes Gewand, einen Strohhut und ein Bürl Holz auf den Rücken eben so, wie damals, als sie den Belagerern ihren Rath ertheilte. Nach dem Schloß sollen drei unterirdische Gänge führen. Die halb schwarz, halb weiße Jungfrau war im Gewölb, in welchem eine Kiste mit einem großen Schatz lag. Auf der Kiste saß ein schwarzer Hund mit großen feurigen Augen, im Maul einen Schlüssel. Das Schloß führte früher einen eigenen Namen, dessen sich der Erzähler aber nicht mehr entsinnen konnte. (Diese Sage erzählte der 72 Jahre alte Paulus Seidl in Grünwald. Seine Mutter erreichte ein Lebensalter von 74, sein Vater von 96 Jahren. Seine Mutter hörte die Sage von ihrem Vater der, 84 Jahre alt, durch einen Fall das Leben verlor. Paulus Seidl, der Erzähler, wurde in der Nacht vom 19. auf den 20. August 1845 in seiner Wohnung ermordet.)

Das versunkene Schloß bei Trudering

Nahe bey dem Dorfe Trudering ist auf ebenem Boden ein trichterförmiges Loch, weit und tief. Davon geht in Trudering folgende Sage: hier stand in uralten Zeiten ein Schloß, welches mit dem Besitzer versunken ist. Die Schloßfrau, Utha genannt, sah im nachhausfahren noch den Kamin des versinkenden Schlosses, Utah wohnte dann im Dorfe Trudering, und vermachte dieser Gemeinde mehrere Holz- und Ackergründe. Alle Sonntage, berichtet der Erzähler, wird der Gutthäterin in der Kirche dankbar gedacht, und am Pfingstfreytag Vesper und Litanei gehalten, weil an diesem Freytage das Schloß versunken ist. Utah heirathete nachher einen bayerischen Herzog.

Vom Gastabudl in Wolfratshausen

Der Gasteigpudel ist ein ziemlich harmloses Gespenst, von dessen Gebaren man sich nur wenig zu erzählen weiß, obwohl es noch immer in der Leute Mund ist.
Dieses Gespenst hält in der Geisterstunde Wache auf dem Gasteig (in der Volkssprache »Gasta«) bei Wolfratshausen, und begleitet die Wandrer, entweder voraus- oder hintendrein laufend, ohne ihnen Schaden zuzufügen. Sein Aussehen ist das eines schwarzen Pudels von mittlerer Größe und feurigen Augen; manche wollen auch eine lange feurige Kette nachschleifen gesehen haben.

Aus der Schlucht hervorkommend, welche zwischen dem Schloßberge und jener Anhöhe liegt, die sich die Münchner Landstraße hinanwindet, zieht der Gastabudl über letzteren Berg und erscheint bei der Windung auf der Straße. –
Einmal gingen mehrere Wolfratshauser Bürger in später Nacht von Starnberg heim; es war stockfinster, sie nahmen daher in Dorfen (einem Dörflein oberhalb des Münchner Gasteigs vor Wolfratshausen) eine Laterne; wie sie auf den Gasteig kommen, sehen sie in einiger Entfernung vor sich einen schwarzen Körper in der Größe und Gestalt eines Hundes laufen. »Aha!« riefen Einige, »das ist der Gastabudl! den wollen wir jetzt erlösen«; also riefen sie die Gestalt mit dem bekannten Spruch an: »Alle guten Geister loben Gott den Herrn, sag' an, was ist dein Begehr'n?« – Das Ding lief, ohne Antwort zu geben, weiter; etliche der Bürger mit Stöcken hintendrein. Aber am Fuße des Berges angekommen, verschwindet das Gespenst in einem Hause; die Männer verfolgten es bis in das Haus hinein, da verwandelt sich der Pudel plötzlich in ein Schwein, das die Frau des Hauses als das ihrige anspricht.
Eine Hauptrolle spielt der Gastabudl in den Erlebnissen alter Floßknechte, die sich auf ihren Heimwegen von München verspätet, und so den Gasteig erst zu später Nachtszeit zu passieren hatten.

Hexenprobe in Stockdorf

Es war vor 84 Jahren, als der Sohn des Schullehrers in Schöngeising, welcher bei einem Bauer in Stockdorf, an der Würm in Oberbayern, als Knecht diente, während der Christmette in der Kirche, nahe an dem Eingange, auf einem Stühlchen von neunerlei Holz kniete, um die Hexen zu erkennen. Als das Zeichen zur Wandlung gegeben wurde, sah er in den vorderen Reihen neun Hexen. Sie kehrten dem Altare den Rücken zu und hatten, statt Hauben, Hühnernester auf dem Kopf, d. i. unbrauchbare Bienenstöcke, in welche die Hühner brüten. Sieben waren schon vorher allgemein als Hexen bekannt; von zweien wußte man aber noch nichts, und das waren dazu noch Wirthinnen. Als die Wandlung vorüber war, stürzten die Hexen auf ihn los; nur durch eilige Flucht zur Kirchenthüre hinaus, über den Gottesacker, in das nahe gelegene Bauernhaus, wo er diente, entging er ihrer Rache.

Die Schloßfräulein vom Karlsberg

Die drei Schloßfräulein vom Karlsberg erschienen dem Mühlknecht der oberen Mühle im Mühlthale bei Leutstetten in Oberbayern oft. Zwei hatten Menschengröße und waren ganz weiß. Die Dritte war kleiner, nur von oben bis zum Gürtel weiß, von da abwärts schwarz; diese ging in der Mitte zwischen den beiden Weißen. So nahten sie sich einst dem Mühlknecht und baten ihn, sie zu erlösen; groß werde sein Lohn sein; er müsse aber durch neun eiserne Thüren gehen; bei jeder werde er zwar harte Proben zu bestehen haben, allein alles sei nur Blendwerk. Hierauf traten sie den Rückweg an, und die halb weiß halb schwarze Jungfrau ging nun voran, aber den Mühlknecht befiel ein Grauen; er floh die wehklagenden Jungfrauen.

Die Wildn Fraln in Berg

Das königliche Lustschloß Berg liegt auf der Abdachung eines Berges, dessen Fuß das Ufer des Starnbergersees an dieser Stelle bildet. Weiter oben auf dem Berge liegt das Kirchdorf Berg. Im Jahre 1807 wurde der Abhang zwischen dem Schlosse und dem Dorfe zu dem jetzigen Englischen Garten gezogen. In diesem Abhang (Leiten) stehen Felswände von Nageltuff zu Tag, von Bäumen und dichtem Gesträuch umwachsen. Ein in den Felsen führendes Loch heißt 's Schmalzaloch. Nach Aussage eines alten Fischers führt es abwärts in einen unterirdischen Gang, in welchem er, jedoch nicht weit, vorgedrungen sei. Im Englischen Garten sind noch Reste eines ehemaligen Weihers sichtbar, welcher sein Wasser von einer nahe entspringenden Quelle empfing. Will man den Ort bezeichnen, so heißt es: »Gen Wiere.« Die Quelle war früher in eine Brunnenstube gefaßt.

Erzählung: »D'Altn habn gsagt: im Schmalzaloch san d'wildn Frala gwen und an d'Wiere ra kema. D'Laid habn jenen Schmalz, Mel, Broud, halt Essn, an d'Wiere hingstelt. Des habn d'wildn Frala weggnoma. Wen d'Laid abends ain schwaze Wasch an d'Wiere hintrogng habn, so is in da Frua schön weis gwaschn gwen. Emol hat jenen da Marbaua Schua machen lassn, und an d'Wiere hinglegt. Af des san 's asblim.«

Der bayerische Hiasl im Jexhof

Der bayerische Hiasl, seiner Zeit berüchtigter Spitzbube, geboren in Kissing bei Friedberg, soll sich eine Zeitlang im Jexhof, einer Einöde mitten im Schöngeiseninger Forste, aufgehalten haben. Obwohl er den Jägern sagen ließ, sie sollten herauskommen, wenn sie den bayerischen Hiasl sehen wollten, so wagte es doch keiner derselben, und der Räuber blieb unangefochten. Bei dem Jexhof befand sich eine Höhle im Walde, genannt Kuchelschlag, welche früher Räubern zum Aufenthalt diente, in der auch der bayerische Hiasl mit seinen Leuten auf eine Zeit Quartier nahm. Der gefürchtete Räuber begab sich hierher, und wählte sich unter den Wildschweinen, welche ein eigener Wildhüter füttern mußte, die schönsten aus, die er dann in der Höhle mit seinen Leuten verzehrte, ohne daß der Wildhüter dagegen Einsprache thun konnte. Von hier aus überfielen die Räuber zu gewissen Zeiten die Bauernhöfe der Nachbarschaft. Als sie endlich, von den Gerichten verfolgt, abziehen mußten, hinterließen sie viele Schätze, welche sie in der Eile nicht mitnehmen konnten. Die hat nun der Teufel als herrenloses Gut in Verwahrung genommen. Schatzgräber haben umsonst versucht, diese Schätze zu heben. Sie sollen immer tiefer versinken.

Das Armeseelenlicht von Vogtareuth

Vor vielen Jahren wurden an der Innlände Weinfässer ausgeladen, die ein Fuhrmann zum Vogt in das Vogtareuther Schloß bringen sollte. In stockdunkler Nacht machte er sich mit seiner

Fracht von der Innlände weg auf den Weg. Unterwegs nun begann ein Faß zu rinnen und der Wein floß auf den Boden. Der Fuhrknecht wollte nachsehen, wo es fehle, konnte aber in der Dunkelheit nichts erkennen. Da leuchtete plötzlich im Finstern neben ihm ein Licht auf, nun sah der Knecht den Schaden und konnte ihn leicht ausbessern. Als er damit fertig war, sagte er: »Vergelt's Gott tausendmal!« Da sagte das Licht: »Jetzt hast du mich aus dem Fegfeuer erlöst!« und verschwand.

Arme Seelen in Vogtareuth

Vor etwa hundert Jahren hörte man in Vogtareuth am Allerseelentage ein eigentümliches Wispern und Seufzen, und alle, die es gehört hatten, fürchteten sich gar sehr. Da ging die alte Stephan-Mutter von Vogtareuth zum Pfarrer und gab für die armen Seelen ein Hl. Amt an. Von dieser Stunde an hat das Seufzen und Klagen in der Luft aufgehört.

Spuk auf der Innbrücke in Rosenheim

In Pirach bei Vogtareuth war einmal ein Knecht, der weder an einen Himmel noch an eine Hölle glaubte. An einem Sonntagmorgen ging er nach Rosenheim und empfing dort in der Klosterkirche die Hl. Kommunion, obwohl er zuvor nicht gebeichtet hatte. Danach ging er in ein Wirtshaus und zechte den ganzen übrigen Tag. Als es schon zu dämmern anfing, machte er sich erst auf den Heimweg. Als er über die Innbrücke gehen wollte, saßen auf den beiden Geländern je eine schwarze Katze, die ihn mit wildfunkelnden Augen anglotzten. Mit einem kräftigen Fluch wollte er sie hinunterschlagen. Sie sprangen jedoch auf ihn zu, fauchten ihn an und wichen ihm nicht mehr von den Fersen, bis er einen geweihten Rosenkranz herauszog und das Kreuzzeichen machte. Darauf verschwanden sie.

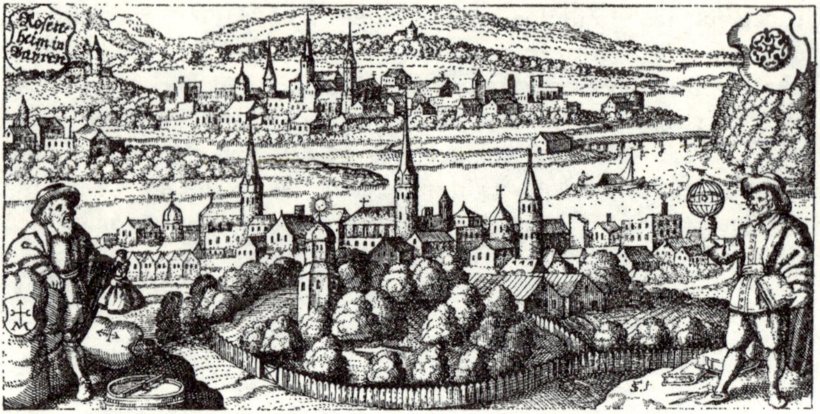

Rosenheim. Kupfer aus D. Meißner, Politisch Schatzkästlein. Nürnberg 1678

Der Teufel holt einen Vogtareuther Knecht

Vor vielen Jahren war beim Wagner Leiminger in Vogtareuth ein Knecht, der nie in die Kirche ging und nie betete. Da hatten sie beim Leiminger wieder einmal gedroschen und gingen nach der Arbeit zum Essen. Wie sonst auch beteten sie das Tischgebet, aber der Knecht war draußen geblieben. Da schickte der Leiminger den Buben hinaus, damit er den Knecht hereinhole, aber der war nirgends zu finden. Man suchte ihn in seiner Schlafkammer, aber auch da war er nicht. Schließlich fanden sie ihn unter dem gedroschenen Stroh, wo er tot dalag. Als sie ihn umdrehten, sahen sie, daß jedes Rückgratglied gebrochen und der ganze Körper schwarz war. Da erkannten sie, daß ihn der Teufel geholt hatte.

»Kamerad hilf«

In der Nähe von Vogtareuth war auf einem Bauernhof einmal ein Knecht, der seine ganze Freizeit im Wirtshaus beim Kartenspiel zubrachte und seinen letzten Heller verspielte. Eines Nachts ging er wieder einmal nach Hause, nachdem er sein ganzes verdientes Geld verloren hatte, da trat ein Mann an ihn heran und sagte: »Wenn du mit mir Kameradschaft machen willst, dann geht es dir gut beim Kartenspielen. Du darfst mich nur rufen ›Kamerad hilf!‹« Er gewann und bekam viel Geld zusammen, und so trieb er es viele Jahre hindurch und ging nie mehr in die Kirche. Eines Abends hatte er wieder gespielt und viel Geld gewonnen und war angetrunken nach Hause gekommen. Kaum aber lag er in seinem Bett, da klopfte es am Fenster und eine fremde Stimme rief: »Kamerad mach auf und unterschreibe hier mit deinem eignen Blut!« Der Knecht wollte das Fenster öffnen, aber als er draußen ein kohlrabenschwarzes Gesicht mit zwei glühroten Augen vor sich sah, da lief er in seiner Angst in die Stube hinunter zum Herrgottwinkel, bekreuzigte sich und betete seit langen Jahren zum erstenmal wieder. Da war der Unheimliche draußen verschwunden. Von dieser Stunde an ging der Knecht wieder fleißig zur Kirche, wurde ein ordentlicher und braver Arbeiter, ging nie mehr ins Wirtshaus und rührte sein Lebtag keine Spielkarte mehr an.

Die Dull von Hohenwiesen

Zur Zeit, wo noch Lenggries zur Pfarrei Gaisach gehörte, gingen am Lichtmeßtage die Kirchgeher vor dem Hause der Dull – eine noch im Volksmunde lebende Hexe – vorbei. Sie war aber noch ganz im Werktagsgewand mit dem Zusammenräumen des Hauses beschäftigt und schien gar nicht an das Kirchengehen zu denken. Man rief ihr grüßend zu: »Nicht gar zu fleißig«; »mach Feierabend«; »es ist Zeit zum Kirchengeh'n«; sie ließ sich aber nicht irre machen und sagte: »Erst muß i 's Wäxl (das Wachs) no von Venedig holen.« Beim Zusammenläuten machte sie sich erst auf nach Venedig, um das Wachs zu holen und kam dennoch gerade recht zur Wachsweihe nach Gaisach.

Eine Bäuerin hatte schon zwei Stunden an ihrem Butterfaß gerührt, aber es wollte keine Butter aus ihrem Rahm werden; da sah sie die Dull an ihrem Hause vorbeigehen etwas in ihrem ›Fürtuch‹

tragend und die rief ihr spöttisch zu: »Plag dich nicht länger, Nachbarin, den Butter hab' ich schon in meinem Fürtuch.«

Der Einsturz des Tölzer Schlosses

Auf dem Schlosse zu Tölz hauste ein gottloser Pfleger, der nichts von Gott und den Heiligen wissen wollte und über alles spottete. Einmal am Margarethen-Tage wollten seine Ehhalten (Dienstboten) zur Kirche gehen – er war damals noch ein Feiertag – er aber schickte sie zur Arbeit in's Heu. Eine fromme Dirn mahnte ihn dringend, doch an diesem Tage um günstiges Wetter zum Heiligen bitten zu lassen; da fuhr er sie höhnend an: »Was kümmere ich mich um diese Heubrunzerin!« In derselben Nacht ging ein furchtbarer Wolkenbruch unter Donner und Blitz hernieder, der Ellbach schwoll gewaltig an, riß alles mit sich fort und unterspülte den Berg, das Schloß stürzte plötzlich ein und erschlug seine Bewohner.

Tölz im 17. Jahrhundert. Holzschnitt

Die Teufelsgrube bei Holzkirchen

Eine kleine Stunde unterhalb Holzkirchen führt die Münchner Straße durch einen breiten und tiefen Graben, der sich von da in nordwestlicher Richtung gegen die Isar hinzieht. Über den Ursprung desselben geht im Volk folgende Sage.
Ein Müller, der zu wenig Wasser für seine Mühle hatte, schloß mit dem Teufel einen Bund, daß dieser ihm aus der Isar Wasser in Fülle verschaffe und verschrieb ihm seine Seele, wenn der Böse in der folgenden Nacht vor dem Hahnenschrei einen großen Wassergraben aus der Isar in die Mangfall vollenden würde. Rasch war die Bedingung angenommen und der Müller sah beim Einbruch der Nacht mit Staunen und Schrecken in gewaltiger Eile das Werk fortschreiten: es war, wie wenn das ganze Thal von unsichtbaren Händen in Bewegung gesetzt würde. Noch war der Morgen fern und fast war der ungeheure Graben vollendet. Da ergriff den Müller Angst und Reue – er eilt in den Stall und macht mit einem Stocke großen Lärm an der Hühnersteige; der Hahn erwacht und kräht – die gespenstigen emsigen Arbeiter entschwinden, der Graben bleibt unvollendet und wasserleer, aber der Müller ist gerettet.

Bergsage

In das obere Isarthal – den Isarwinkel – schaut ein gar schroffer kahler Berg herüber aus dem Achental, der Unnütz genannt, weil er keine Almen auf sich hat. Der war aber ehmals ganz anders: die herrlichste, saftigste Weide war auf demselben, das schönste, fetteste Vieh sah man gefahrlos auf seinen sanften Abhängen grasen und außerordentlich reich war der Ertrag von Käs und Butter, den die dortigen Almenleute gewannen; aber der Überfluß machte sie übermüthig, sie machten sich Kegel aus Butter und schoben darauf mit Kugeln aus Käse und verunehrten so die Gottesgabe. Da brach ein Gewitter aus, zerstörte die Weiden, schwemmte den Wasen ab und zerklüftete die Felsen, so daß der Berg jetzt unfruchtbar und unwegsam in die Wolken hinein starrt.

Das wilde Heer

Ein Floßer erzählt: Mein Knecht war einmal mit den andern in den Berg um ›Taxen‹ gefahren und bis spät am Abend nicht gekommen. Wir erwarteten sie ängstlich bis gegen Mitternacht, nichts kommt. Der Tenner war offen; da hören wir plötzlich einen Lärm wie wenn Rosse und Wagen hereinfahren; die Mutter will mit der Latern' hinauf und hat nicht mehr Zeit sie zuzumachen: wie sie aber die Thür zum Tenner öffnet, löscht ihr das Licht aus: sie sieht nichts mehr und kommt ganz verstört zurück. Vom Knecht und dem Wagen war nichts zu finden. Die Mutter sagte, es muß das Nachtgejaid gewesen sein. Am andern Tag kam der Knecht, und es ging die Rede, daß das Nachtgejaid die Gasse hinaufgerast sei.

Ein Knecht wurde einmal vom Nachtgejaid entführt und fand sich andern Morgen beim Gebetläuten am Abhang des Calvarienberges gerade über der tief unten wogenden Isar.

Schatz am Haimgarten

Auf diesem Berge, der seinen Namen daher hat, weil alljährlich im Monat Mai die Leute aus der Jachenau und Umgegend darauf zusammen kamen und Eheversprechen und Gelöbnisse abschlossen, liegt ein Schatz verschlossen, den ein Herr von Weichs von seinem Schlosse bei Ohlstadt auf mehr als dreißig Maulthieren hierhergeflüchtet und im Felsen verschlossen. Auch sollen hier Goldbergwerke bestanden haben. An beide Sagen knüpft sich eine großartig verzweigte Schatzgräbergeschichte; ist auch einmal einer, der Zimmermeister von Wackersberg nach Venedig gereist um sich dort Rathes zu erholen, hat auch ›einen Venediger‹ gefunden, der ihm in einem Erdspiegel die Schätze und Lager des Goldsandes zeigte.

Am Kochelsee, wie im ganzen Gebirge, geht die Sage von ›den Venedigern‹, die öfters ganze Säcke voll schwarzen Sandes von den Bergen forttrugen und dabei die Äußerung machten, daß sie nun ihr ganzes Leben lang daran genug hätten.

Tegernsee. Kupfer aus D. Meißner, Politisch Schatzkästlein. Nürnberg 1678

Der Kirchstein, ein Ausläufer der Benedictinerwand, steht auf vier goldenen Säulen. Von Schatzsagen sprüht und glüht es hier herum.

Vom Wallersee

Der Walchensee liegt um 80 Fuß höher als der Kochelsee; vom ersteren geht durch den Kesselberg ein unterirdischer Bach. Er gilt für unergründlich. »Z' Wallersee oben«, erzählte mir der alte Zwerger, ein Fischer aus Schlehdorf (dem ich auch viel über die Schatzgräber am Haimgarten verdanke), »haben's mal 'ein abig'lassen, aber eingevacht, daß kein Wasser einikunnt, der'n d'gründen soll, und a a Glöckel mitgebn, oben n'auf, daß er läuten kann, wenn es drunten; da is er abi kemo, aber drunten ist einer gwest, der hat 'em droht, daß, wenn er noch weiter abi wollt, daß er'n derschlücken that.« –

Gezwungener Dieb

Einem Manne brannte das Haus ab, er rettete nur einige hundert Gulden, auch diese wurden ihm bald gestohlen. Dem Trostlosen wird ein Mann ›verrathen‹, der sich ehedem im Kloster zu Wessobrunn befunden und Gestohlenes wieder zu schaffen verstände. Dieser schlug erst alle Hülfe in diesem Handel ab, dann aber ließ er sich doch herbei, und schrieb einen Zettel; der Bauer solle einen Wagen vor die Hausthüre führen, in eine Speiche des Rades den Zettel stecken, dasselbe umdrehen und sagen: »Dieb, Dieb (und) wenn du größer bist als der Allmächtige, so komm im Namen der allerheiligsten Dreieinigkeit.« Das Rad dürfe er aber anfänglich nur langsam umdrehen und ja nicht zu schnell forttreiben, denn sonst überstürze sich der Dieb der mit der ersten Bewegung des Rades zu laufen beginnen müsse. Der Bauer hat es oft gethan, immer umsonst; der Mann in Wessobrunn bestand darauf, das Geld werde sich finden, er solle nur jedesmal um das Haus herum etc. suchen; da lag es, in einen alten Handschuh gewickelt, plötzlich auf dem Feuerheerde, es fehlten nur einige Gulden; der Dieb aber mußte über einige Hausdächer gestiegen sein, um es durch den Kamin ins Haus zu werfen. – Der Mann in Wessobrunn hat für seine Hülfe und Rath nichts angenommen.

Maussee

Zwischen Inning und Seefeld liegt der Wörthsee, auch ›Maussee‹ genannt; letzteren Namen hört die Herrschaft sehr ungerne. War einst ein Graf von Seefeld, der in großer Hungersnoth die armen Leute in einem Stadel zusammensperrte, daß sie jämmerlich schrien, da frug er lachend, ob man die Mäuse pfeifen höre; darauf kam deren eine Unzahl zum Vorschein, die ihn überall hin verfolgten; zuletzt flüchtete er sich auf die Insel im Wörthsee, wo sie ihm zu Tausenden nachfolgten und ihn, obwohl er das Bett in eisernen Ketten aufhängen ließ, auffraßen.

Vom Ammersee

Von Unterschondorf (am Beginn des Ammersee) bis nach Weilheim ist überall Seeboden – in einer Strecke von 7 Stunden – da lag mal eine große Stadt; die ist versunken. Unterschondorf stammt noch aus den Römerzeiten, in der Kirche soll ein byzantinisches Cruzifix sich befinden; in den Stufen sind über 4 Fuß dicke Quader, die bereits ausgetreten sind und geflickt werden mußten.

Der Karlstein bei Reichenhall

Der Karlstein und Pankratz sind zwei sehr nahe aneinander liegende Felsen. Auf dem westlichen Gipfel, der Karlstein genannt, steht eine Ruine. Am Fuße des Berges liegt der Thumsee. Hier, auf dem Karlstein, berichtet die Sage, waren vor undenklichen Zeiten drei Frauen, welche man vor großen Ereignissen entweder singen oder jammern hörte. In der Waidwiese halfen sie den Haar (Flachs) ausziehen. Von dem Karlstein bis zu dem etwa acht hundert Fuß entfernten, auf einem andern Berg liegenden Thurm Amering, von welchem noch Überreste stehen, war eine lederne Brücke über das Thal gespannt.

Die steinerne Agnes bei Reichenhall

Bei Loibl ist ein weißer Kalksteinfelsen, welcher einer Jungfrau gleicht, und welchen man die steinerne Agnes heißt. In Steinberg, berichtet die Sage, lebte eine Sennerin; ihr Geliebter war von Loibl, welchem sie mehrere Kinder gebar. Das letzte Kind ermordete sie, und in der Verzweiflung stürzte sie sich in das Rotofenloch; aber der Felsen spaltete sich, und sie wurde zu Stein. Neben der steinernen Agnes ist ein Kluft, welche durch den ganzen Felsen reicht. Steht die Sonne am Subent im Westen, und scheint sie gerade durch den Felsenspalt, so jauchzt die steinerne Agnes.

Der Untersberg

Der Untersberg, der auch Wunderberg genannt wird, steht eine kleine deutsche Meile entfernt von der Hauptstadt Salzburg an dem grundlosen Moos, wo einst vor alten Zeiten die große Hauptstadt Helfenburg gestanden seyn soll. Dieser Berg stehet auf drey

Kloster Ettal. Nach einer Zeichnung von Philipp Apian um 1560

Landesgränzen, als nämlich Salzburg, Berchtesgaden und Bayern; der mehrere Theil aber steht auf der Salzburgischen Gränze. Er steht ganz frey und hat 6 deutsche Meilen im Umkreise. Im Betreff seiner Höhe und scharfen Felsen wird er jedoch von mehreren anderen oft übertroffen. Doch ist zu bewundern und wohl zu merken seine Fruchtbarkeit an gut' und großer Waldung, Alpen, verschiedenen vornehmen Wurzen und Kräutern, an denen 3 bis 400 Gemsen nebst viel anderem Wild und Federwildprät auf der Salzburgischen Gränze alleinig ihren sattsamen Unterhalt finden. Dieser Berg ist auch schätzbar an Minen und Erzen, indem öfters fremde Kunsterfahrene aus Welschland herbeykamen, diese geheim bearbeiteten, darneben sich aber der Bosheit gebrauchten, denen anliegenden Landesbewohnern aus Neid solche zu verblenden und zu verhehlen; ja sogar oft vor ihnen nicht einmal sicher sind, sofern sie sich ebenfalls solcher Wissenschaften und Kunsterfahrenheit würden findig machen wollen.

Der Untersberg. Aufschreibungen von Lazarus Aigner

In diesem 1529sten Jahr bin ich Lazarus Aigner bey Herrn Stadtschreiber zu Reichenhall in Diensten gestanden; da hat es sich einstens begeben, daß ich und der Herr Stadtschreiber sammt dem Herrn Pfarrer Martin und Herrn Pfleger, auch sonst einem Bürger aus Reichenhall mit einander auf den sogenannten Untersberg gangen und kommen sind zu einer großen Klamm, allwo ein Loch an diesem Berg: da hatte es eine Capellen, so unter dem Hohen Thron ist. Allda war ein Geschrift mit silbernen Buchstaben eingehauen in der Wand; diese haben wir angeschaut und gelesen. Nachmals sind wir darvon gegangen und unsern Rückweg herab nach Haus genommen. Als wir nun zu Haus gewesen sind und von der Schrift geredet haben, alsdann hat mich der Pfarrer Martin wiederum angeredet und hinaufgeschickt, ich sollte ihm die Schrift abschreiben; welches ich auch gethan habe und bin also allein auf den Untersberg gangen, am letzten Unser-Frauen-Tag im Herbst. Nun wie ich hinaufkommen, hab' ich solche genau abgeschrieben und eben ist eingehauen gewesen in der Wand mit uralten Buchstaben also bezeichnet wie folgt S. O. R. C. E. I. S. A. T. O. M. Wie ich so lange geschaut habe, da ich die Schrift abgeschrieben habe, in dem ist es Abend worden, daß ich nit mehr kunnte nach Hause gehen; bin also über Nacht auf dem Berge außen an der Wand des Lochs blieben; und das ist an einem Mittwoch Nacht gewesen und am Pfinztag eben früh als ich widerum hab' herab und nacher Reichenhall gehen wollen, hab' ich hinaus in die Weite geschauet und bin ein wenig fürbaß gangen. Wie ich im Gehen aber habe umgeschauet, so stehet vor mir ein barfüßender Mönch, der hat in einem Betbuch gebetet und trug eine große Bürd Schlüssel auf der Achsel, zu mir sprechend »wo bist Du gewesen und wo gehest Du hin? Hast Du gegesssen oder bist Du noch hungrig?« Da ich ihm aber alle Meinung erzählete, sagte er zu mir »ich will Dir zu essen geben, auch zeigen, was Du in diesem Loch oder Capellen gesehen hast und eingehauen ist«. Also sind wir mit einander von dem Ort, wo wir geredet haben, nit weit aufwärts gangen gegen den hohen

Thron, da sind wir kommen an einer großen Klamm zu einer großen eisernen Thür; dieselbe hat er aufgesperrt mit einem Schlüssel von der Bürd, welche er über die Achsel trug. Bis an das Thor haben (wir) ein wenig Licht gehabt; alsdann hat er mich durch das Thor mit ihm hineingeführt, ich aber habe mich nichts gefürchtet oder etwas Sonderes gedacht. Da sagte er zu mir »lege Deinen Hut allda nider, so kannst Du wider hinaus; und so Du herinnen seyn wirst, so sprich zu Niemand kein Wort, es sage einer zu Dir, was er wolle: mit mir aber darfst schon reden und mich fragen. Merke auch wohl was Du sihest und hörest«. Mit diesen Worten sind wir hinein gangen durch das Thor: da war ein großer Thurn und oben eine Uhr daran mit Gold gezieret. Der Mönch sagte zu mir »schau an die Uhr, auf welche Stund der Zeiger stehet und um welche Stund es ist«; und es war 7 Uhr. Und als ich hinfürschaute, sahe ich ein herrliches Gebäu mit einem doppelten Glockenthurn, wie ein ansehnliches Kloster: es lage auf einer schönen und weiten Wiesen. Bey dem Kloster hatte es einen schönen Brunnen schneekaltes Wasser, auf der Wiesen durch 2 Röhren fließend in einen marmorsteineren Grander.
Umb das Kloster ist ein schön grüner Wald und auf der Wiesen stehen schöne Obstbäum mit allerley Früchten. Da führet der Mönch mich in dieses Gebäu und kam in eine Kirchen, die war so weit, daß ich von der hinteren Kirchenthür kaum auf den Chor hinauf sehen können. Da führete er mich hinfür zu dem Sacramenthaus und hieß mich beten; er kniete nieder und betete. Hernach führte er mich hinunter in einen Stuhl und sagt' »bleibe da Lazarus, bis wider ich zu Dir komme und Dich hinweg führe«. Und sagte mir »diese Kirchen hat mehr (als) 200 Altar, auch über die 30 Orgeln ohne alle andre Instrumenten musikalischer Gesänger«. Mithin saß ich in den Stuhl nider nahen bey einer Stiegen, da die andern Mönche sollten in die Kirche herabgehen. Indem giengen alsobald herab Alte und Junge, mehr dann 300 Paar mit hülzernen Schuhen; sie schauten mich gar eben an in dem Vorbeygehen und giengen auf den Chor hinfür und hielten den Kirchgebrauch gleich wie man es in der hohen Domkirche zu Salzburg mit allen Horis zu singen pflegte. Sie haben es auch Gott zu Ehren mit großer An-

dacht verrichtet. Hernach hat man mit allen Glocken geläutet, in die Kirchen zu gehen; da kamen unzählbare große Scharen in die Kirch mit schönen Kleidern herrlich gekleidet. Da hub man an auf allen Altaren Mess' zu lesen und das Hochamt zu singen, und schlugen auf allen Orgeln mit allen vorgemeldten musikalischen Instrumenten, daß es mich nit anders dünkte, als wäre ich in dem Himmel: so lustig und lieblich ist es mir vorkommen. Wie nun der Gottesdienst vollbracht war, so ging alles Volk widerumb aus der Kirchen und die Mönch giengen die Stiegen hinauf. Hernach kommet der Mönch wider zu mir in den Stuhl und sagt »Lazarus bleib noch da; man will anjetzo zu essen gehen; also bleib noch allein in der Kirchen sitzen«. Und wie es 12 Uhr schlug, da kommt der Mönch zu mir und führte mich die Stiegen hinauf, wobey ich gesessen. Diese Stiegen hat bey 80 Staffeln, und giengen in ein Vor- oder Mushaus. Da waren zu beyden Seiten voller hoher Kirchenfenster, aber ohnverglaster: dardurch sah man hinab in die schöne weite Wiesen, worauf das Kloster lag. In Mitte desselben Mushauses führte er mich in das Convent; dasselbe war oben gewölbt und mit Fenstern wohl vermacht. Darinnen stunden lange Tisch zunächst bey der Thür; da setzt' er mich an einen aufgerichteten Tisch und sagt »da bleib jetzt, mein Lazarus; ich will Dir zu essen und zu trinken geben«. Und dieweil er darumb gieng, so sahe ich zu dem Fenster hinaus und erblickte große Scharen Volks von einem Wald zu dem andern über den Anger daher gehen. Indem bracht' er mir zu essen Fleisch, Kraut und Gersten und ein Laibl Brod, wie man es zu St. Peter zu Salzburg im Kloster hat; darzu einen Becher mit Wein, ohngefähr mit einem Mäßl. Der Becher aber, woraus ich getrunken, und die Schüssel, aus welcher ich geessen, sind von Zinn. Hernach heißet' er mich, ich sollte Danken dem allmächtigen Gott darumb sagen, und führte mich alsdann widerum in die Kirchen zur Nonzeit: da war auch die Kirchen voll mit Volk wie in der Früh. Nach der Non führt' er mich wider in das Convent und gleich über das Mushaus in die Liberey. Diese war auch zu beyden Seiten voller Fenster, aber ohnverglaster; dardurch man Bischöfe und andere unterschiedliche Leut über den Anger hin und her gehen sah. Ich fragte aber den Mönch, wer doch diese wären? Darauf sagt' er mir: »es sind alte Kaiser, König', Fürsten, Bischöfe und Andere Ritter, Herren und Knecht, Edel' und Unedle, auch Andere Frauen, christliche Leut, welche den christlichen Glauben zur letzten Zeit Untergangs der Welt helfen erretten und vertheidigen«. Die Bücher, die darinnen ich sah, waren nur von Rinden der Bäum und aus Häuten gemacht, auch mit gar alten unbekannten Buchstaben geschrieben — ich könnte darinnen sehr hart lesen; aber er sagte und las es mir vor und sagte mir den Inhalt. Ich fand auch die silberne Buchstaben und Schriften, welche ich eben oben an der Wand an der Höhle der Capellen abgeschrieben habe: dieselbe zeigt' er mir und las es mir; aber es war in der lateinischen Sprach verfaßt. Nun war es Vesper-Zeit und man läutet' zu Vesper, die war eben gesungen mit großer Andacht wie zuvor, in welche wir auch gangen sind. Nach der Vesper gab er mir an der alten Stätt zu essen in dem Convent. Nachmalen giengen wir in die Complet; dieselbe war auch also begangen, wie die Vesper. Da die Complet vollendet war, da waren alle Mönch bereit mit ihren Büchern in denen Laternen geordnet, und giengen also 2 und 2 gegen den hohen Thurn, dardurch ich hinein gegangen bin in den Untersberg. Daselbst hat es eine eiserne Thür', auf beyden Seiten wohl beschlagen; zu jedwedern Seiten aber 6 Thüren, zusammen 12 Thüren gerechnet. Und er sagt zu mir »durch diese Thür gehet man zu St. Barthlmee auf Berthelsgaden, durch diese gehet man auf Salzburg in die Domkirchen; durch diese gehet man auf Reichenhall, durch diese gehet man auf Feldkirchen; durch diese gehet man auf die Gemein zu Unser Lieben Frauen; durch diese gehet man auf Seekirchen; durch diese gehet man auf St. Maximilian; durch diese auf St. Michael in die Insel; durch diese auf St. Zeno; durch diese auf Traunstein gen Egg; durch diese auf St. Peter und Paul bey Hall; und durch diese auf St. Dionysien«. Wir giengen die selbige Nacht auf St. Barthlmee bey Berthelsgaden in einem schönen Gang, der so weit und breit, daß ihrer 3 und 3 neben einander gehen konnten. So oft es einen neuen Nebenweg hatte, darnach war eine Staffel abrechts für und für. Und er sprach zu mir im Gehen »Schau Lazarus, jetzo gehen wir tief unter dem See«. Und da wir zu der Kirchen hinzu und hinter den Altar kommen sind, da

3 Gefangennahme des bayrischen Hiesel 1771.
Zeitgenöss. Kupfer von Joh. Martin Will. Nürnberg, German. Nationalmuseum

4 Königsee mit Untersberg (dem berühmten Sagen- oder Wunderberg). Gemälde von Ludwig Richter

sungen sie die Metten; und nach selber giengen wir wieder in den Untersberg zurück. Alsdann war es Zeit allda zur Prim. Also ist es einen Tag wie den andern zugangen mit allen Kirchengebräuchen; auch ist die Kirche allzeit voller Volk gewest. Den andern Tag sind wir gangen in der Nacht gen Salzburg in den Dom. Da wir ankamen und unsern Gottesdienst verrichtet, und ich und der Mönch hinweg gehen wollten, so hat der Meßner den Glockenthurn aufgesperrt und zu der Metten geläutet und hätte uns in der Kirchen bald erwischet, wann wir nit gleich bey der hintern Thür ausgangen wären hinter den Stühlen bey der großen Orgel durch die Mauren unter der Erden, wo wir eingangen waren. Die 3: 4: 5: 6te Nacht sind wir zu denen vorbemeldten Kirchen gangen; die 7te Nacht sind wir zu Unser Lieben Frauen auf Gmein kommen: allda haben wir die Gottesdienst verrichtet, wie die Andren. Wie wir aber in diesen Tagen kommen waren, so sind wir in der Liberey gewesen und leseten die große Bücher von alten Geschichten und zukünftigen Weissagungen. Er sagte mir viel, wie es dermaleinst in der Welt sollte zutragen mit Krieg, Hunger, Kummer, großem Sterben und Pestilenzen. Wie wir von solchem redeten und durch die Fenster hinaus auf die weite Wiesen schaueten, indem just einen Kaiser unter dem Volk ersahe, welcher auf seinem Haupt eine goldene Krone trug und in seiner Hand hielt er das Kaiserliche Scepter. Auch hatt' er einen grauen Bart, der gieng ihm von der Glatz bis auf die Gürtel. Ingleichen sah ich auch andre Herren und Frauen mehr, auch viel gemeine Leut, große und kleine. Da fragte ich den Mönch »wer doch diese waren«; sagte er mir »Der Kaiser, der dort gehet, ist Kaiser Friederich welcher einstens auf dem Walßerberg verzuckt ist worden. Schau ihn wohl an: er ist in solcher Gestalt, wie er verloren gangen.« Auch hab' ich noch mehr Fürsten und Herren gesehen, als den Herzog Albrecht von Bayern zu München und seine Hausfrau, den Erzbischof Leonhard von Keutschach zu Salzburg, den Herrn Prälaten von St. Peter und Probsten zu St. Zeno und den Probsten von Berthelsgaden; auch andre viel mehr, welche ich in ihren Lebzeiten wohl gekannt habe. Da fragte ich den Mönch, was sie in diesem Berg herin machen und ihr Thun und Lassen sey? Da hebt' er die Hand auf und gab mir einen solchen entsetzlichen Streich, daß ich selbigen Backenstreich Zeit meines Lebens empfunden habe; darauf mich mit zornigen Worten angefahren, sprechend: »Was bedarfst du dergleichen Geheimnisse Gottes wissen noch forschen, was allda ihr Thun und Lassen sey.« Das Essen und Trinken gab er mir einen Tag wie den andern und am sibenten Tag sagt' der Mönch zu mir, nachdem wir von dem Berg nach Haus von der Gmain kommen sind: »Lazarus, nun ist es Zeit, daß du anwiderum hinaus gehest; oder willst du herinnen verbleiben, so magst du es auch thun.« Ich sagte zu ihm »ich will heraus gehen«. Darauf gab er mir wie zuvor zu essen; absonderlich gab er mir noch 2 Laibl Brod mit auf den Weg, zu mir sprechend »Solches iß im Heimgehen und sey hinfüro fein demüthig, dieweil du lebest«. Hernach hat er mich zu dem Thurn geführt, dardurch ich eingegangen bin, und durch das Thor hinaus bis an das Ort, wo er zu mir kommen ist. Und wie ich bey dem Thurn darinnen vorbeygangen war, sagt der Mönch zu mir: »Schau auf die Uhr, auf welcher Stund der Zeiger ist«, und es war eben 7 Uhr, wie ich hinein gangen bin. Darauf sprach er »Hier ligt dein Hut: setz' ihn auf, so kannst du wider deinen Weg weiter gehen«. Da wir an dem Ort so lang bey einander stunden, so sagt' er mir viel von jämmerlichen und kümmerlichen Zeiten, so sich hernachmals zutragen werden. Er aber befahl mir gar eben, ich sollte Alles fleißig merken und beschreiben, was ich gehört und gesehen habe in diesem wunderbaren Berg; alsdann segnete er mich und unterrichtete mich sprechend: »Schau mein Lazarus, daß du diese Begebenheit Niemand sagest vor 35 Jahren, also lieb dir dein Leben ist; vergiß aber nit, was du gesehen und gehört hast. Wann sich nun die Zeit derer 35 Jahren verflossen hat, so magst du es wohl offenbaren: es wird hernachmal Noth seyn, wie wohlen Gott dem Allmächtigen viel abzubitten ist. Daß man es aber weiß, so beschreibe alle diese Dinge und behalte es fleißig inne.« Welches ich auch fleißig gethan hab. Der Mönch sagte weiters zu mir: »Es werden sich gefährliche Zeiten in der Welt zutragen; aber diejenigen Menschen, welche an Gott recht glauben und vertrauen, dieselbe werden von allem Greuel und Uebel und Beschwerden geschützet werden.« Dann letztlich sagt' er zu mir: »Nun gehe hin im Namen des Friedens, denn du wirst schon dermaleinst zu mir kommen.«

Der Mönch erzählet' mir auch von dem Birnbaum, so auf dem Walser Feld zu einer Gedächtniß einer Schlacht stehet; der ist lange Zeit dürr gestanden und zum Oefteren gar umgehauen worden, doch durch die Kraft des Allmächtigen die Wurzel behütet und allemal widerum angefangen zu grünen und aufgewachsen; und wann er aufgewachsen ist und Frucht bringet, so wird sich die Schlacht allda anheben und der Kurfürst aus Bayern wird seinen edlen Schild daran hängen. Und diese Schlacht wird so erschrecklich seyn, daß alles Volk zerstören wird, ja der Bauersmann mit der Reiter vom Pflug, der Fuhrmann mit der Geißel und die Handwerksleut mit allem ihren Werkzeug zuschlagen werden; so Alles geschehen wird zu Errettung des christlichen Glaubens, welcher sogar abnehmen wird. Und dahero wird Alles fast erschlagen und erwürget werden. Und auf dem Feld wird Einem das Blut rinnen bis an die Schenkel, so groß ist es. Was aber für Volk überbleiben wird, hat mir der Mönch gesagt, daß Alles von denen großen Riesen, so in diesem wunderlichen Berg sich aufhalten, wird erschlagen; welche Gott von darum daherinnen erhält mit dem Kaiser Friederich, der eben zu dem Ende allhier wohnet. Es hat auch der Mönch gesagt, wie sie alles Volk erschlagen und die Ungläubigen ausreuten werden, daß der Adel auf einem Sattel davon reiten werde. Ja, so ergrimmet und erzürnet wird man übereinander seyn, daß viel Städt, Märkter und Dörfer öd gelassen, da die Füchs' und Wölf' ihre Wohnung darinnen haben werden.

Die wilden Frauen vom Untersberg

Über die wilden Frauen des Untersberges enthält die Schrift: Sagen der Vorzeit, oder ausführliche Beschreibung von dem berühmten salzburgischen Untersberg, oder Wunderberg, Brixen, Jahr 1818, S.9, folgendes: Die Grädicher Einwohner und Bauersleute zeigten an, daß zu eben denselben Zeiten (anno 1645) zu ihnen vielmals die wilden Frauen aus gedachtem Wunderberge zu den Knaben und Mägdlein, die zunächst dem Loche innerhalb Glanegg das Waidvieh hüteten, herausgekommen, und haben ihnen Brod zu essen gegeben. Mehrmalen kamen die wilden Frauen zu selbigen Zeiten zu der Ährenschneidung. Sie kamen früh morgens herab, und abends, da die anderen Leute Feyerabend genommen, gingen sie (ohne das Abendmal mitzuessen) wiederum in ihren Wunderberg hinein. Einstens geschah auch nächst diesem Berge, daß ein kleiner Knab auf dem Pferde saß, das sein Vatter zum Umackern eingespannt hatte. Da kamen auch die wilden Frauen aus dem Berge hervor, und wollten diesen Knaben mit Gewalt hinwegnehmen; sein Vater aber, dem die Geheimnisse und Begebenheiten dieses Berges vorhin schon bekannt waren, eilte den Frauen ohne Furcht zu, und nahm ihnen den Knaben ab mit den Worten: »Was erfrechet ihr euch so oft herauszugehen, und mir jetzt sogar meinen Buben hinwegzunehmen? Was wollt ihr mit ihm machen?« Die wilden Frauen sagten: »Er wird bei uns bessere Pflege haben; es wird ihm bey uns besser gehen, als zu Haus, und der Knabe wäre uns sehr lieb, es wird ihm kein Leid widerfahren.« Allein der Vater ließ seinen Knaben nicht aus den Händen, und die wilden Frauen gingen bitterlich weinend von dannen.

Abermals kamen die wilden Frauen aus diesem Wunderberg, nächst der Kugelmühle, oder Kugelstatt genannt, so bey diesem Berge schön auf der Anhöhe liegt, heraus, und nahmen einen Knaben mit sich, der das Waidvieh hütete. Diesen jedermann wohlbekannten Knaben sahen die Holzknechte erst über ein Jahr in einem grünen Kleid auf einem Stock dieses Berges sitzen. Den folgenden Tag nahmen die Holzknechte seine Ältern mit sich, willens den Knaben auf dem Berge aufzusuchen. Allein sie gingen alle umsonst; der Knabe kam nicht mehr zum Vorschein.

Mehrmalen hat es sich in vorbemeldeten Jahren begeben, daß eine wilde Frau öfters aus dem Wunderberg gegen das Dorf Anif ging, welches eine gute halbe Stunde vom Berg entlegen ist. Alldort machte sie ihr in die Erde Löcher und Liegerstatt. Sie hatte ein ungemein langes und schönes Haar, das ihr beynahe bis zu den Fußsohlen hinabreichte. Ein Bauersmann von dem Dorfe Anif sah diese Frau öfters von und zugehen, und verliebte sich in sie hauptsächlich wegen der Schönheit ihrer Haare. Er konnte sich nicht erwehren, zu ihr zu gehen, betrachtete sie mit vielen Wohlgefallen und legte sich endlich in seiner Einfalt ohne Scheu zu ihr in die Liegerstätte. Es sagte eines zum andern nichts, viel weniger, daß sie etwas Ungebührliches getrieben. In der zweiten Nacht aber fragte die wilde Frau den Bauern: ob er nicht selbst eine Frau habe? Der Bauer aber verläugnete seine Ehewirthin und sprach: Nein! Allein des Bauers Weib machte sich viel Gedanken, wo denn ihr Mann abends hingehe, und des Nachts schlafen möge? Sie spähete ihm nach, und traf ihren Mann auf dem Felde schlafend bey der wilden Frau. O behüte Gott! sagte sie zur wilden Frau, deine schönen Haare! Was thut ihr denn da miteinander? Mit diesen Worten wich das Bauersweib von ihnen, und der Bauer erschrack sehr hierüber. Aber die wilde Frau hielt dem Bauer seine treulose Verläugnung vor, und sagte zu ihm: »Hätte deine Frau bösen Haß und Ärger gegen mich zu erkennen gegeben, so würdest du jetzt unglücklich seyn, und nicht mehr von dieser Stelle kommen, aber weil deine Frau nicht bös war, so liebe fortan deine Frau, und hause mit ihr getreu, und untersteh dich nicht mehr daher zu kommen, denn es steht geschrieben: ein jeder lebe getreu mit seinem getrauten Weibe, obgleich die Kraft dieses Gebothes einst in große Abnahme kommen wird, und mit dieser aller zeitliche Wohlstand der Eheleute; nimm diesen Schuh voll Geld von mir, gehe hin, und sieh dich nicht mehr um.«

Die Höhlen des Untersberg, aus welchen die wilden Frauen herauskamen, heißt man die Eiserne Thüre. Die alten Leute sahen die wilden Frauen auf der Höhe, wie sie weiße und rothe Wäsche aufhingen. Vor der Höhle sah man öfter ein Rad liegen und im Untersberg soll ein goldener Pflug verborgen seyn.

Als einst eine Frau in einem Dorfe bey dem Untersberg von der Lauben (hölzerne Altane) herab sah, standen vor dem Hause drei kleine Männchen, welche sie aufforderten die Thüre zu öffnen. Sie verlangten Speise und die Frau gab ihnen zwei übrig gebliebene Krapfen. Die Männchen fragten nach der Zeche. Als die Frau dafür nichts nehmen wollte, sagten sie: Du darfst uns nichts schenken! und legten drei alte Münzen unter das Salzfaß. Willst du wissen, sagten die kleinen Männchen, wer wir sind? Hierauf erwiederte die Frau: Wohl möchte ich das wissen, wenn es mir nichts schadet. Wir sind, sagten sie, vom Untersberg und ziehen nach Spanien; uns folgt ein großes Heer; schließe den Laden, wenn die Schwarzen kommen; kommen aber die Weißen, so darfst du den Laden öffnen. Hierauf verließen die drei schwarzen Männchen das Haus, und nun kam ein Zug von kleinen Kriegern, welcher eine volle Stunde währte. Der Zug war in Schaaren abgetheilt; an der Spitze jeder Schaar ein Führer; vier Rössel (kleine Pferde mit Reuter) waren immer neben einander, weiße und schwarze, je nach den weißen oder schwarzen Schaaren. Alle hatten Lanzen und Schwerter. Den Schluß machte ein großer schwarzer Hund.

Die Erzählungen des Seebühlers.
Sagen vom Untersberg

Vor nicht gar vielen Jahren trafen zufällig sieben Holzknechte und drei Reichenhaller in der Früh um vier Uhr auf dem Untersberg zusammen, alle Willens, nach Salzburg zu gehen. Als sie so mit einander fortwanderten, kam auf dem schmalen Fußwege ein Zug schwarzer Männchen daher, Paar und Paar, gegen vierhundert an der Zahl, sämmtlich gleich gekleidet, zwei Trommelschläger und zwei Pfeifer voran. Die Männchen marschirten rüstig vorüber, ohne sich irgend um die Zuschauer zu bekümmern, zogen dann um eine Felsenecke und waren nicht mehr zu erfragen. Hat Krieg bedeutet.

Es ist eine alte Geschichte, daß die Untersberger zu Zeiten um Mitternacht ausziehen, um in den Kirchen der Gegend Gottesdienst zu halten. Das hat der Mönch schon dem Lazarus Aigner gesagt und ihm die unterirdischen Gänge gezeigt, durch die sie gehen, auch hat er diesen selbst mitgenommen nach St. Bartholomä hinten am Königssee. – So erzählt denn auch der Seebühler, es seyen einmal sein Vater und ihrer zwei andere vom Thumsee bei Nachtzeit mit einander nach Berchtesgaden gegangen, Wildpret zu schießen. Außerhalb Reichenhall seyen sie bei der Kirche von St. Peter und Paul, die jetzt niedergerissen, vorübergekommen, gerade als es zwölf Uhr geschlagen. Alsbald haben sie die Kirchenfenster hell erleuchtet, und als sie hinaufgeklettert, die ganze Kirche voll schwarzer Leute gesehen, jeder mit einem Lichte und Alle in tiefer Andacht. Der geistliche Herr habe das Hochamt gehalten, ganz feierlich, und die Orgel und die volle Musik wunderschön dazu gespielt. – Im Dom zu Salzburg halten die Untersberger ebenfalls gern ihre Aemter, ferner zu St. Bartholomä und zu Berchtesgaden in der Probstei; aber auch zu St. Zeno, in der Gmain und im Stift zu Höglwörth sieht man öfter um Mitternacht die Kirche erleuchtet und hört Orgel und Musik. Ja, als der Seebühler einmal nach St. Salvator bei Prien am Chiemsee kam, erzählte ihm die Meßnerin das nämliche von ihrer Kirche. Er stellte sich unglaubig und disputirte, aber die Meßnerin sagte, es seyen Nachbarsleute genug dabei gewesen, und haben alle die Kirche erleuchtet und voll schwarzer Männchen gesehen, auch die Orgel und andere Instrumente gehört. Die Thür habe sich verschlossen gezeigt und der Schlüssel nicht aufgemacht. Nun könne er nicht anders denken, als dieß seyen auch die Untersberger gewesen, obgleich sie einen weiten Weg hätten bis St. Salvator.

Der Seebühler erzählt weiter: Vor Zeiten kam einmal ein Jägerbursch in den Untersberg und blieb ein Jahr lang darinnen. Als er wieder herausging, hörte er in der Gmain zur Kirche läuten und ein kleines Mädchen sagte ihm, daß ein Seelengottesdienst gehalten werde für einen Jäger, der vor'm Jahr auf dem Berge verloren gegangen sey. Darauf begab er sich in die Kirche, kniete vor das Speisegitter, und als es Zeit zum Opfer war, stand er zuerst auf und ging voran. Nun erkannten ihn erst seine Verwandten und Befreundeten und verwunderten sich gar sehr, daß der mit dem Opfer ging, für dessen arme Seele sie den Trauergottesdienst hatten halten lassen. Der Jäger hat's aber nur dem Erzbischof von Salzburg erzählt, und sonst Niemanden, wo er gewesen und was er erlebt, starb übrigens schon ein Vierteljahr darnach.

Weiter erzählt der Seebühler: Es ist noch nicht so gar lange her, so kam Sebastian Fletscher, Scheuerbauer zu Fagen, an den Unters-

berg und sah da an einem Felsen lange Goldzacken herunterhängen. Er versuchte, etwas davon abzusprengen, aber da sie mit der Hand nicht loszubrechen waren, so ging er nach Hause, um eine Hacke zu holen, legte aber vorher noch einen großen Steinhaufen zusammen unter den Felsen hin, um die Stelle nicht zu verfehlen. Als er mit der Hacke wieder zurückkam, fand er zwar den Steinhaufen, aber die Goldzacken waren nirgends mehr zu erschauen. Der Seebühler hat den Mann selbst gekannt und sich die Sache von ihm erzählen lassen, meint auch, ähnliche Fälle seyen öfter schon vorgekommen.
Die Untersberger sind übrigens eine gutthätige, menschenfreundliche Nation, immer schwarz gekleidet, und etwas kleiner Statur. Sie lassen sich noch jetzt zuweilen sehen, obgleich nicht mehr so häufig, als in frühern Zeiten. Doch gewahrte einmal der Bernerbauer vom See in der Frühe drei Untersberger, die am Brünnlein bei der Seebühelbrücke unterhalb des Wegkreuzes tranken, schlich sich auch leise hinzu und wollte sie fangen, hatte aber, als er sie zu packen meinte, nichts in den Händen und die Männlein waren verschwunden.

Das Weidwiesenweiblein

Näher bei Reichenhall finden sich noch andere Mähren, die sich zunächst an die Weidwiesen, jene schönen Auen, die vom Kaitl bis zur Stadt den Thalgrund einnehmen, an den Karlstein und an jene Stelle knüpfen, wo zwischen himmelhohen schroffen Felsenwänden die Straßen von Unken und von Traunstein sich vereinigen, und welche die Wegscheid heißt. Der Seebühler erzählt also weiter: In den Jahren 1782 und 1783 ging in hiesiger Gegend viel Gerede von dem Weidwiesenweiblein. Es war dieß ein ganz winziges Weiblein mit schwarzem Gewande und mit einem kleinen Tiegel in der Hand, in welchem ein Lämpchen brannte. Das Gesicht sah man nicht, man meinte eher, sie hätte keines, denn ein großer Hut lag ganz flach auf ihren Schultern. Wenn nun die Leute bei Nacht über die Weidwiesen nach Hause gingen, so war oft auf einmal, und ohne daß man sehen konnte, woher es gekommen, das Weidwiesenweiblein da, ging nebenher und leuchtete ihnen. Dieß that sie meistens recht getreulich und zuverlässig, zuweilen aber, wenn es ihr so ankam, führte sie die Leute an ganz abgelegene Oerter, wo sie gar nicht hin wollten, ließ sie da stehen und war nicht mehr zu erschreien. Sie sprach nichts, und doch hatte Niemand einen Schrecken vor ihr, vielmehr kam es allen so vor, als wenn es so seyn müßte, gab ihr auch Niemand einen Dank für ihre Begleitung. Einmal aber zerbrach einem Fuhrmann in finsterer Nacht beim Kalkofen ein Rad, und da stand plötzlich das Weiblein neben ihm und leuchtete mit einem Lämpchen. Dem Fuhrmann war dieß ein großer Trost und er sagte deßwegen »tausend Dank«. Darüber sprach das Weiblein voller Freuden: »hätte an einem Dank schon genug gehabt; jetzt sieht mich Niemand mehr«, und war verschwunden. Hatte auch ganz recht, denn von dieser Stund' an hat sie Niemand mehr gesehen.

Der schwarze Mann in der Wegscheid

Ein Schneiderssohn von Unken ging einmal mit seinem großen Fanghunde bei Mondenschein über die Wegscheid. Da sieht er plötzlich einen schwarzen Mann neben sich, der in gleichem Schritt und Tritt mit ihm geht, aber kein Wort spricht. Der Fanghund voll Schrecken läuft auf der Stelle davon. Der Schneiderssohn zieht Messer und Gabel aus seiner Hosentasche und bewehrt sich damit, traut sich aber vor Entsetzen nicht, den Schwarzen anzureden. Dieser blieb auf der Säumerbrücke stehen – der Schneiderssohn aber kam todtenbleich, Messer und Gabel noch krampfhaft in den Fäusten haltend, in's Wirthshaus zu Schnagelreit, und nahm Nachtherberge daselbst, wollte auch um tausend Gulden nicht mehr weiter gehen. Wäre eine sehr einfache Geschichte – sagte der Seebühler – man könnte denken, es hätt' ihn einer erschrecken wollen, wenn nur der Hund nicht davon gelaufen wäre, aber wo es umgeht, laufen die Hunde am allerersten davon, auch die größten.

Der rollende Baumstamm

Etwas anderes Seltsames hat sich vor zehn, zwölf Jahren mit dem Knecht im Kaitl, Lenzl Niederberger zugetragen. Dieser war nämlich auf Vorspann gewesen, und ritt mit seinen zwei Pferden bei hellem Mittag über den Allerseelenbühel nahe an der Wegscheid heimwärts. Da stürzt auf einmal ein langer, dicker Baumstamm, oben und unten abgesägt, aus dem Gebüsch heraus auf die Straße und schickt sich an, ihm nachzukugeln. Der Niederberger schlug nun kurzen Trab an, aber auch der Baumstamm beeilte sich, und als jener hielt oder langsam ritt, that es ihm auch der Baumstamm nach, also daß er immer eine Spanne hinter den Pferden daherkollerte. Dieß kam dem Lenzl gar zu absichtlich vor, und da er einen Spuck vermuthete, auch jählings einen Schrecken fühlte, so sprengte er im Galopp den Berg hinab bis in's Kaitl, wobei er den Baumstamm noch lange in wilder Hast hinter sich drein jagen hörte. Gleich darauf ging er mit den anderen Knechten hinaus, um nachzuspüren, konnte aber von dem Baumstamm nichts mehr sehen.

Das alte Weib an der Wegscheid

An der Wegscheid thut es auch oft bei Nachtzeit vom Felsen herab grauenvolle Schreie, aber so arg war es seit Menschengedenken nicht, wie im Jahr 1831. Damals hörte man in dieser Gegend ein jämmerliches Winseln und Heulen von den höchsten Wänden herunter, welches gegen vierzehn Tage sich vernehmen ließ und zu keiner Stunde des Tages oder der Nacht verstummte. Endlich hat sich der Brunnenwärter vom Nesselgraben aufgemacht, um in den Bergen oben umzusehen, woher das Winseln käme. – Als er aber auf den höchsten Matten sich befunden, mußt' er wahrnehmen, daß dasselbe nicht aus dieser Gegend, sondern gerade unter ihm aus den Klüften der Wand hervordringe, wo sie am steilsten abschließt, so daß sich keine Gemse da halten kann. Er verwundert sich höchlich, erachtet es aber zu gefährlich, den Laut weiter zu verfolgen, und begab sich demnach unverrichteter Dinge wieder bergabwärts. Nun kam aber der Kreuzer von Helmbach, ein muthiger Bergsteiger von den besten, der seine Schafe suchte, dieses Weges, und als er von dem Andern den Hergang gehört, bedachte er sich, dem Abenteuer nachzugehen; legte also seine Joppe und seinen Hut ab, kletterte mit äußerster Gefahr seines Lebens, was keiner glauben möchte, der die Wand betrachtet, durch die Schrunden auf den Ort zu, woher das Winseln kam, und sah da ein uraltes, zusammengehocktes Weiblein in einer Felsenspalte sitzen, so zu winseln fortfuhr und auf seine Fragen, wie sie um Gotteswillen an diesen Ort gekommen, keinerlei Antwort gab, vielmehr mit den dürren Händen ihm geradewegs in's Gesicht fahren wollte. Hierauf hat sie der Kreuzer ohne Umstände herausgerissen und mit sich zu gehen gezwungen, was sie gleichwohl ganz sichern Trittes that. So kam er mit ihr wieder auf die Matte, wo er seine Joppe und seinen Hut niedergelegt, und bückte sich nach diesen und zog sie wieder an. Als er sich nun aber nach dem Weiblein umdrehte, war dasselbe verschwunden, und konnte von ihm trotz alles Suchens daherum nicht mehr gefunden werden. Jetzt kam aber auch das ganze Ding dem Kreuzer nicht mehr geheuer vor, vielmehr erfaßte ihn ein jähes Grauen, also daß er mühselig nach Hause kam und eine Woche krank lag vom Schrekken.

Selbigen Tages ist das Weiblein noch auf dem Bauern am Sec gesehen worden, wo sie sich auf die Bank vor der Hausthüre setzte. Die Bäuerin gab ihr einen ›Krapfen‹, erhielt aber keinen Dank dafür und auch keine Antwort auf die Fragen, die sie ihr stellte. Gleich darauf saß sie unten am Kaitl auf der Sommerbank, erhielt eine Nudel, gab aber auch kein Wort von sich, sondern nur ein leises, unverständliches Flüstern. Das Winseln wurde von diesem Tage an nicht mehr gehört, das Weiblein aber auch in der ganzen Gegend nicht mehr erkundet. Es wird aber dieses Weiblein von denen, die es gesehen, übereinstimmend als ein kleines Mütterlein beschrieben, von uraltem Gesichtchen mit vielen hundert Fältchen darin, übrigens im Anzuge recht reinlich und sauber, aber ganz altmodisch. Sie hatte auf dem Kopf ein schwarzes Häubchen mit schmalem schwarzem Pelzbräm, das fast bis auf die Augen hereinging; ein rothes Corsett von älterem Schnitte, als man sich erinnern kann, mit ganz langen Schößen auf dem Rücken, ein blaues Schürzchen und schwarzes Röcklein.

Der Weber von Feldwies

Zwei Jahre vor der theuren Zeit starb in Feldwies, einem Dorf am Chiemsee, der Weber, und hinterließ in seinem kleinen Hause zwei Söhne und zwei Töchter, sämmtlich erwachsen und ganz rechtschaffen. Diese lebten nun im Frieden auf dem väterlichen Anwesen, widerfuhr ihnen auch nichts Seltsames, bis sich die Sterbezeit ihres Vaters etwa zu jähren anfing. Da hörten sie nun einmal gegen Mittag im obern Stocke ein Winseln, den zweiten Tag wurde gehaspelt, am dritten aber vernahmen sie ein völliges Geräusch, wie wenn Jemand am Webstuhl säße und arbeitete. Am vierten Tage gab es gar Musik, Clarinett und Querpfeife, die überaus schön zusammenspielten, und am fünften kamen noch ein paar Instrumente dazu, die sie früher nie und nirgends gehört zu haben sich erinnerten. Wenn nun die Weberkinder, wie sie es jedesmal thaten, in den oberen Stock hinaufgingen, um nachzusehen, so war Alles still, kaum waren sie aber wieder in der Wohnstube, so fiel die Musik von Neuem ein, und dauerte bis gegen zwei Uhr Nachmittags. Die Weberkinder hatten nun zwar keine sonderliche Furcht oder Beschwerde darob, da die Musik nur bei Tag verlautete, und gar schön und heimlich klang; weil ihnen aber, wenn sie es erzählten, die Nachbarsleute nicht glauben wollten, so luden sie auf den sechsten Tag mehrere Befreundete beiderlei Geschlechtes ein, damit sie sich selbst überzeugen sollten. Diese fanden sich nun alle zusammen, und da sie bei guter Zeit gekommen waren, so fielen sie darauf, ein wohlfeiles Kartenspiel zu machen, um so mehr, als sie wohl dachten, sie würden umsonst zu warten haben. Nun spielten sie aber nicht lange, so ließ sich die Musik hören, vollständiger noch, als Tags zuvor, mit Trompeten und Pauken und allen Instrumenten, so schön, daß sie Alle sagten, nie ihres

Lebens hätten sie herrlichere Musik gehört, wurde aber zuletzt so stark, daß sie gar nicht mehr spielen konnten. So gingen sie sämmtlich miteinander hinauf unter das Dach, suchten jeden Winkel aus, konnten aber nichts Unheimliches entdecken. Während sie hinaufstiegen, war die Musik schnell eingeschlafen, kaum aber waren sie wieder unten, so brach sie abermals los, wie vorher. Nun sagte Einer, man solle im Kalender nachsehen, was heute für ein Tag sey, und da dieß geschah, so fand sich, daß es der Sterbetag des Vaters war, woraus sie denn leicht abnehmen konnten, weß Ursprungs die Musik seyn möchte. Von diesem Tage aber nahm der Spuck wieder ab, in gleicher Weise wie er zugenommen und endete am fünften mit einem leisen Winseln, wurde auch späterhin nie mehr etwas gehört.

2. Allgäu

Sagen der Stadt Memmingen

Der Basilisk in Memmingen

An ama Haus henter'm Engel z'Memmenga sieht ma an geala Basilischka mit era fuirothe Zonga. – Dau haut ma amaul d'Magd in Keller na g'schickt und haut g'wahtet und g'wahtet, aber s'ischt koi Magd meh rauf komma. Do haut ma eppen andersch na g'schickt, aber s'ischt wieder nemad rauf komma, denn sobald's der Basilischk angucket haut send se g'schtorba. Am End gaut oiner her, nemmt an Schpiegel und laut da Basilischka nei gucka, und sobald se der sell drenn g'sea haut, ischt er uf der Schtell verreckt.
Wenn a Gockeler reacht alt wird, so legt er an Oi, bruatets aus, und us dem wird denn a Basilischk.

Das Pferd in der Wiege

Wenn man auf der Straße von Augsburg her nach Memmingen kommt, so erblickt man gleich an einem der ersten Häuser ein in der Wiege liegendes Pferd angemalt. Fragt man einen schlichten Memmingerbürger nach der Bedeutung dieses Gemäldes, so erhält man etwa folgende Auskunft: »A früherer Besitzer von dem Haus ischt a maul der Moining gwest, sei Frau sei gstorba. Sie isch aber nit recht gstorba gwest, sondern blos scheintodt. Zur ghörige Zeit aber, am zwoita oder dritta Tag, haut ma sie in alle Ehra begraba. Die Frau wär au nomma me us ihrem Grab rauskomma bis an jüngste Tag. Non haut aber dr Todtagräber gwißt, daß ma ihr etlich schöne,

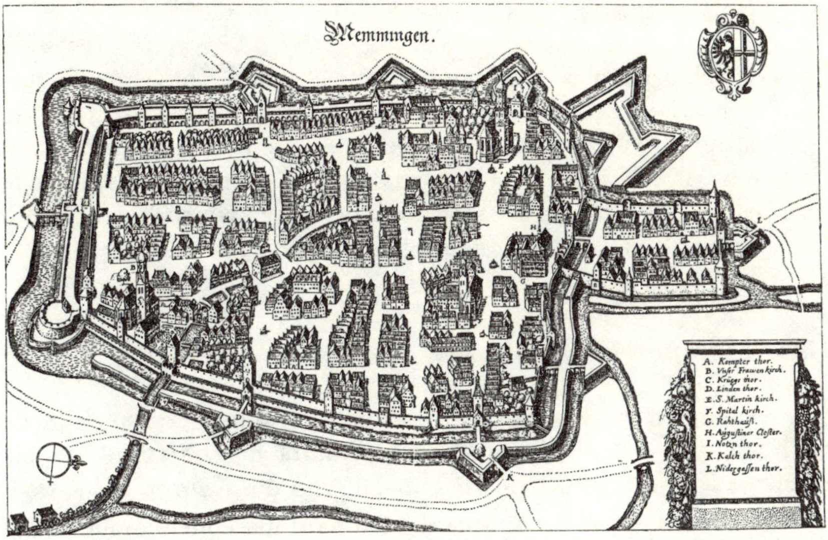

Memmingen im 17. Jahrhundert. Kupferstich

werthvolle Ring mit ins Grab ge haut, und dau haut r denkt, die brächtet ihm mehr Nutza, als der todta Frau. – Er ist also spät in dr Nacht naus und haut's Grab göffnet. Iz aber denk a Mensch sein Schrecka! Wie r de Deckel weg thuat, wird d' Frau lebendig, regt sie und staut auf. – Daß dr Todtagräber d' Laterna vergeßa haut, isch koin Wunder; – d'Frau aber haut sie gnomma und isch mit r hoim.

Wie sie an ihrer Glocka g'litta haut, isch z'erst d'Magd ans Fenster komma. Uf ihr Frauga: »wer läut't?« antwortets drunta: »Mach auf, d'Frau ists.« – Die moint nit anderst, als as sei a Gspenscht, weckt da Herra und verzält m Allz. De hälts au für unmöglich und sait: »Eher liegt mein Pferd in der Wiege, als daß meine Frau da drunten ist.« – Wie ma aber gschaut haut, dau ischts denn doch d' Frau gwest und haut allz verzält und haut no manchs Jaur glebt, bis sie wirklich gstorba ischt und zum Andenka an dia Begebenheit ist an dem Haus das Pferd in dr Wiega angmault bis uf da heutiga Dag.«

Der Schlorkhans

Dea Schlorkhans z' Memminga waur a gueter Christ. Am Antonierkloster, wo ma des Antonifuir ghailet haut, haut er sei Gschäft ghet. Wenn Fehla gjaumret hant, sie thätet it fetig weara, isch des Wasser scho gholt gweasa in d' Kucha. Aber Ogläubige moinet, dersel guat Goist sei koi rechta Goist gweasa, sondern von Floisch und Bluet, wia die andern floischerne Mensche au.

Das Memminger Kinderfest

Aes Kinderfest, wo ma auf d' Schuel zuicht ond Geschenk uf de Stängele trait ond wo de erste Mädla der obersta Claß als Könege Kränz traget, isch wie ma sait, von der Könege Hildegard, de Karl de Großa seiner Frau, herkomme, die am Martinsthura ahg'maulet waur. Von der Schlüsseljungfer sait ma, daß uf de Maur am Eilauß no umgau. – Von eme Ring, de e Magd gstohle hau soll, was aber a Gaz thau haut, woiß ma nex meh, au net vo de fluigede Sau. Waurum di blau Saul stauht, woiß i au it; au de schöna Spruach liast me nemma:

Gott bhüt dies Haus so lang,
Bis daß e Schneack die Welt ausgang,
Ond en Ameis dürst so sehr,
Bis sie austrenkt das ganze Meer.

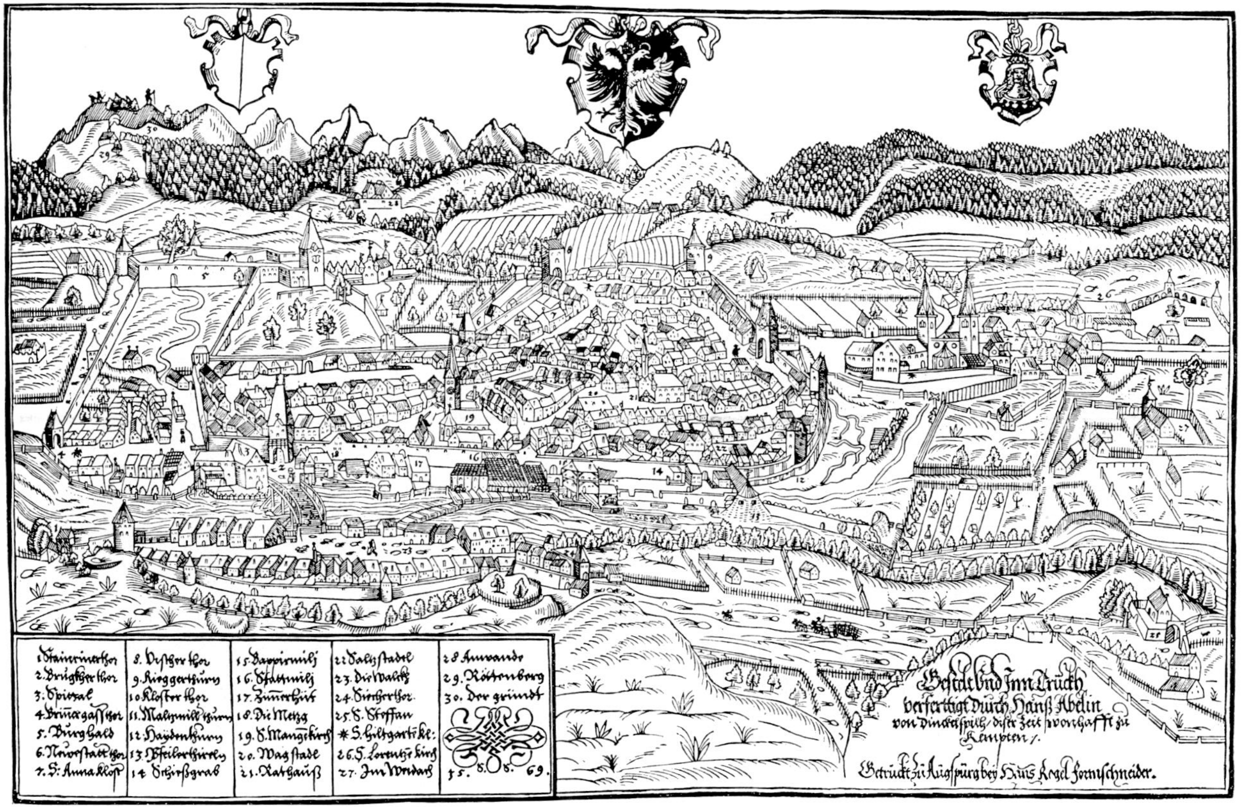

5 »Warhaffte Abconterfeyung deß Hailige Reichs Statt Kempten«
Holzschnitt/Flugblatt 1569 von Hans Abelin und Hans Rogel

6 Votivtafeln aus Thaining.
Kirche St. Wolfgang, 18. Jahrhundert

Nordöstliches Allgäu (Die Landschaft von Kaufbeuren)

Der Schlorggger in Kaufbeuren

Zur Zeit, als um die St. Martins-Pfarrkirche in Kaufbeuren noch ein Friedhof war, spukte auf demselben nächtlich zu gewissen Zeiten ein Geist, der in Schlappschuhen daher huschte, und den man deshalb den »Schlorggger« nannte. Er ging gewöhnlich um die Kirche herum, während das Innere derselben hell erleuchtet war und man schönen Gesang aus derselben vernahm. Viele fürchteten den Schlorggger sehr und wären um keinen Preis des Nachts auf den Friedhof zu bringen gewesen. Als dann später der Platz für den Friedhof zu klein geworden war, hat man diesen vor die Stadt hinaus verlegt und seitdem ist auch der Schlorggger verschwunden.

Der Grundmetzger bei Oberbeuren

Wenn man von Oberbeuren gegen Friesenried geht und die Steig hinaufkommt, gelangt man an einem »Heuet«, »Grund« genannt, vorbei, wo früher ein Schloß gestanden habe und dann versunken sei. Hier geistete der »Grundmetzger«, ein großer, schwarzer Mann ohne Kopf. Er erschien plötzlich, ohne daß man ihn herankommen sah, und hat schon oft nächtlich des Weges Kommende eine Strecke weit neben dem Wege begleitet, bis er dann immer ebenso plötzlich, wie er auftauchte, verschwand. Wenn man ihn ansprach oder mit ihm zu »diskurieren anfangen wollte«, ist er jedesmal verschwunden. Früher gab es viele Leute, die ihn selbst gesehen hatten, und es sind noch gar nicht so viele Jahre her, da wollten ihn neuerdings einige gesehen haben und ging wieder streng die Rede von ihm.

Dabei kam es vor, daß einzelne ihn deutlich sahen, während andere, die auch dabei waren, von allem nichts wahrnehmen konnten. Man fürchtete ihn früher allgemein, und viele getrauten sich

nachts gar nicht, den Weg allein zu gehen. Einmal wollten auch einige mit ihm »das Gespött machen«, und gingen hinauf, daß sie den Grundmetzger auch sehen würden. Der Geist erschien auch richtig, warf aber die Vorwitzigen alsbald in den Straßengraben, daß ihnen Sehen und Hören und aller Übermut gründlich verging und sie nicht mehr witzeln mochten. Sonst hat er den Leuten nie etwas gethan, doch droht man zuweilen jetzt noch den bösen Kindern mit ihm. Einige sagen, der Geist sei zu Lebzeiten ein Metzger und Wasenmeister gewesen und habe als solcher die Leute betrogen und geschädigt, weshalb er habe geisten müssen.
Auf der Stell, wo das Schloß gestanden haben soll, wollte früher einmal ein Mann, der eine »Glücksrute« besaß, mit seinem Weibe, einer Hexe, die nachts immer einen Bienenkorb auf dem Kopfe hatte, nach verborgenen Schätzen suchen. Sie gruben lange und kamen auch auf Mauerwerk und ein Gewölbe; dann aber erschien der Teufel, und nun erschraken beide so sehr, daß sie davonliefen und zwar schnurstracks der Kirche zu. Wären sie hier nicht noch rechtzeitig bei dem Taufstein angelangt, so hätte sie der Teufel mitgenommen. Ob des ausgestandenen Schreckens sind aber alle beide wahnsinnig geworden.

Der Schindelklieber in den Meltern bei Kaufbeuren

Zwischen Kaufbeuren und Schongau liegt ein herrlicher Wald, »die Meltern«, der sich zu beiden Seiten der Geltnach hinzieht, deren enges Thal das »kalte Thal« genannt wird. Da hört man in stillen, finstren Nächten in entfernter Waldeinsamkeit ein Geräusche, wie wenn Jemand aus Scheitholz Dachschindeln klöbe: es ist der »Schindelnklieber in den Meltern«, wie er ringsum in der Gegend genannt wird. – In dem nahen Dorfe Stöttwang wohnte einstmals ein begüterter Bauer, der nicht zufrieden mit dem Segen, welchen ihm Gott schenkte, recht wucherig that und allabendlich mit seinem Knechte in die Meltern hinausging, um Holz zu stehlen, das er dann daheim klob und an die armen Nachbarn verkaufte. Da ging einmal Sattlers Jakob um die Mitternachtsstunde von

Osterzell, wo er auf der Stöhr arbeitete, nach Hause. Er mochte vielleicht, weil er dem Kornbranntwein kräftig zugesprochen, etwas unterm Hut haben; da erwachte das Courage in ihm und er rief einmal um's andermal in das Gehölze: »Schindelnklieber komm heraus!« – Was geschieht? Er geht lustig seiner Wege, da sieht er mit einem Mal einen großen schwarzen Hund über dem Wege liegen, dessen feuriges Auge ihn so erschrecklich anblitzte, daß es ihm eiskalt über den Rücken lief. Er bog vom Wege ab in das Gehölze, verirrte sich aber, da ihm immer die funkelnden Augen des schwarzen Hundes vorleuchteten, so sehr, daß er erst nach ausgestandenen Todesschrecken gegen die Morgendämmerung, ganz nüchtern geworden, daheim ankam.

Westendorfer Sagen

Motorschaden

Ein Bauer hatte einen Benzinmotor. Der Motor streikte. Ein Monteur wurde benachrichtigt und er reparierte die Maschine. Doch als der Mechaniker die Dorfgrenze überschritten hatte, blieb der Motor erneut stehen. So ging es vier mal. Die Bäuerin schöpfte Verdacht. Sie sprach ein Gebet, das die bösen Geister austreiben sollte. Kaum war dies geschehen, so lief der Motor wieder ohne Unterbrechung.

Ein junger Mann hatte ein Motorrad. Eines Tages lief das Fahrzeug nicht mehr. Sämtliche Teile wurden ausgewechselt und erneuert. Doch dies nützte nichts. Man sprach ebenfalls das Gebet und das Motorrad lief wie immer.

Butterrühren

Ein Landwirt hatte eine Butterzentrifuge. Drei Monate mißlang jeder Versuch, Butter zu rühren. Selbst stundenlanges Mühen war ohne Erfolg. Das Gebet wurde gesprochen und innerhalb kurzer Zeit war der Rahm wieder zu Butter.

Der Hexenmeister

Ein Junge von drei Jahren bekam drei Kirschen geschenkt. Kurz darauf wurde er krank und bekam hohes Fieber. Die Ärzte wußten keinen Rat mehr. Sie gaben die Hoffnung auf. In ihrer Verzweiflung riefen die Eltern einen Hexenmeister zu Hilfe. Das Fieber ließ nach und innerhalb kurzer Zeit war der Junge wieder ganz gesund.

Verhextes Gras

Ein Fall wurde mir erzählt, bei dem angeblich das Gras behext war. Sobald die Kühe auf der Weide waren, waren sie wild und übersprangen die Zäune. Vier Personen waren nicht imstande, die Kühe in der Weide zu halten.

Das Westendorfer Beinhaus

In der alten Kirche in Westendorf war ein Beinhaus. Wenn jemand versuchte, aus diesem Beinhaus einen Totenkopf zu stehlen, so konnte man eine menschliche Stimme hören, die rief: »Laß sei, laß sei, des isch der mei«. Die Leute wurden dann so lange gequält, bis der Totenschädel wieder an seinem Platze war.

Schorenklepperer und Hartschimmel

In Westendorf werden die Sagen vom Schorenklepperer und vom Hartschimmel am liebsten und auch am häufigsten erzählt.

Der Schorenklepperer ist ein Mann mit Roß und Wagen. Auf dem Wagen sind Holzprügel geladen. Er fährt mit lautem Schimpfen und Fluchen die Schorengasse auf und ab. Er hat eine Schelle in der Hand und läuft und kleppert damit. Der Schorenklepperer hatte einen Holzdiebstahl begangen. Zur Strafe dafür fährt er nun im Holz umher, um das gestohlene Gut wieder zurückzubringen. Doch er findet den Ort, an dem das Holz gelegen ist, nicht mehr. Aus diesem Grunde fährt er mit Schimpfen und Fluchen durch den Schoren.

Der Hartschimmel: Ein schwarzer Mann reitet auf einem Schimmel. Der Mann hat keinen Kopf. An der Stelle des Kopfes brennt ein Feuer. Der Hartschimmel reitet auf der Westerndorfer Flur zwischen Gutenberg und Untergermaringen.
In der Westendorfer Mühle ist einmal ein Knecht gewesen. Er hat geflucht und über Gott gelästert. An einem trüben Tage hat er im Küchlemoos, einem Flurteil von Westendorf, Holz aufgeladen – zu dieser Zeit stand dort noch Wald. – Plötzlich sind die Pferde wild geworden, Bäume sind vom Wagen gefallen und haben den Knecht erdrückt. Da dieser Mann ein so böses Ende gefunden hat, muß er zwischen Untergermaringen und Gutenberg hin- und herreiten.
Zwei Männer von Westendorf, die jedoch vor einigen Jahren gestorben sind, haben den Hartschimmel noch gesehn. Sie haben von einer schreckerregenden Gestalt berichtet.

Das Malefizweible

In Hart, einem Weideland zwischen Westendorf und Untergermaringen, stand eine riesige Tanne. Wer des Nachts an dieser Stelle vorbeikam, der konnte oft ein wütendes Peitschenknallen vernehmen und konnte hören, wie eine krächzende Stimme »Malefiz – Malefiz« rief, worauf dann wiederum die Peitsche knallte, als wollte ein Fuhrmann seine Pferde antreiben. Wer es wagte, einen Blick in das Geäst der Tanne zu werfen, der sah ein Weiblein auf einem dicken Ast stehen mit einer Rabenmähne um das Gesicht, in dem zwei Augen wie Feuerräder rollten und sich eine Nase wie ein Eulenschnabel um das sich in spitzem Bogen aufwärts schwingende Kinn herabbog.

Das Malefizweible war eine reiche, stolze Bäuerin. Sie fuhr täglich in die Stadt. Ihr Mann war ihr hörig, tat gehorsam, was seine Frau ihm befahl und hatte Furcht vor ihr. Einmal mußte der Mann die Frau wiederum in die Stadt fahren, wo sie zum Tanze wollte. Da sie sich verspätet hatten und die Pferde auf dem vom Regen aufgeweichten Weg nur langsam vorwärts kamen, befahl sie ihrem Mann mit den Worten »Malefiz, malefiz« mit der Peitsche die Pferde anzutreiben. Die Bäuerin wurde ungeduldig, riß ihrem Mann Zügel und Peitsche aus der Hand, erhob sich von ihrem Sitz und schlug erbarmungslos auf die armen Tiere ein. Trotz des Bittens ihres Mannes schlug die Frau immerfort zu, so daß die Flanken der Rosse sich rot färbten. Da plötzlich wurden die Pferde besinnungslos und stürzten mit einem Ruck in den Abgrund hinab. Und nun fing ein Tanz an, zu dem der Tod aufspielte: Rosse, Wagen, Menschenleiber, Felsen, Wurzeln und bunte Kleiderfetzen waren die Paare. Aber nicht lange währte dieser Teufelstanz, bis alles regungslos unten auf der Wiese lag. Von dieser Zeit an hat man oben an der Steige das Malefizweible gehört.

Wiedergänger

Frau M. starb. Häufig und lange erschien sie ihren Angehörigen. Es wurde gebetet. Messen wurden gelesen, doch die Tote erschien immer wieder. Nach langem Suchen erfuhr der Ehemann, daß seine Frau einer Bruderschaft angehört hatte. Die Bruderschaft wurde benachrichtigt und in der folgenden Nacht erschien die Frau zum letzten Mal. Sie kam, um sich zu bedanken.

Die Landschaft von Kempten

Die Drutensteine bei Kempten

Drutensteine nennt man in der Gegend von Kempten und Oberdorf in Schwaben einen kleinen, runden Stein mit einem Loch. Die Drutensteine gehören zur Kalkbildung; ihre Abrundung ist, wie bei allen Flußgeschieben, durch das Abreiben der Kanten und Ecken im strömenden Wasser erfolgt. In dem Loche, welches bei keinem Drutensteine fehlen darf, stak wahrscheinlich ein Belemnit, welchen das Volk Donnerkeil, oder Teufelsfinger nennt. An die Drutensteine knüpft sich ein alter Aberglaube, welcher in der genannten Gegend noch nicht ganz erloschen ist: Oft fühle man nachts im Bette, wenn man ganz wach sei, ein furchtbares Drücken; man nehme deutlich wahr, wie sich etwas dem Bette nähere, sich allmählig auf das Bett niederlasse und endlich auf dem im Bette Liegenden mit solcher Last ruhe, daß dieser sich nicht mehr rühren und selbst nicht um Hilfe rufen könne. Oft komme es vor, daß kleine Kinder in der Wiege in einer Nacht am Leibe große Beulen bekommen, daß sie nicht schlafen und gedeihen können. Oft bemerke man morgens im Pferdstall, daß die Mähnen oder Schweife der Pferde so in Zöpfe verflochten sind, daß man sie kaum auseinander bringen kann. Dieses alles machen die Druten und das Gegenmittel ist der Drutenstein. Wenn man durch das Loch dieses Steines ein Bändl oder einen Riemen zieht und ihn in der Stube, oder an des Kindes Wiege, oder im Pferdstall aufhängt, so kann die Drut nichts machen. Alte Hebammen haben solche Steine und leihen sie den Weibern, ihre Kinder zu schützen. In mehreren Häusern in Oberdorf sind solche Steine, die man kaum um theueres Geld bekommen würde.

Der verhexte Hase in Emmenried

Bei einem Bauernhause in Emmenried stellte sich vor Zeiten abends nach Gebetläuten jedesmal ein Hase ein, fraß den Hennen das Futter weg oder den Tauben und wollte sich gar nicht abtreiben lassen« denn wenn man ihn wegjagte, kam er sogleich wieder, und schlug man nach ihm, traf man jedesmal daneben. Den Bauersleuten kam der Hase immer höchst unheimlich vor, und da erklärte ein Nachbar, er wolle ihn erschießen. Er lud seine Flinte, zielte nach dem Hasen und drückte los, aber der Schuß versagte und dies dreimal nach einander. Da bekam der Schütze Furcht und wollte mit dem Hasen nichts mehr zu thun haben.
Auch anderen ging alles fehl und verkehrt, wenn sie ihn vertreiben wollten, und so hielt man dafür, daß hier Ungerades im Spiele sei, und ließ den Hasen gewähren, bis er zuletzt wegblieb.

Die verhexte Ochsenherde in Wiederhofen

Zur Zeit, als Wiederhofen noch nicht vereinödet war und aus einer geschlossenen Ortschaft mit gemeinschaftlichem Wald- und Weidebezirk bestand, hielt man dort eine große Herde Ochsen, die man den einen Tag sonnenhalb, den andern schattenhalb auf die Weide trieb. Da begab es sich einmal im Frühjahr beim erstmaligen Austreiben, daß man die Herde südlich gegen die Thalerhöhe und den Ochsenberg zu lenkte. Sobald aber das Vieh auf die Anhöhe bei der Dreiersalpe kam und sich dem Kässermannsholz näherte, streckten die Ochsen die Köpfe in die Höhe, und dann stierte die ganze Herde, wie gebannt dastehend, in das Holz hinein, als sähe sie hier etwas Ungerades, ohne daß jedoch der Hirt etwas Absonderliches wahrnehmen konnte. Plötzlich fuhr die Schar wie verwildert auf, machte Kehrt und sprang im wildesten Lauf den Bergabhang herab und dem Dorfe zu, und obwohl nun die Leute, welche die Ochsen kommen sahen, denselben entgegenliefen, um sie aufzuhalten, so war es doch nicht möglich, sie zurückzutreiben, und sie rannten wild in ihre Ställe. Am andern und die folgenden Tage ging es jedesmal wieder so, und war zuletzt kein Zweifel mehr, daß da ein Hexenwerk oder ein Geist im Spiele war. Damals wohnte aber im Schulhaus ein französischer Geistlicher, den man nun zu Hilfe beizog, und der im Käsermannsholz benedizierte. Allein dadurch zog er sich selbst die Wut des Hexen- und Teufelswerkes zu, und in der Nacht fing es vor dem Schulhaus gar fürchterlich zu poltern an; es schlug die Fensterläden wild auf und zu, tobte, stürmte und rasselte so schrecklich, als sollte das ganze Haus zu Grunde gehen. Am Morgen aber war nicht die mindeste Veränderung am Hause wahrzunehmen und alles ruhig. Nun schickte man zum Pfarrer nach Missen, daß der sich in's Mittel lege. Der ordnete an, man solle bei allen vier Ecken des Schulhauses einen starken Pfahl in den Boden schlagen, oben ein Loch hinein bohren, in dasselbe etwas Geweihtes, das er hiezu hergegeben, einschieben und dann das Loch wieder mit einem Zapfen zumachen. Man machte es so, und nun hörte aller nächtliche Spuk beim Haus auf,und auch die Ochsen konnte man nun ruhig auf die Weide treiben, ohne je mehr die mindesten Störungen oder Anstände zu erfahren.

Der Teufelsbündner in Wertach

In Wertach lebte einst ein kleines Männle, das seines Zeichens ein Maler war, und das allzeit Geld im Überflusse hatte. Das kam aber daher, daß das Männle sich dem Teufel verschrieben hatte, der es stets mit Geld versorgte, der es aber dafür auch nach einer gewissen Zeit holen durfte. Als nun diese Zeit gekommen war, entstand in dem Hause des Malers ein fürchterliches Getöse, und es ging greulich zu, bis zuletzt der Teufel leibhaftig erschien, sein Pfand zu holen. Damals lebte aber in Wertach ein Pfarrer, der wegen seiner Frömmigkeit große Macht über alles Böse hatte. Zu dem schickte man, und nach vielem Benedizieren und Beten gelang es ihm, den Teufel zu vertreiben und den Maler zu retten. Wie man aber »zu dem Gelde sah«, zeigte es sich, daß dieses alles ob des Vorganges »verbannt und ganz schwarz war« und sich in Kohle verwandelt hatte.

Doctor Bach von Wertach

Zwischen den Hindelangern und den Wertachern ist einmal ein Streit entstanden wegen einer Alpe, welche zwischen den Triften beider Gemeinden inmitten lag. Endlich, nach vielem Hin- und Herzanken, ist der Handel dem Doctor Bach, welcher Dechant in Wertach war, übertragen worden, daß er ihn mit seinem Worte schlichte. Es waren aber die Mitglieder beider Gemeinden auf den Tag wieder nach der streitigen Alpe beschieden worden, um den Ausspruch des Doctors Bach zu vernehmen. Dieser sagte nun und schwor vor den versammelten Gemeindern: so wahr ein Schöpfer über mir ist, so wahr stehe ich auf meinem Grund und Boden. Also mußten die Hindelanger von ihrem Begehren abstehen, und es ward den Wertachern die Alpe als Eigenthum zugesprochen. Es hatte aber Doctor Bach, der ein Schalk war, einen Löffel, oder Schöpfer unter seinem Hut verborgen, als er jenes Wort sprach; und zu Hause hatte er aus seinem Garten Erde in die Schuhe gethan, so daß er wohl sagen konnte: so wahr ein Schöpfer über mir ist, so wahr stehe ich auf meinem Grund und Boden. Gott aber strafte ihn nach seinem Tode wegen dieses hinterlistigen und gottlosen Benehmens; denn er muß noch immer auf seinem Schimmel, den er im Leben geritten, auf jener Alpe umherreiten, und wird oft gesehen von Leuten, die spät des Weges gehen; und, wer ihm nahe kommt und ihm traut, den betrügt er noch jetzt nach dem Tode mit seiner Arglist, und führt ihn irre.

Der Riesenlatscher bei Sibratshofen

Zwischen Sibratzhofen und Wilhams in der Nähe des »Riesele«, wo früher ein Wald stand, der nun schon längst abgetrieben ist, ließ sich ehedem des Abends oder Nachts oftermalen ein riesengroßer, in einen Mantel verhüllter Mann blicken, den man, weil er auf der Straße so schwerfällig daher »latschte«, den »Riesenlatscher« hieß. Er kam gewöhnlich unter einer Straßendole (Wasserdurchlaß) heraus, wandelte hin und her, sprang auch zuweilen den Fliehenden nach und hatte sonst seine Freude daran, sie recht zu schrecken oder in die Irre zu führen, ward daher auch von vielen arg gefürchtet. Er verschwand meist plötzlich, und wenn man ihm etwa nachgehen oder ihn suchen wollte, fand man nie etwas. Am meisten belästigt wurden die Leute, wenn sie in der Mühle etwas zu thun oder zu holen hatten. Einmal kam auch in dunkler Nacht ein Metzger von Ravensburg, den man schon beim Wirt in Sibratzhofen vor dem »Riesenlatscher« oder »Riesele Latschergeist« gewarnt hatte, des Weges und wollte nach Missen. Kaum war er eilend eine Viertelstunde gegangen, so »wurden seine Schritte wie gelähmt«, und er konnte fast nicht mehr vorwärts kommen. Da schlug er mit seinem Stocke tapfer um sich, hetzte seinen großen Metzgerhund an, und da kam es ihm vor, als hörte er etwas Schweres über die Straßenböschung hinunter »drolen«, und nun konnte er ungehindert weitergehen. Von da an habe man von dem Geiste nie mehr gehört. Viele glaubten aber, der Riesenlatscher sei gar kein Geist gewesen, sondern ein verkleideter Mann von Sibratzhofen, nach andern von Missen, der es darauf abgesehen habe, die Leute zu schrecken und dann ihr Gepäck sich anzueignen, wenn sie es, um schneller fliehen zu können, wegwarfen. Manche aber meinten, dieser Straßenlagerer habe den einstigen echten Riesenlatschergeist nur nachgeahmt, um leichter seine räuberischen Absichten ausführen zu können.

Südöstliches Allgäu (Zwischen Auerberg und Pfronten)

Das Brunnenmännle am Auerberg

An den Gehängen des Auerberges gegen Buchen zu ist ein Brunnen und eine Quelle, von der die Buchener ihr Brunnenwasser beziehen. Hier hat sich früher des Nachts oft ein kleines Männle sehen lassen, das zuweilen ganz feurig war, für gewöhnlich aber aus einer feurigen Pfeife rauchte und auf einem Deichel der Brunnenleitung saß. Man hörte es oft juchzen und schreien. Einstmals war ein Bursche von Salchenried in Buchen im Heimgarten, und da kamen sie auch auf das Männle zu sprechen, wobei der Bursche spöttelte und lachte und erklärte, er fürchte sich nicht; das Männle solle nur kommen, er wolle sogar an seiner feurigen Pfeife noch anzünden. Als er aber beim Heimweg an dem Brunnen vorbeikam, saß richtig das Männle auf dem Deichel und rauchte und rief ihm dann zu, er solle jetzt nur herkommen und bei ihm anzünden. Da überlief den Burschen ein großer Schauder, und er lief davon, so schnell er konnte, spöttelte aber hinfür nicht mehr über das Männle.

Der Jägerhansl auf der Senggele

Auf der Senggele, einem langgestreckten, größtenteils mit Gebüsch und Wald bewachsenen Bergrücken zwischen Enzenstetten und Roßhaupten, hauste früher der Jägerhansl. Er hatte einen großen, breitkrämpigen Hut auf, der ihm »bis zu den Achseln« herabhing, und ritt gewöhnlich auf einem Schimmel, den er meist am Senggelebrunnen tränkte. So sah ihn einmal ein Bub, der in dem Gesträuche den Schwarzblättchen »gerichtet« hatte, wie er ganz in der Nähe auf einer uralten Mähre an ihm vorbeiritt. Er saß ganz schlapp droben, und so oft das Roß einen Schritt machte, machte er auch mit dem Kopfe einen »Schnaggler«. Langsam ging es auf dem schlechten Wege dahin; dann aber wich auf einmal der Gaul vom Wege ab und schritt einer abstürzenden Felswand zu, über die hinaus er einen wilden Sprung in den Abgrund machte. Der Junge glaubte nicht anders, als Roß und Reiter müßten nun zerschmettert unten liegen. Wie er aber gleich darauf an der Stelle nachsah, waren beide verschwunden und auch nicht mehr die geringste Spur irgendwo davon zu entdecken.
Aber auch sonst ist der Jägerhansl schon von vielen gesehen worden, und manche behaupteten, sein Schimmel habe gar keinen Kopf gehabt. Er verfolgte die Leute zuweilen bis zur »Roßfälle« oder andererseits bis gegen Roßhaupten oder Hopfen und »verführte«

sie oft so, daß sie Weg und Richtung verloren und dann stundenlang herumirren mußten, ehe sie sich wieder zurecht fanden. Darum hat aber auch der Hundertste früher nicht allein durch die Senggele gehen mögen, insbesondere am Abend oder zur Nachtzeit, und noch heutzutage werden Leute, die dort zu thun haben, zuweilen scherzweise gewarnt, sich vor dem Jägerhansl in acht zu nehmen.

Wenn der Jägerhansl der Jagd oblag, so ging es gar wild her und an ein Rauschen und Tosen, als tobte der stärkste Sturm, und dabei hörte man weithin, selbst bis nach Seeg mit gellender, wilder Stimme »hio! ho! hio ho!« rufen. Manche meinten, das sei eigentlich der Ruf der »Wilden Jagd« überhaupt gewesen. Am öftesten soll man ihn in Enzensberg beim Höfler bemerkt haben, wie er im Wald oberhalb des Hauses jagend vorbeisauste, daß die Äste krachten und abknickten, und zwar sei das dann gewöhnlich zur Mittagsstunde vorgekommen. Wenn der Jägerhansl überhaupt am hellen Tag erschien, so war das gewöhnlich um 12 Uhr herum, und dann hörte man im Senggele-Wald oftermalen ein fürchterliches Krachen und Prasseln in den Tannen, als würde der ganze Wald niedergestreckt oder als wollte der stärkste Sturm alles niederreißen, wenn auch sonst kein Lüftchen wehte. Ein Förster, der zu dieser Zeit einmal in dem Walde war, konnte nicht schnell genug fliehen, so schrecklich ging es da zu, und auch sonst wollten schon viele solches wahrgenommen haben, wenn sie in der Nähe arbeiteten oder vorbeigingen. Sah man dann darauf im Walde nach, so konnte man nie eine besondere Veränderung oder sonst etwas Verdächtiges entdecken.

Der Schatz am Kienberg

Bei Pfronten am Fuße des Kienbergs, wo man in das Achthal hineingeht. liegen großmächtige Felsstücke, darunter ein Schatz verborgen ist. Es haben nämlich zur Schwedenzeit die geistlichen Herren umher sich dahin gerettet und ihr Zeug geflüchtet, als eine Kiste voll Geld, eine Kiste voll Leinwand und eine Kiste voll »digenem« (geräuchertem) Fleisch. Darauf ist aber die Pest gekommen, daran sie alle gestorben sind; und so liegen denn die Schätze alle noch unter den Felsblöcken. Aber der muß noch gefunden werden, der sie heben könnte.

Die wilden Männer

In den Engen des Achthales bei Pfronten haben ehedem viele »wilde Männer« gehaust, wie alle Leute noch erzählen. So ist einer auf dem Bärenmoos gewesen, ein gar arglistiger Geist. Man sagt, er habe zu seinen Lebzeiten mit einem seiner Freunde einen Handel gehabt wegen einer Wiese, und habe deßhalb einen falschen Eid geschworen. Nach seinem Tode nun, da er noch keine Ruhe gegeben und besonders seine Freunde aus Haß und Neid verfolgt habe, sei er durch geistliche Mittel in's Bärenmoos hinaus

Kloster St. Mang in Füssen um 1619. Aus Stengels Monasteriologia

verbannt worden. Seit der Zeit blieb zu Nachts kein Mensch mehr dort in der Nähe, und man trieb sogar das Vieh hinweg, damit demselben der Geist nicht schaden könne. – So hat auch der Schaidbachmann viel Uebels gestiftet, wo ihm ein Mensch ist in die Nähe gekommen, der kein gutes Gewissen gehabt hat. Höret nur eine Geschichte: Eines Tages gehen mehrere »Buben« in's Holz auf den Schaidbach. Spät Abends, als sie nun zusammen kommen in einer Heuhütte, um da zu übernachten, hören sie auf einmal »Juche!« schreien. Die »Buben«, wie sie eben sind, antworteten sogleich mit einem »Juchezer«. Da aber rappelts plötzlich über ihren Köpfen, als wenn ein Haufen Steine über das Dach ausgeschüttet würde. Jetzt sind die drinnen in der Hütte freilich nicht wenig erschrocken und haben kein Wörtlein gesagt, sondern sind mäusleinstill geblieben. Da ruft der wilde Mann von außen: »Gebt mir nur ein Härlein heraus von eurem Haar, so habe ich euch sammt und sonders.« Ihr könnt denken, daß sie das wohl haben bleiben lassen. So ist er denn wieder ruhig geworden. Seit vielen vielen Jahren aber hört man nichts mehr von diesen und andern wilden Männern, denn, wie man sagt, so hat sie der Papst Pius VI. »verbetet«, als er in den achtziger Jahren in diese Gegend gekommen; andere aber sagen, es habe sie Kaiser Joseph II. auf immer gebannt.

Südliches Allgäu
(Die Landschaft von Sonthofen)

Umgehende Händler in Sonthofen

Heute hört man nichts mehr von Licht- oder Lauterscheinungen, die nicht zu erklären sind. Früher jedoch erzählte man sich öfters von seltsamem Rasseln, Geschrei und Geplapper auf dem Marktplatz in Sonthofen. Es seien dies die Geister der verstorbenen Händler gewesen, die zu ihren Lebzeiten die anderen übers Ohr gehauen hätten. Durch ihr nächtliches Geschrei müßten sie ihre Sünden abbüßen.

Der schwarze Hund in Sonthofen

In früherer Zeit soll in der Gegend des Hüttenamtes in Sonthofen ein schwarzer Hund öfters gesehen worden sein. Leute, die sich nachts noch auf der Straße befanden, soll er erschreckt haben, indem er plötzlich mit glühenden Augen hinter ihnen auftauchte und sie verfolgte. Woher er kam und wer dahinter vermutet wurde, wußte man nicht.

Das Muetasheer bei Sonthofen

Bekannt sind in der Sonthofener Gegend das Muetasheer oder die Wilde Jagd. Zu welcher Zeit, aus welchen Gründen und aus welchen Personen sie sich zusammensetzt, konnte ich nicht erfahren. Zwar wurden Vermutungen über Hexen oder böse Seelen genannt, aber genau hatte man noch nichts davon gehört.
Schützen konnte man sich durch die Hausbuchstaben C-M-B oder falls es einem auf offener Straße begegnet, sofort hinlegen.
Am Grünten seien des Abends noch ein paar Holzfäller beschäftigt gewesen. Plötzlich hörten sie lautes Geschelle und Geschrei, das immer näher kam. In letzter Minute konnten sie sich in die Hütte retten, an deren Tür die Buchstaben C-M-B standen.

Bergmännlein und Horngeister in den Immenstadter Bergen

In den Bergen von Immenstadt gegen Staufen hin gab es noch vor 80 Jahren eine Menge Bergmännlein und Horngeister, die sich selbst am hellen Tage sehen ließen, ihre Wäsche trockneten und Allerlei zu thun hatten. Oft kamen sie zu den Holzmachern, wiesen ihnen Wege und Stege und halfen ihnen bei der schweren und gefährlichen Arbeit. Wann es nach längeren Regen gut Wetter werden wollte, dann machten sie Feuer und kochten, wie man an den kleinen Rauchwölkchen deutlich sehen konnte. In der Allerseelen-Oktav und auch sonst zu heiligen Zeiten hörte man sie jammern und weinen. Sonst waren sie ganz freundlich, hatten am Johlen und Jauchzen ihre Freude und gaben gerne an, wenn man ihnen zujauchzte. Wenn aber ein Holzer zornig wurde und fluchte, dann wurden sie böse und spielten ihm allerlei Schabernack. Bald machten sie, daß ihm die Axt vom Helme (Stiel) fiel, bald gaben sie der Tanne, die er fällen wollte, eine solche Richtung, daß sie in ein Dobel hinein oder sonst recht ungeschickt fiel, bald führten sie ihn in eine Schlucht hinein, aus der er nicht mehr herausfand die ganze Nacht.

Das Muetas in Stiefenhofen

In Stiefenhofen wird erzählt, das Muetas sei manchmal als glühender Wiesbaum dahergeflogen. Die Menschen mußten sich dann sofort zu Boden werfen und warten, bis das Muetas vorbei war; so geschah ihnen nichts. Wer aber neugierig aufschaute, wurde von ihm fortgetragen und an beliebiger Stelle wieder fallen gelassen.

Schimmel entführt einen Senn

Einige Sennen bei Steibis wollten einmal abends zu ihren Bekanntschaften in den Heimgarten. Der Weg führte sie durch den Galtberg Sigmansgrund oberhalb Steibis, wo man gewöhnlich auch Pferde »eingeschlagen« hatte. Hier trafen sie nun einen weidenden Schimmel, den sie für den Gaul eines ihnen bekannten Bauern hielten, und von dem sie wußten, daß er lammfromm war. Da fiel es einem von ihnen ein, er wolle doch die schöne Gelegenheit benützen und reiten, daß er schneller an's Ziel komme. Kaum aber saß er auf dem Schimmel, so hob sich dieser mit ihm in die Lüfte und verschwand über Berg und Thal. Starr vor Schrecken blickten die andern nach, von dem Reiter aber hat niemand mehr etwas erfahren.

Der Nachbar verwandelt sich in einen Wolf

In Hindelang lebte vor Jahren ein Mann, der mit seinem Nachbarn Streit hatte. Um sich an seinem Nachbarn endgültig zu rächen, verwandelte er sich in einen großen, dunklen Wolfshund und sprang dem Nachbarn an die Kehle. Dieser konnte den Hund wohl abwehren und wurde so kaum verletzt, jedoch soll er seit dieser Zeit ein Halsleiden haben.

Die Isenbrechen bei Hindelang

Unfern Hindelang ist eine wilde Gebirgsschlucht, die Isenbrechen genannt. Dahin sind die verstorbenen Landammänner gebannt, welche im Leben ungerechtes Gericht gehalten. An Sonn- und Festtagen sieht man sie wohl auf den nahe gelegenen Alpen auf und ab wandeln, in ihren rothsammetnen Wamsen und in großen Perücken. Die Schlimmsten aber unter ihnen sind von ewiger Nacht befangen und hausen, in scheußliche Kröten verwandelt, zwischen den Felsklüften, durch welche die Osterach fließt. Männer, welche zur Triftzeit in die Schlucht hinabgelassen werden, um das angestauchte Holz weiter zu schaffen, haben sie oft bemerkt, und ihre glotzenden Augen gesehen, die so groß sind, wie Salzbüchsln. Sie können einem aber nichts Böses anthun.

Die Wildfängl im Hintersteiner Tal

Vor uralten Zeiten hausten noch in den Schrofen und auf den Berggehängen des Hintersteiner Thales Wildfängl; die waren ganz haarig am Leibe und rauhen und feindlichen Sinnes gegen die Thalbewohner. Sie brachten diese allweg zu Schaden, stellten ihnen oft nach, ja bedrohten sogar oft ihr Leben.

Da trug es sich einmal zu, daß einige Hintersteiner oberhalb am Erzstieg beim Erzberg, wo tief unten im wilden Tobel der Erzbach fließt, Holz spalteten. Während sie im Begriffe waren, einen großen schweren Baumklotz zu klieben und in denselben schon eine große »Bisse« (Keil) eingetrieben hatten, kam da ein Wildfängl herbei und sah ihnen bei der Arbeit zu. Da sagten die Holzer, sie gäben ihm das und das, wenn er die Hände in den klaffenden Spalt thäte und etwas mithelfe, und nun ließ sich der Wildfängl hiezu bereden und streckte die Hände in die Spalte. Sogleich schlugen die andern den Keil los, und der Klotz klappte zusammen und klemmte des Wildfängls Hände gar jämmerlich ein, daß der zu heulen und zu schreien begann. Allein die Holzer hatten mit dem Gefangenen kein Erbarmen und rächten sich für all die Unthaten, die die Fängl schon verübt hatten, damit, daß sie den großen Klotz mitsamt dem Eingeklemmten in das steile, tiefe Tobel hinab springen ließen. Von da an waren die Wildfängl im Hintersteiner Thale verschwunden und wurde keiner mehr gesehen.

Die Schweden in Hindelang

Während beim Einmarsch der Schweden in Hindelang sämtliche Bewohner in die umliegenden Wälder und Berge flohen, blieb nur ein Mann, der durch seine ungeheueren Kräfte bekannt war, zurück. Die Schweden forderten ihn auf, er solle einen von ihnen den Weg zu den Versteckten führen. Der Bauer ging also dem berittenen Schweden voran und führte ihn auf einen Weg, wo daneben der Hirschbach in einer Schlucht dahinfließt. Als sie an einer besonders schmalen und gefährlichen Stelle anlangten, drehte sich der Bauer plötzlich um und stieß Reiter und Roß mit einem gewaltigen Ruck in den Abgrund. Er floh darauf selbst in die Wälder.

Truddrücken in Blaichach

In einer Wohnung in Blaichach soll einmal ein Mord verübt worden sein. Die nachfolgende Bewohnerin soll nachts ständig gedrückt und geplagt worden sein; ein schwarzes, schweres Ding soll sich ihr allabendlich auf die Brust gelegt haben. Um diese Plage loszuwerden, ließ sie häufig Messen lesen und betete fleißig. Mit der Zeit ließ dieser fürchterliche Spuk nach.

Bannen in Blaichach

Ein Mann, von dem man wußte, daß er das 7. Buch (Moses) besaß, soll im Wirtshaus sich gerühmt haben, er würde bei einem Bauern in Rauhenzell des Nachts Äpfel stehlen, ohne daß ihm dieser mit seinem bekannten wilden Hund etwas anhaben könnte. Er schloß mit ein paar Burschen eine Wette, worauf sie sich nach Rauhenzell begaben. Als sie sich dem Garten näherten, begann der Hund zu bellen und der Bauer lief aus dem Haus, um den Hund loszubinden. Der Mann starrte jedoch ein paar Sekunden nur Bauer und Hund an, murmelte ein paar Worte, worauf diese stocksteif stehen blieben und der Hund nicht mehr bellte. Als er sich mit seinen Kumpanen genügend Äpfel vom Baum geholt hatte unter den Augen des Bauern, machten sie sich aus dem Staub. Nach einem Stück des Weges drehte sich der Mann um, sah in die Richtung des Bauern mit dem Hund und plötzlich hörten sie wieder den Bauern fluchen und das wütende Gebell des Hundes.

Der Überzählige am Nikolaustag in Berghofen

Alljährlich, noch heute, findet in der gesamten Umgebung am Tage vor Nikolaus das sog. Niklaustreiben oder Rumpelklaus statt. Eine Sage, die ich fast bei jedermann hören konnte, da sie sehr verbreitet zu sein scheint, berichtet von einem seltsamen Rumpelklausen in Berghofen bei Sonthofen. Zwölf junge Männer sollen sich jedes Jahr zu diesem Treiben verkleidet haben, um allerlei Unfug zu machen. Einmal bemerkte jedoch einer, nach einem ziemlich lustigen und bunten Treiben, daß sie nicht mehr zwölf sondern dreizehn waren. Als sie sich den dreizehnten Klaus näher besahen, bemerkten sie zu ihrem Schreck, daß er Bocksfüße hatte und

also der Teufel sein mußte. In ihrem Schreck rannten sie alle auf und davon.
Etwas jüngere Personen erzählten jedoch, daß sie glaubten, daß einer der Burschen von Berghofen sich einen Spaß damit machen wollte, sich mit Bocksfüßen verkleidete, um den anderen einen Schreck einzujagen. Von einem älteren Jäger wurde mir gesagt, daß dieser verkleidete Teufel sogar der Gendarm selber gewesen sei, der dem Treiben ein Ende machen wollte.

Gold aus der Ruine Fluhenstein

Ein Mann machte sich einmal in der Gegend der Ruine Fluhenstein zu schaffen, teils um trockenes Laub zum Feuern zu suchen, als auch ein wenig im Wald herumzustöbern. Dabei fand er einen alten Krug, in dem sich drei Laubblätter befanden. Da ihm der Krug noch gut erhalten schien, nahm er ihn mit. Daheim wollte er ihn säubern, schüttete das Laub aus – aber statt der Laubblätter kamen drei pure Goldstücke herausgerollt.

Die Hexenversammlung bei Oberstdorf

Außerhalb Oberstdorf gegen den Faltenbach zu stand vor Zeiten »einschicht« ein kleines Häuschen, das nun aber schon längst abgebrochen ist, so daß man jetzt kaum die Stelle mehr erkennt, wo es gestanden hatte. In diesem Häuschen ging es oft nicht mit rechten Dingen zu. Kamen da einmal zur Winterszeit des Morgens lang vor Betläuten einige Oberstdorfer Burschen, die zum »Heuzug« in den »Faltenbach« wollten, vorbei und sahen das Häuschen hell erleuchtet und vernahmen gar prächtige Musik aus demselben. Den Burschen kam das um solche Zeit unheimlich und verdächtig vor, und darum wollten sie nicht vorwitzig sein oder freveln und gingen ruhig ihres Weges weiter, bis auf einen unter ihnen, den die Neugierde zu sehr plagte, und der es darum nicht lassen konnte, in das Häuschen hineinzugehen, um zu erfahren, was denn da alles vorgehe. Da sah er allerlei Leute drinnen; die waren voller Lustbarkeit und tanzten und hüpften, und an einem Platze waren Musikanten, die aufspielten und gar wunderbare Musik machten, daß er sich zu ihnen hinstellte und nicht genug hören konnte. Da gab ihm sogleich einer die Pfeife und forderte ihn zum Mitblasen auf, und als er sagte, er könne nicht Musik, so meinten die alle, er solle es nur einmal probieren, und nötigten ihn, bis er mitthat. Siehe da! sein Pfeifchen stimmte gar trefflich zu der übrigen Musik und ging so überaus schön, daß er sich darob über die Maßen freute und in seiner Verwunderung ausrief: »Jesses, ischt dös Ding so schi!« Er aber den Namen Jessus aussprechen, und alle Leute waren verschwunden, und das Häuschen stand wieder leer wie zuvor. In Händen aber hatte er einen Katzenschwanz; das war die vermeintliche Pfeife, auf der er geblasen hatte. Der Bursche ging darauf heim, und in drei Tagen war er eine Leiche.

Südwestliches Allgäu (Zwischen Lindau und Oberstaufen)

Der feurige Fischer auf dem Bodensee

Früher sah man auf dem Bodensee zur Nachtzeit oftmals einen feurigen Mann, den man nur den »feurigen Fischer« nannte. Derselbe lief auf der ganzen Fläche des Sees umher und neckte die Fischer, welche bei Nacht fuhren, und setzte das oft so lange fort, bis sie ihm ein Band oder ein gewobenes Seil zuwarfen und ihm zuriefen: »Fischer, hier hast du ein Bändel!« Dann kam er sogleich an's Schiff und nahm das Bändel oder Seil und zündete es an, und soll manchmal gesagt haben: »So lang dies Bändel brennt, so lang darf ich ruhen von meinen höllischen Qualen.«

Man hat ihn an allen Orten, die am Bodensee liegen, schon gesehen. Da geschah es dann wohl, daß die Spinnerinnen, die den feurigen Fischer auf dem See erblickten, ihm zuweilen einen lang und dick gesponnenen Faden zum Fenster hinaushielten und ihm zuriefen. Augenblicklich stand er hinter dem Fenster und nahm den Faden, und wenn derselbe recht lang war, so schlug er ein helles Freudengelächter auf und begab sich wieder auf den See und zündete den Faden an.

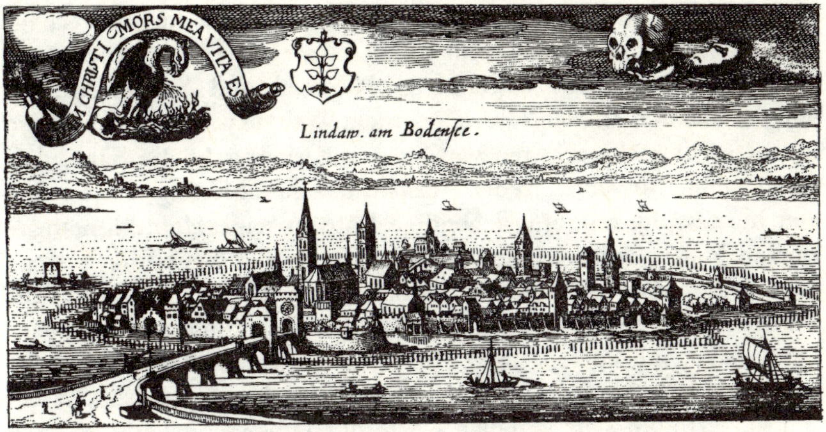

Lindau. Kupfer aus D. Meißner, Politisch Schatzkästlein. Nürnberg 1678

Das Lindauer Ehrenmännlein

Wenn man von Lindau in nordöstlicher Richtung über Reuti, die Staig und das Wannenthal geht, so kommt man in eine enge Thalschlucht, durch welche ein Wasser rinnt, welches weiter unten in Rickenbach ein Mühlrad in Bewegung setzt. Im Munde des Volkes heißt diese Thalschlucht das »Besereuter Tobel«, weil weiter oben und außerhalb des Waldes das Pfarrdorf Bösenreuti liegt. Von jenem Bächlein bis auf die Höhe hinauf führt ein gar freundlicher Weg durch das Waldesdunkel über hundert und etliche Stufen. In jenem Tobel nun soll vor Zeiten das Ehre-Mändle, eine Art von Wichtelmännchen oder Kobold sein Wesen getrieben haben. An schönen Sommertagen pflegte es all' seine Schätze und Reichthümer – worunter besonders sehr schöne silberne Löffel und

Teller – vor seine Behausung herauszutragen, sie da zu putzen und förmlich zur Schau auszustellen, ohne sich dabei eine Ruhe zu gönnen; immer gab es wieder hier oder dort was zu wischen und abzustauben. Wollte man sich ihm nähern, so war im Nu die ganze Bescherung verschwunden. Die Geschäftigkeit dieses Gnomen soll immer lang anhaltendes schönes Wetter angezeigt haben; deßhalb pflegte man Abends nach dem »Heuen« ein Stücklein Brod auf die Thürschwelle zu legen, ihm dadurch seinen Dank auszusprechen. Man sah das Ehre-Mändle auch zur Winterszeit nach eingetretener Dunkelheit nicht ungerne in Häusern und Stallungen, da sein Erscheinen immer Glück gebracht. Seit dem Schwedenkriege soll es nicht mehr gesehen worden sein. Auch geht die Sage, daß einige junge Burschen, in der Absicht, das gute Männlein zu necken und herauszulocken, eine lebendige Ente in seine Höhle hineingeworfen haben, welche eine halbe Stunde weiter östlich im Lettenbach fludernd wieder gesehen worden sei. Das kann aber nicht wohl sein. Der Erzähler gab sich selbst die Mühe, hinein zu kriechen, fand aber keine Fortsetzung dieser Höhle oder einen anderen Ausgang. In einer alten im Jahr 1626 von dem Maler Rauh zu Wangen verfertigten sehr genauen Karte der Umgegend heißt es ganz deutlich »Erzmann-Loch«, was den Erzähler auf den Gedanken brachte, diese Höhle möchte vielleicht der Eingang zu einem aufgegebenen, nun ganz verlassenen und eingestürzten Schachte sein. Das Ganze hat von Außen mehr das Ansehen eines Dachsbaues, und wird zur Stunde noch Ehre-Mändles-Loch genannt. Sollte irgend Jemand es aufsuchen wollen, so müßte er sich an die Insassen des zunächst gelegenen Bauernhofes wenden, wo man es beim »Wagner« im Tobel heißt.

Eine Hexe aus dem Lindauer Raum

Vor einigen Jahren starb eine alte Frau, die allgemein als Hexe bezeichnet wurde. Es wurde ihr aber keine behexende Kraft zugeschrieben. Der Name der Frau war nur den Nachbarn bekannt, sie war für jung und alt »die Hex«.

In den Nachkriegsjahren nahmen sie und ihre beiden Töchter den neuapostolischen Glauben an. Zuvor war sie katholisch und besuchte täglich die hl. Messe. Sie jätete freiwillig nicht nur im Friedhof alles Unkraut, sondern auch außerhalb der Friedhofmauer sorgte sie für peinlich genaue Sauberkeit. Seit dem Tage der Konvertation führte sie andere Gebete und Riten ein: sie badete täglich einmal in kaltem Wasser, dies tat sie im Frühling, Sommer und Herbst in der Argen, die nahe dem Haus vorbeifloß, im Winter in der kalten Badewanne. Durch diese Umstände galt diese Frau als komisch und eigenartig. Durch ihr unansehnliches Gesicht sowie durch ihre dunkle Kleidung, ihren gebückten Gang und ihr Alter (ca. 70 Jahre), nicht zuletzt durch ihr Verhalten anderen Menschen gegenüber, i. e. die Tatsache, daß sie ein fürchterlich lange redendes Quatschweib war, galt sie unter den Menschen als absonderlich und wurde von allen als »d'Hex« bezeichnet. Bald nach dem Glaubenswechsel zog die Frau in ein anderes Haus. Seit dieser Zeit ist dies alte, dunkle, kleine Haus, in dem sie bis zu ihrem Tode lebte, das Hexenhaus.

Das Muetas in Oberstaufen

Das Muetas warf oft in einer Alpe im Gschwend bei Trabers, Gemeinde Oberstaufen, nachts Käsdeckel und Stotzen umher und machte so einen Heidenlärm. Sobald sich jemand der Käsküche näherte und sie betrat, ward es ruhig. Ob dann jeweils ein Durcheinander im Raume war, weiß der Erzähler nicht mehr.

Wiedergänger in Harbatshofen

Als die erste Frau meines Großvaters gestorben war, hörte mein Großvater nachts wiederholt in seinem Schlafzimmer Klopfgeräusche. Er stellte bald fest, daß es genau dieselben Klopfzeichen waren, mit denen seine Frau am Morgen gewöhnlich die Kinder geweckt hatte. Nachdem der Großvater Messen für sie lesen ließ, klopfte seine Frau nicht mehr.

Meinem Onkel aus Harbatshofen erschien vor etwa 25 Jahren wiederholt Herr N. N. aus Jungensberg, der kurz zuvor verstorben war. Mein Onkel war meist mit dem Fahrrad unterwegs, doch er konnte dem Verstorbenen weder davonlaufen noch -fahren. Erst wenn er dann mit ihm reden wollte, verschwand jener wieder.

Die schwarze Katze in Harbatshofen

Vor etwa 60 Jahren arbeitete mein Onkel aus Harbatshofen bei einem Bauern. Eines Morgens waren die Kühe losgebunden. Als dies öfters geschah, paßte mein Onkel auf, wie dies zustande kam: Um Mitternacht kam eine schwarze Katze durchs Fenster und alle Ketten sollen zu Boden gefallen sein. Mein Onkel erschlug die Katze. Zur selben Stunde starb ein Mann, dessen Seele in der Katze gewohnt haben und zur selben Zeit ins Jenseits gewandert sein soll.

Schadenzauber in Harbatshofen

Frau N. N. (ca. 29 Jahre) aus der Gemeinde Harbatshofen erzählt, ihre Hühner legten 3–4 Wochen kein Ei, obwohl sie sie normal fütterte. Sie ging zu einer Frau in Immenstadt, die angeblich in solchen Angelegenheiten helfen konnte. Diese Frau sagte, der Zustand mit den Hühner könne behoben werden, ein böser Nachbar tue ihr das an. Als Frau N. N. heim kam, rannte ihr bereits ihr Mann mit einem frischen Ei entgegen. Nun legten die Hühner wieder normal. Familie N. N. glaubt heute noch, daß dies nur der Frau in Immenstadt zu verdanken sei.

Der Bruder meiner Freundin erzählte mir, es hasse ihn eine bestimmte Person. Diese Person nun, deren Namen er sich nicht zu nennen wagt, trachtet danach, ihm Böses anzutun. Sie habe ihm, so behauptet er, unter anderem die Bremsflüssigkeit aus der Bremsleitung entfernt. Er habe zufällig ein paar Tage zuvor kontrolliert und festgestellt, daß genug Flüssigkeit drinnen war. Nun war die Leitung ganz leer und ohne jeden Defekt. Er füllte Flüssigkeit nach. Die Bremsleitung ist bis jetzt noch voll. Nun will er sich an Herrn N. N. wenden.

Feldkirch. Kupfer aus D. Meißner, Politisch Schatzkästlein. Nürnberg 1678

Das Jahr 1927

Bei der Schneeschmelze kann man am Hochgrat von der Ferne durch abwechselnd hervorstehende schneefreie und zurückliegende noch schneebedeckte Nagelfluhfelsen die Zahl 1927 sehen. Viele Menschen aus Harbatshofen sollen vor dem Jahr 1927 gebangt haben, weil sie glaubten, diese Zahl sage für dies Jahr großes Unglück voraus.

Schadenzauber in Oberstaufen

Mein Schwager aus Oberstaufen war jahrelang vom Unglück verfolgt mit seinem Vieh im Stall. Bald fraß ein Rind nicht, bald konnte ein anderes kein Wasser machen, dann wieder brachte

ein Rind sein Kalb um Monate zu früh zur Welt oder es konnte nicht kalben, wenn die Zeit da war. Mein Schwager versuchte dies und jenes, doch nichts half; auch der Tierarzt konnte das Übel selten ganz beheben. Die Tiere mußten fast alle geschlachtet werden. Nachdem meinem Schwager wiederholt geraten wurde, sich an Herrn N. N. zu wenden, begab er sich endlich zu diesem. Herr N. N. behauptete, an dem ganzen Geschehen sei eine gewisse Person schuld, die ihm Übles zufügen wolle. Er versprach auch den Mißstand zu beseitigen, doch es änderte sich nichts.
Das Unglück im Stall wurde erst beseitigt, als ein Pater aus St. Ottilien kam, um wieder Ordnung zu schaffen.

Handtuchmelken in Scheidegg

In Scheidegg soll es einen Mann gegeben haben, der Handtuchmelken konnte. Er nahm ein nasses Handtuch und molk eimerweise Milch daraus. Bei einem bestimmten Nachbarn sollen dann die Kühe keine Milch gegeben haben.

3. Augsburg, Lechrain und Lechfeld

Die Sagen der Stadt Augsburg

Augsburg

Die gemainen vnd vngegründten Historien sagen / Sy sey von Japhets kindern erbawen worden. Darnach 600. Jar on gefärlich ehe vnd Rom gebawen ward / soll Marthesia ain Künigin Amazomum / nach dem Sy Europam mit gewalt bezwang / auch dise Statt angriffen haben / erobert vnd geplündert. Aber sy sey nachmalen von den Landleüten schlecht / vnd einfältig wider erbawen. Doch ist die Statt nach vnd nach weitter worden / hat an Innwonern vnd heüsern sehr zuegenommen. Was aber dieweil mercklichs bey inen fürgangen / wie ir Regiment gestaltet sey gewesen / auch wie Sy

Augsburg. Kupfer aus D. Meißner, Politisch Schatzkästlein. Nürnberg 1678

gelebt haben / mag man auß kainer warhafftigen Historien lernen. Vmb dise gegent haben etwan über hand genommen die Rhetier / so ongefarlich 548. Jar vor Christi geburt auß Italia / vnd sonderlich auß Tuscia herauß in der Bundter land gezogen seind. Die seind hernach mit der zeit gen Augspurg auch kommen / da haben Sy die Göttin Cisam geehret / vnd die Stat Cisarim / darnach Vindelicam genennt.

Attila und die Hexe

Das römische Reich kam in Abnahm, hingegen die deutsche und andere mächtige Völker aus den nordlichen Gegenden Europens verbanden sich mit einander, und zogen mit unzählbaren Heeren daher, es gänzlich zu stürzen. Die Gothen bemächtigten sich des größten Theils von Italien, die Franken Galliens, die Sachsen Engellands, die Wandalen Spaniens, die Allemannen und Sueven aber beunruhigten unsere Gegenden mit unaufhörlichen Streiffereyen, biß sie sich endlich auch derselben gänzlich bemächtigten, oder vielmehr die Römer ihnen wiechen, und unsere Stadt ihrem Schicksal überließen.

Während dieser Zeit kam noch der Einfall der Hunnen dazu, eines ungezähmten, räuberischen Volkes, welches sich Pannoniens, das ist des jetzigen Ungarns, bemächtiget hatte, und in die römischen Provinzen mit großer Macht eingedrungen war; ein Einfall der weit entsetzlicher war als alle vorige. Ihr König Attila ist so bekannt, daß ich ihn nur nennen darf. Er nannte sich selbst die Geißel Gottes und verwüstete alles mit Feuer und Schwerdt wo er hin kam. Bey Augsburg aber soll sein Muth einen Schandfleck erhalten haben. Man sagt, er habe mit seinem Heere auf unsere Stadt zugehen, und sie gleich andern zu einem Steinhauffen machen wollen. Er soll biß an die Ufer des Lechs gekommen seyn, und St. Affra Capelle verwüstet haben. Als er aber durch den Fluß setzen wollen, seye ihm ein abscheuliches altes Weib, auf einem eben so häßlichen Pferd entgegen gekommen, habe ihn dreymal mit fürchterlicher Stimme angeruffen: Zurück Attila, darüber soll der Held so sehr erschrocken seyn, daß er mit seinem ganzen Heer die Flucht ergriffen, und unsere Gegenden verlassen habe. Die Geschichte ist der Innhalt des Gemähldes an Barfüßer-Thor, das dermahlen meistens vergangen ist. Für die Wahrheit will ich nicht gutstehen, dann es gibt Leuthe welche behaupten Attila wäre nie in unsere Gegenden gekommen. Indessen sollte es mich verdrüßen wann sie nicht wahr wäre, dann sie ist einmal recht artig und ganz unwahrscheinlich ist sie eben auch nicht. Dann häßliche böse Weiber können einem wohl Forcht einjagen, sie darffen nicht einmahl Hexen seyn.

Die Glocke des Perlachturms

Schon im Jahre 989 stand auf dem Perlachplatze ein Wartthurm, der 1036 eine Sturmglocke erhielt, da seine Lage sehr geeignet für die Feuerwache und zur Beobachtung heranrückender Feinde war. Statt dieser kam 1348 eine viel größere hinauf, zu welcher nur zwey Ratsabgeordnete den Schlüssel hatten. Sie wurde nur bei Hinrichtungen und am jährlichen Rathswahltage geläutet.

Es geht eine eigene Sage darüber, warum sie bei Hinrichtungen stets geläutet wurde. Während nemlich die Metallmassen für diese Glocke im Schmelzen waren, entfernte sich der Glockengießer und hinterließ seinem Lehrlinge den ausdrücklichen Befehl, nichts anzurühren und alles liegen zu lassen, wie es war. Der Meister aber ließ den Lehrling zu lange warten. Dieser hielt nun die Glockenspeise für reif zum Gusse, zog den Zapfen, und ließ das flüssige Metall in die Form laufen. Das Werk gelang, aber der Meister war unterdessen dazugekommen und hatte im ersten Zorn über die Mißachtung seiner Befehle den Lehrling erschlagen. Als er nun für seine Missethat zum Tode geführt werden sollte, erbat er sich als letzte Gunst, die von ihm gegossene Glocke möge ihn auf seinem letzten Gange mit ihrem Schalle begleiten. Die Bitte wurde ihm gewährt und seit der Zeit jene Glocke bei Hinrichtungen geläutet.

Johann Gossenbrod von Augsburg

Johann Gossenbrod von Augsburg hatte das Niedermetzeln der Juden in Nördlingen angezettelt und nach der That die dabei betheiligten Bürger verrathen. Er selber entging dem Gerichte der Menschen, aber nicht dem höchsten Richter. Einst, als er eben zu Augsburg aus der Stadt hinausreiten wollte, schwollen ihm Hals und Zunge so auf, daß er alsbald ersticken mußte.

Der Brotmarkt zu Augsburg. Kupfer nach C. Remshart.
Nürnberg, German. Nationalmuseum

Freunde in Leben und Tod

Zwei Freunde machten unter sich aus, derjenige, der zuerst von ihnen stürbe, sollte dem andern auf irgendeine Weise mitteilen, ob es sich drüben wirklich so verhielte, wie der Glaube lehrt. Nach einiger Zeit starb der eine von ihnen. Der andere saß eines Abends in seiner Stube und hörte ein Roß traben. Als er zum Fenster hinausblickte, sah er einen feurigen Reiter vorübersprengen, der ihm zurief: Es wird genau gerechnet und nichts geschenkt!

7 Hexe schlägt Attilas Heer in die Flucht.
Aus: Herrn Paul von Stetten, des jüngeren, Erläuterungen der in Kupfer gestochenen Vorstellungen aus der Geschichte der Reichsstadt Augsburg. Augsburg 1765

8 Johannes Gutmann der Wagenmacher treibt ein Rad von Lechhausen nach Augsburg und München. Kupfer 1725. München, Sammlung Maillinger

Die Augsburger Wehmutter

In Augsburg lebte gegen das Ende des vorigen Jahrhunderts die Wehmutter. Sie war Hebamme und taufte die Kinder bei Nothtaufen in Teufels Namen. Nach ihrem Tode irrte sie in verschiedenen Gestalten, als Hund, Kalb, u. dgl. umher. Sie hauste gräßlich, und war besonders Wöchnerinnen und kleinen Kindern gefährlich, welchen sie sich durch wehmüthiges Winseln bemerkbar machte. In den Rauchnächten zog sie durch die Straßen. Wer vorwitzig zum Fenster hinausschaute, dem schwoll der Kopf. Es war nicht eher Ruhe, bis sie ein Geistlicher in die Donau bei Regensburg beschwor. Andere sagen der Kapuziner Köpplin habe die Wehmutter in die Wertach gebannt.

Sagen aus dem Lechrain

Das Ende eines Lasterbalgs in Jedelstetten

In den vierziger Jahren war eine Bäurin in Jedelstetten lange Jahre krank, konnte ihr kein Dokter und kein Bader nit helfen; vermogten die der Krankheit nit einmal auf den Grund zu sehen. War gar ein seltsamer Siechtag, darum auch allgemein dafür gehalten, es sei ihr angethan. Doch auch Beschwörungen konnten nit verhelfen, ward allweil das Übel ärger denn zuvor. Da begehrte sie endlich Trost bei einem Bauer unterhalb München, der im Besitz eines Erdspiegels, und in der richtigen Stellung geboren, selben mit Erfolg zu gebrauchen. Der gab ihr nun etwas mit, das mußte sie in einem neuen Hafen im Wasser sieden und das Wasser dabei beständig peitschen. Auch befahl er ihr hoch und theuer, nur alles fest zu verschließen, denn es würden Katzen die schwere Menge kommen, schreckbar schreien und schier den Kuchelkreuzstock eindrucken: sie solle aber kein Bang haben, so lang alles richtig verschlossen, könne ihr nichts an. So geschah auch alles; die Bäurin erlangte wieder ihren vollen Gesund, aber eine Natherin, die war auf eine Weil so grausam in ihrem Gesicht verhauen, daß sie lang nit aus den Augen herausschauen konnte. Selber Natherin hatte frühers die Bäurin das Haus verboten, und darum war ihr die Krankheit angethan worden von dem Mensch. Denn das war gar ein wildes Laster, hatte, wie revierkundig, schon vier Kinder ohne Vater, und beargte man sie auch eine Trud zu sein. So war es auch beim Kuissenbauern geschehen, wo sie das Hochzeitbett genäht, daß selber von der Stund an nimmer schlafen kunnte. Wie man nun das Bett aufgemacht, fand man unterm Kopf ein Päcklein mit Beiner, Haaren und angebrannten Hölzlen; nachdem man dieß verbrannt, ward alles wieder gut. Ein paar Jahr darauf da ging es ihr aber schlechter. War ein Bursch, ein richtiger feiner Mensch, auf den hatte sie es gehabt, wollte, er solle bei ihr schlafen. Doch der wollte nichts von ihr wissen, hatte vor dem Kunder nur einen Abscheu. Sider der Zeit ward er aber nachts allweil von einer Truden gedruckt, daß es ihm recht schlecht wurde, verschiedene Mittel auch nur eine kleine Weil verhelfen wollten, alle Bot war die Trud wieder da. Doch eines Nachts, er wollte gerad einlaunen, schluf aber noch nit fest, kam die Trud wieder über ihn, da umfing er sie mit beiden Armen, griff aber nur einen Schübel Stroh. Noch ganz tamisch vom Schlaf ließ er da los, aber in einem Flug fiel es ihm bei, daß in dem Stroh die Trud verborgen und darum langte er fruetig mit dem ganzen Körper darnach aus, erwischte aber nur noch einen einschichtigen Halm und den riß er mit aller Gewalt zu sich. Darauf klemmte er ihn in seine Faust baumfest ein und legte sich wieder schlafen. Wie er morgens aufwacht, hat er einen ausgerissenen Finger in seiner Faust, daß er sich nur gerad so beuteln mußte, wie ers sah und ihn weit weg schlenkerte. Doch da fiel ihm gleich die ganze Geschicht ein und schnell steht er auf, legt sich an, nimmt den Finger wieder auf und holt noch etliche Buben vom Dorf und lauft mit denen zur Natherin. Da waren Thür und Läden fest zu, doch die gleich eingeschlagen stürzen die Buben in die Kammer und da lag die Natherin im Bett und litt elende Wehtagen, denn richtig war ihr in der Nacht ein Finger ausgerissen und der, den der Bub mitgebracht, paßte accurat an ihre Hand. Da zerschlugen sie nun die Buben gottsjämmerlich zu einem Brei, daß, hätt sie nit so ein enterisch hartes Leben gehabt, sie sicher hin geworden wär. Doch darauf thats kein Gut mehr mit ihr, weder im Dorf, noch in der Nachbarschaft. Schimpf und Schand war allzugroß, und selbst die kleinen Kinder frugen sie nach ihrem Finger, wo der wär? Den hatten die Buben aber in der Wasenstatt eingegraben unter dem Juschrai von Allen. Deßhalb ging sie weiter zu einem Baasl, wie sie sagte, nach Lechhausen bei Augsburg, einer alten abgefeimten Hex. Was sie noch nit gewußt, das lernte sie bei der. Hat ihr aber wenig Glück gebracht, im Gegentheil hat die Sach bald hier ihre Endschaft genommen denn wenn die Birn einmal zeitig, dann fällt sie von selbst vom Zweig. Wie überall war sie auch in Lechhausen bald im Streit, und als ihr deßhalb von einer Seldnerin eine arge Schimpfred gethan ward, brachte sie deren beste Kälberkuh zum krepieren. Das war auch so ein Kunststück, welches sie erst bei dem Baasl gelernt. Aber die Seldnerin war auch ein böses Weib, die noch mehr gekonnt als sie. Die nahm das Herz der krepierten Kuh, stach drei eiserne Nägel von einer Todtentruhen hinein, schlug um das ganze einen Kranz von Singrün und sott es in Schmalz, dann warf sie es in den rinnenden Lech. Des andern Morgens lag die Natherin ganz schreckbar zum Anschauen todter im Bett. Hat sich die ander gottlos Peitschen noch damit gerühmt, die Nachbarschaft auf solche Weis von diesem Unthüm befreit zu haben. Und so starb diese Natherin dahin ohne Reu und Leid, dem bösen Feind zum Gefallen, der Menschheit aber zum Graus und zur Warnung vor der Leichtfertigkeit, die so weit ins Laster führt.

Armeseelen-Beschwörung in Pflugdorf

Es war im Spätherbst 1847, daß sich an achtzehn Einwohner von Pflugdorf zumeist von den Größern verbanden, um unter Anführung eines Württembergers, welcher bei der Wirthin als ein Schweizer diente, eine arme Seele zu beschwören, einen vergrabenen Schatz, ob dem sie nicht zur Ruh gelangen konnte, ihnen abzulassen und dadurch selbst erlöst zu werden. Nach den nöthigen

Vorbereitungen kam man bei einem der Gespanschaft unter der Liechten zusammen, um da die ganze Nacht vereint zu bleiben, allemal von einem Gebetläuten bis zum andern. Funfzehen waren oben in der Kammer und beteten unablässig den Rosenkranz. Unten in der Stuben aber war der Schweizer, der Maier des Hauses und sein Kind, eine reine Jungfrau. Das geschah nun drei Nächte hinter einander, und hatte da das Mädel den schwersten Stand, denn die durfte die drei Tag und drei Nächt kein Auge zuthun. Wollte sie nur ein wenig einlauneln, mußte sie gleich in ein Schaff eiskaltes Wasser hinein. Trotz alledem hat sie es ausgehalten, ihr Vater aber nit. Denn in der dritten Nacht, da der Schweizer den Schatz schon beinahe gehoben hatte, er stund in einer großmächtigen Truhen bereits vor der Thür, und die oben hatten ihn ganz deutlich heranrutschen gesehen, da überkams auf einmal den Häusler, er vermeinte den Teufel auf der Truhen sitzen zu sehen, und fiel um wie der leidig Tod. Es zog ihm alle Flachsen zusammen und er kriegte einen Kramm, daß er lauthin brüllte. Der Schrekken, der dadurch alle befiel, brach ihr Stillschweigen und damit den Zauber. Auch kam der Schweizer aus seinem Lesen heraus, welches allweg ärschlings wie bei den Juden geschehen muß, und so verschwand gähling die Truhen wie in einem Ruck. Das Haus aber ward von einem Sturm umbraust als wollte Alle der Teufel holen. Gleichwohl ließen sich die Leute nit abhalten, wollten die Geschichte zum andernmal versuchen, kamen aber darüber auf – bei achtzehn Menschen ein Wunder, daß es nit früher geschehen – und die ganze Sach kam vors Gericht. Da ward vor allem der Schweizer gepackt, der wie überhaupt die mehrsten Schweizer und Schäfer, viel erfahren war in der schwarzen Kunst. Die Untersuchung war noch lang nit geendigt, da kam das Jahr 48, wo im ersten Rummel der Landrichter selbst von Landsberg auf und davon gehen mußte, und der Schweizer kam dadurch zeitig mit heiler Haut davon. Das alles ist landskündig wie nit leicht ein anderer Fall der Art.

Die weizende Herrenköchin in Pürgen

Vor vierzig Jahren etwas mehr oder minder starb in Pürgen eine Herrenköchin, war beim Marxenbauern allda zu Haus, und hat nach ihres Herren Tod den Wagner geheirathet gehabt. Die hatte so lang sie auf der Pfarr war, viel Geld zusammengetragen, bekam aber nie genug, nahm ihrer Stiefkinder Ausgemachtes auch noch; war ein Ruch, als sie starb, hatte sie den Schlüssel zur Geldtruhen so keif in der Hand, daß man ihn nach ihrem Tod aus der Hand herausbrechen mußte. All das zusammengeraffte Geld erbte ihre Freundschaft beim Marxenbauern, und die armen Stiefkinder verloren sogar ihr Vatergut. Doch Pfaffengut Raffelgut, geht zusammen in ein Fingerhut, den Marxenbaurischen hat die Erbschaft keinen Segen gebracht, starb das ganze Geschlecht in Bälde aus. So lange die aber noch gelebt, weizte die alte Herrenköchin schrecklich bei ihnen, als die aber all abgestorben, mußten die armen Wagnerischen, die bei Lebzeiten von ihr beraubt wurden, auch nach ihrem Tod die Seel, weil sie da gesündigt, bei ihnen umgehen lassen. Doch warf sie sich nur auf die Stieftochter und deren Kinder, dem alten Wagner, der Stieftochter Mann, konnte sie nit an. Insonderheit wurden die armen Kinder arg heimgesucht; die eine Tochter, eine Nätherin, die verfolgte der Spuk am ärgsten, hob sie oft bei fremden Leuten auf der Stör in die Höh, wo sie dann Tage lang vor Wehtagen nimmer arbeiten konnte. Ein Sohn, ein Gendarm, über den kam es auch, aber nit so streng. Da wurden dann viele Geistliche angesprochen, konnten aber nit helfen, wurf ihnen die alte Herrenköchin, als sie sie bannen wollten, alles Unrechte vor, das sie je gethan. Selten war der Spuk zu sehen, doch wenn er sich zeigte, lief er als schwarzer Pudel herum, mit einem buttawinzigen weißen Brustfleck, ein Zeichen, daß er noch zu erlösen wär, aber freilich hart. Wenn der Pudel herumlief, durfte ihm niemand nachgehen, er führte alles irr. So gingen vor ein Jahrer sechs der Haas und der Marstaller, zwei Seldner von Stoffen, die auf einem Dreißigst in Pürgen gewesen, nach dem Gebetläuten heimwärts, begegnete ihnen wieder der Pudel und wurden sie vor ihm so tamisch, daß sie ihm folgen mußten, ob sie wollten oder nit. Da kamen sie denn nach Pösing, nach Schwifting, nach Reisch und endlich wieder nach Pürgen, da schlug es gerad 3 Uhr morgens. Öfters, sonderlich im Advent warf der Geist alles im Hause durch einander, da flogen oft die Schüsseln und Kandeln nur so durch die Luft daher, daß alles ein Grausen befiel. Kam zu solcher Zeit einmal der Eisenknecht von Landsberg, Überreiter hat er sich geschrieben, dahin, meinte hinter dem müßte ein spitzbübisch Tritschl Tratschl von irgend wem stecken, sagte auch die Geister, die erscheinen, sind so wenig todt, als die wo blinde Kuh spielen blind sind, und forderte so recht vermessen den Geist heraus, doch auch einmal zu weizen, wenn er, der Eisenknecht, dabei wär. Kaum gesagt, flog ihm ein Kandl nach dem Kopf, daß er sich schleunig geduckt, doch stund er ganz fuchtig auf, vermeinte, es hätte es wer versteckterweis gethan. Doch sah er bald, daß dies nit möglich, und schaute drauf drein wie ein Karpfe dem man auf den Kopf geschlagen. Als aber auf einmal alle Schüsseln auf der Schüsselrehm zu tanzen anfingen, da hat er dem Staubaus das Prä gegeben, und hat sich nimmer da sehen lassen. So war auch ein Bauseldner von Kaufring, der sich vor nichts gefürchtet und viel in geheimen Dingen gekonnt, der kam auch dahin wie er auf der Lotterbank ausrastete, und vermeinte er wolle die Weiz schon an ein richtiges Ort bringen, wo sie nimmer wieder kam, da hob es ihn auf und warf ihn mit solcher Gewalt an die Stubenthür, daß die ganze Füllung mit hinausbrach. Einige Franziskaner, die doch sonst viel können, waren auch umsonst dagewesen. Endlich hörte der Gendarm von einem geistlichen Herrn im Schwäbischen draußen, der hexen- und wettergerecht wär, und der in allem helfen könnte. Zu dem ging er, und bat ihn kniefällig um Hülfe. Da kam er dann wirklich auch nach Pürgen und nahm den Geist vor, doch heimlich, durft niemand dabei seyn. Wie das geschehen, sagte er zu den Wagnerischen wenn ihr wollt, daß der Spuk aufhört, so müßt ihr Alles was die Herrenköchin euch entfremdet und ihrer Freundschaft zugeschafft hat, derselben schenken, damit es ihr nimmer auf der Seel brennen kann; aber das müßt ihr thun von ganzem Herzen mit christlichem Gemüth und nit nur unters Gesicht freundlich und hinterwärtling grundfalsch. Könnt ihr derselben in Wahrheit so verzeihen, dann ist der Geist von der Pein des unrechten Guts erlöst. Und so geschah denn auch alles, und sider der Zeit, es werden ein vier Jahr her seyn, hat der Spuk seine Endschaft genommen, denn Gott hat ja die Weiz nur darum geschaffen, daß die armen Seelen gereinigt werden.

Taler wechseln (Pitzling)

Ist eine Zigeunerkunst. Vor beiläufig 40 Jahren kamen eines Tages Zigeuner nach Pitzling, nahmen allda im Bauernhofe Herberg. Kommt die alte Zigeunermutter herunter ins Wirthshaus und sagt zur Wirthin, ob sie ihr nit einen Thaler wechseln könnte. Die hatte gerade das Biergeld für Diessen, damals nahm man das Bier noch von dort, war zu der Zeit ein weit berühmtes, hergerichtet, etliche 50 Gulden, welchselt drum einmüthig den Thaler und schiebt ihn zu dem andern Geld in einem geheimen Schubfach unter der Kammerstiegen. Gleich darauf kommt der Wirth heim, macht sich fertig nach Diessen, wie er aber das Geld nehmen will, war alles fort bis auf den Thaler, der lag einschichtig noch da. Beide waren ganz verhofft, aber die Wirthin, ein keckes Weib, holt gleich den Führer und etliche Obmänner und lauft mit ihnen schnurstracks in Bauernhof. Da war gerade die Zigeunerband im Aufbruch, aber die Wirthin wirft sich ihr entgegen auf die alte Zigeunermutter, und schreit sie an: jetzt nur gleich das Geld wieder her, und da ist euer verflickster Thaler, und ihr habts gestohlen, und ihr kommt keinen Schritt aus dem Dorf, ich laß euch aufs Gericht führen. Kurz die alte Zigeunerin sagte endlich nach langem Zanen und Granen und ganz zabelnd vor Zorn: geh nur heim alter Teufel, das Geld liegt schon wieder in deinem Schubfach, aber ich werd dirs schon gedenken; eh der Mond wieder neu wird, sollt ihr dreimal so viel verlieren. Und eh der Mond wieder neu ward, kamen sie um ihre beste Kälberkuh, und fielen ihnen zwei Kohlenhaufen, er der Wirth war auch Schmid und Kohlenbrenner, in pure Asche zusammen. Ja der alte Zimmerhänsel, der damals als Roßbueb des Nachts bei der Kohlstatt aufsah, fiel als er die Stiegl auf den Kohlenhaufen anlegte und hinaufstieg, mit dem ganzen Meiler zusammen und hätte elend verbrennen müssen, wären ihm nit einige Mahder von der Seiferstetter Viehweid, welche die Roßbueben um Hülf angeschrieen, beigesprungen. Darum weil er die alte Zigeunermutter so geschmäht hatte, hat auch ihn dies Unglück treffen müssen.

Der Wildbanner in Weil

Vor geraumer Zeit starb in Weil ein gewisser Andrä Welzmüller, der ein großer Wildbretschütz gewesen war. Zu seinen Lebzeiten hatte er alles Gewild anbannen gekonnt, daß er es nur zu greifen gedurft. In seines Lebens Ende kam nun die Offenbarung. Drei Tage und drei Nächte lag er da, konnte die Seel vom Leib nit scheiden, der Mund nichts sprechen noch genießen, der Körper gstarr; aber mit den Händen, da gings auf und nieder, allweil zum Kopf wundersam deutend. Als ihn endlich der Pfarrer gefragt ob denn sein Wehtagen im Kopf drinnen, da hat er gleich mit dem Kopf geknappt, und mit den steifen Fingern allzeit auf ein Ort hingedeutet. Da besprach sich der Pfarrer mit dem Bader, und dieser öffnete nun hier die Haut mit einem Schnitt, wo denn zum Schrecken aller eine geweihte Hostie herfürgeschaut. Bebend zog sie der Pfarrer heraus, worauf der Verfrevler unter schrecklichem Jammern gleich verschied. Aber nimmer kann ein solcher sterben, so lang er unseres Herrn Leichnam sündlich verborgen trägt.

Der Grenzmarkverrücker in Mundraching

Vor 18 Jahren starb in Mundraching der Bäck, verließ nur ein einziges Kind, eine Tochter, die hatte zum Liebhaber einen guten Bauseldner, zum Schaffler geheißen, gar ein braver Bursch, den der Bäck auch fast gern gehabt. Doch wie es so geht, die Tochter heirathete einen andern Mann, einen Schuhmacher, und der Schaffler kam nimmer zu ihr in ihr Haus. Da bald darauf erscheint Nachts auf einmal der Bäck dem Schaffler und flehte und beschwur ihn, er möge ihn doch erlösen helfen aus seiner großen Pein. Er habe zu Lebzeiten die Marchpfähler weit verrückt und seine Nachbarn tief damit geschädigt; dafür müsse er nun schrecklich brennen, und so lang nit die Seinigen das unrechte Gut zurückgestellt, sey für ihn keine Linderung zu hoffen. Darum ging er halt den Schaffler recht an seine Tochter dahin zu vermögen, und als derselbe sich deß erbietig gezeigt, bat ihn der Bäck auch noch aufzustehen und mit ihm hinaus ins Feld zu gehen, damit er ihm die Stellen und Oerter zeigen könne, so er sich durch Grenzmarch-Verrückung zu eigen gemacht. Da stund denn der Schaffler auf, nahm ihn der Bäck bei der Hand und so gingen sie selbander all um und um. Am Morgen, da der Schaffler aufwachte, war ihm sonderbar zu Muth, er fühlte sich ganz matt und wußte nicht, hätte er dies alles getraumt, oder wirklich erlebt, bis er seine Hand, die ihn brannte, ansah, und die war kohlrabenschwarz. Da erschrak er fast und wurde arg krank. Der Pfarrer von Stadl zu Hülfe gerufen, wußte keinen Rath, aber ein Franziskaner vom Lechfeld hat ihn wieder auf die Füß gebracht. Die Tochter und ihr Mann gaben jedoch das Sach nicht heraus, und so ging der Bäck bei ihnen allebot um, und weizte im ganzen Haus. Jetzt aber im Jahr 50 wo der Ablaß einging, stellte er sich auch wieder bei dem Schaffler ein, bat ihn jämmerlich, doch seine Tochter herumzubringen und er solle ihr sagen, sie solle es nur gutwillig thun, sonst käme sie auch dahin, wo er wäre. Da lief denn der Schaffler ins Lechfeld, offenbarte alles einem Franziskaner, und der hat es wirklich so weit gebracht, daß die Märcher mit den Pfählen wieder richtig gesteckt worden sind. So hat denn der Bäck jetzt Ruh gefunden, aber die Hand des Schafflers ist noch schwarz und wirds auch bleiben, darum trägt er sie auch immer eingebunden.

Das verhexte Sträußl in Weil

In der ersten Hälfte dieses Jahrhunderts heirathete der Schneiderbauer in Weil eine Bauerstochter aus dem Lindenhof bei Augsburg. Wie man die Fertigung auf dem Kuchelwagen nach Weil zu fuhr, begegnete eine gute Viertelstund unter Weil demselben ein kleines Mannl, ging auf den Fuhrknecht zu und wollte ihm ein Sträußl geben für die Braut. Der Knecht, schon wohl bei Jahren, hatte aber schon öfters von solchen Dingen gehört und schrie ihm zu, du alter Korjon, pack dich hinweg oder ich schlag dir meine Geisel um den Kopf. Der Alte wollte sich aber nit abtreiben lassen, ging zurück an den Wagen, wo die Hochzeiterin mit der Natherin nächst dem hochaufgerichteten Hochzeitsbett saßen, und wollte durchaus das Sträußl hinaufreichen. Seht nur das schöne Sträußl an, das schenk ich dir, du herzige Hochzeiterin, das mußt du in dein Wickelein thun, das gehört sich. Als der Knecht das ersah, stieg er vom Roß herunter, nahm die Geisel fest zur Hand, und schrie: wart alter letzter Häuter, ich werd dir das Ding verhängen, und schlug keif auf ihn hinein. Da warf das Mannl das Sträußl in die Höh und hast es nit gesehen, siehst es nimmer auch, waren beide verschwunden. Deß waren der Knecht wie die zwei Weibsbilder freilich arg verhofft, doch sprang der erstere schleunig auf sein Roß und trieb die beiden Menet rasch zum Weiterfahren an. Die aber bäumten sich, faimten und hieben über die Sträng, daß wenn sie nit so nah von Weil gewesen, sie nimmer hineingekommen wären. Mit knapper Noth erreichten sie den Schneiderbauernhof, wo man dann anhub, Kasten, Bettstatt und Bett von Kuchelwagen herabzuthun. Wie man die Tuchet vom Bett weggehoben, saß auf dem Federbett eine Enzion-Krotte, das alles fast erschrack. Wie man sie mit einem Stecken heruntergeworfen, saß sie augenblicklich wieder auf dem nämlichen Platz, und so dreimal hintereinander, bis man sie endlich auf eine alte Schaufel schob und ins Wasser warf. Man lud die Sachen nun gar vom Wagen ab, und ließ es gut sein, doch schwante niemand Gutes dabei. Wie nun die Hochzeit gehalten wurde auf die Nacht und wie man den Brauttanz gethan, da hat die Hochzeiterin von dem Mechelring den rothen Stein, wie ein solcher alleweg in der Mitten eingemacht ist, verloren, und der doch so gut verfestigt war, daß sich ein jedermann verwunderte. Sie waren nun ein Jahr verheirathet, da nahm die Sache ganz einen andern Anfang. Zuerst kam es über die Küh, welche keinen Nutzen mehr gaben und von denen man kein Kalb mehr davon bringen konnte. Mit Verlauf des Jahres waren alle Kühe krepirt. Nun kam es in den Roßstall, wo zehn Rosse wohlgezählt standen. In der Läufft von drei Jahren krepirten dreimal alle zehn Roß, so daß der Bauer ganz herunterkam durch das immerwährende Nachkaufen der Rosse und des Rindviehs, und was doch alles nit half. Eine alte März, die mehr dem Schinder gehörte als in einen ehrlichen Stall, die blieb ihm, sonst konnte er nichts mehr davonbringen. Darauf riß man die ganze Stallung ein und baute sie auf ein anderes Ort; da war eine kleine Weil eine Ruhe und dann war es wieder so arg wie zuvor. Auch die vier ersten Kinder, die man hatte, waren erbärmlich anzuschauen und zum Leben und Sterben zu gering. Da doch keine Krankheit bei ihnen zu finden war, so ließ man sie benediziren, wo sie dann gleich in der Kirche nach der Benedizirung starben. Darauf wollte man die weiteren zwei Kinder, die noch kamen und gerade so bresthaft waren, nimmer benediziren lassen, aber das half nicht; sie hatten keine gesunde Stund und wurden ganz zu Krüppel, wo man sie denn endlich auch zum Benediziren in die Kirche trug, wo sie denn gleich den andern augenblicklich den Geist aufgaben. Das war eine rechte Kümmerniß auf diesem Hof, und keiner konnte die Sache finden, so viel man sichs auch kosten ließ. Endlich kam man auf den rechten Mann, einen Frühmesser in Unterbergen, den man auch den Hexenherrn nannte, der fand es. Gleich wie er in das Haus kam, ließ er fünf geweihte Kerzen anzünden und alle aus der Stuben gehen bis auf die Bäurin, denn nur ihr wäre es angethan, dem Bauern aber nit. Nachdem er nun im Haus alles untersucht, kam er in den Stall. Da ging er mit zwei Messern, darauf geweihtes Brod gelegen, herum, ließ dann unter den Barren und Thürschwellen nachgraben, wo man denn mehrere Päcklein mit Beiner und Haarzöpf herausgrub. Ebenso ließ er unter der Hofeinfahrt eingraben, wo sich auch ein Päcklein fand, darin war aber ein Ding mehr in der Art von Schmittenzundel. Dann ließ er auch einen in den Brunnen hinabsteigen und mit einem Aschenstock in das Wasser stechen, und wo es ein wenig aufbobelte, ließ er das Wasser in ein Glasl fassen; dann hieß er ihn auch mit dem Stock an das Brunnengeschäl hinklopfen und fragte ihn, ob er nichts sehe, wo dieser dann alte Hadern hervorschauen sah. Die ließ sich der Frühmesser auch reichen, nahm alles wohl zusammen und gieng damit in die Kuchel, wo er ein großes Feuer mit Kranwitt- und Elsenbeerholz aufmachen ließ, darin er den ganzen Binkel sorgfältig verbrannte. Unter der Zeit mußten der Baur und die Bäurin in der Stuben an den Tisch sitzen, wo die geweihten Kerzen brannten und alle Läden im ganzen Haus fest verschlossen sein. Während dem rumpelte es so arg an die Kreuzstöcke, daß man glaubte, alle Fenster müßten ins Haus hereinfallen, und sprang es beständig um das Haus herum und an ihm hinauf. Wie nun alles vorbei war und man die Hausthür öffnete, lag ein Ungeheuer auf der Schwellen, sah aus wie eine große Krotte und streckte als todter alle viere von sich. Wie sich die Bauersleute entsatzten, lachte der Hexenherr, warf das Ungethüm auf den Herd in die Aschen und klaubte dann alles fein säuberlich in ein Klämperl zusammen und nahms mit. Nun war alles gut und den armen Leuten geholfen. Durch Beihülf einer vermöglichen Freundschaft haben sie sich wieder ganz in die Höh gebracht, auch nunmehr gesunde richtige Kinder erworben. So hat es sich in Weil zugetragen beim Schneiderbauern, alles gewisse Wahrheit.

Der sausende Birnbaum in Scheuring

Vor zwanzig Jahren spielten fünf Kinder in Scheuring im sogenannten Hexengäßl Hängens. In einem Hausanger steht da ein alter Birnbaum mit vielen krummen Ästen, deren einen man zum Galgen wählte. Auf einer Wagenleiter stiegen zwei der Kinder hinan um den dritten, der an Galgen kommen sollte, da oben aufzuknüpfen. Sie hatten gerade den Strick ihm um den Hals gezogen, als sich, wo doch sonst sich kein Lüfterl geregt, im Geäst des Birnbaums ein solch Geknarr und Stöhnen erhob und die Blätter so grausam zu sausen anfingen, daß alle vier Kinder eilends staubaus machten in rechter Herzensangst. Bei dieser Hast fiel die Leiter um, darauf der Angeknüpfte mit den Füßen gestanden war und dadurch nun wirklich als Gehängter elend hätte sterben müssen, wär nicht zum gähen Glück ein Bursch daher gekommen, der ihn noch schnell abgeschnitten. Beide sind noch wohl bei Leben, der Gehängte ist sogar Soldat, der andere ein gestandener Mann, der sich's noch wohl erinnert und wie seltsam ihm der sausende Birnbaum bei der ruhigen Luft gedunkt. – Wie aber sich ein Sturmwind erhebt, wenn sich einer erhängt, so kommt in merkwürdig richtiger Folge ein Schauer über jene Gemeinde, in deren Freithof ein Gehängter begraben wird. Deß wehrt sich darum auch jedwedes Dorf aus Leibeskräften, und die gesetzlichen Verordnungen dagegen erzwecken nichts weiter, als daß der Entleibte, bald es Nacht wird, aus dem Freithof wieder herausgerissen und in ein ungeheures Holz oder in einen Wasserstrudel geworfen wird. Dieß geschieht wohl heimlich des Nachts, aber es weiß es stillschweigend in der Gemeinde jedermann.

Der Gehängte, dreimal Begrabene und endlich Ersäufte in Thaining

Es mögen jetzt ein Jahrer zehn her seyn, da erhängte sich in Thaining; einer war bei Lebzeiten ein kein nützer Kumpan, keinen Judenheller werth. Wie allzeit war da das Gericht gleich darüber her, und der Gerichtsarzt verschnitt ihn nach Herzenslust. Ob sich nun gleichwohl die Mitgemeiner waidlich sperrten, sie mußten es doch zugeben, daß er auf ihrem Freithof begraben wurde an gesondertem Platz. Der Leichnam war vom Arzt so arg verschnitten, daß er in einen Sack gebunden werden mußte, und die Thaininger drohten dem Gericht ihn wieder auszugraben. So geschah es auch. Das Gericht bekam aber gleich davon Wind, und einer von den gefänglich Eingezogenen gestand alles, auch das Ort, wohin man den Leichnam eingescharrt, ein Holz gen Lengenfeld zu. Da ward er denn gerichtlich ausgescharrt und wieder ordentlich auf dem Freithof eingegraben, und so ging's dreimal hin und her. Deß erbitterten sich Gericht und Gemeind gegenseitig fast, und die Sache wurde in der ganzen Nachbarschaft viel anrüchig. Da traten acht Buben aus der Umgegend zusammen und machten ein Bündniß den Thainingern zu helfen allen Gerichten der Welt zum Trutz. Gesagt, gethan. In einer finstern stürmischen Nacht gingen sie auf den Freithof und wollten den so hin und her Gezettelten holen. Wie sie aber das Grab aufgedeckt, den Sack herausnehmen wollten, wehrte sich der Leichnam baß mit vernehmlichem Grollen, wollte nimmer heraus, und von allen Seiten liefen schwarze Geisböcke und seltsame Ungethüme zu. Da erfaßte alle ein Graus bis auf einen, der hatte keinen Bang, zog den zerfetzten und schon arg miechelnden Sack mit Gewalt unter theuern Schwüren, heraus und auf damit und davon, daß kein Hund und keine Seel erfahren hat wohin. Mußten alle gerichtlichen Untersuchungen, recht zur Freude der Bauersleut, mit leerer Nasen abziehen. Der Leutsage nach ist er in den Strudl im Lech gekommen, wie schon mancher vor ihm und darnach.

Die drei Späne in Lichtenberg

Es ist noch bei Menschen Gezeiten in einer Winternacht, da man bei der Gunkel im Gärtnerhaus in Lichtenberg schauerliche Begebenheiten, sonderbar von der Teufelskuchen erzählte, war eine Dirne, ein keckes Ding, so fürwitzig, mancherlei des Gehörten zu verspotten, und vermaß sich jetzt in der Finster allein in die Schlucht zu gehen. Wie nun die einen sich ob solch frevelhafter Herausforderung des Bösen kreuzten, sprachen die andern, die Dirne an Wort zu halten und zum Zeichen, daß sie dort gewesen, drei Spän aus einem alten Eibenbaum zu schneiden, morgen am Tag wollten sie dann nachsehen ob sie wirklich so gethan. Das Mädel ließ sich nit aufhalten, und lief richtig hinaus. Bald kam sie zur Schlucht und fand auch den Baum. Hier schnitt sie rasch den ersten Span, aber ihr armes Herz nackelte schon fast, als es ihr war es knisterte wie ein Feuer um sie. Aber schneidig wie sie war, schnitt sie keck den zweiten Span, da fuhren aber ganz deutlich feurige Funken heraus, und wollt es ihr nun doch zaghaft werden; halb wahnsinnig vor Schreck und Wuth erschnitt sie aber doch noch den dritten Span, schrie laut hin: es ist doch alles nur Teufelspuk und jagte in einer Furie nach Haus, um sie herum aber war alles ein wildes Feuer. – Es wird eine Gefahr haben, ob sie wieder kommt, sagte gerade die alte Ahnfrau, als die Dirne selber bleich wie der Tod wie eine Erscheinung in die Stuben stürzte und die drei Spän auf den Tisch hinwarf. Wer aber beschreibt das Entsetzen aller, als drei weißgebleichte Todtenbeiner auf das Tischbrett rasselten, und die Dirne gählings zusammenfiel. In der Nacht traute sich keins mehr hinaus bis der Tag zu grauen anhub. Sie beteten inbrünstig ob der armen Dirne, die man so wider Gleich und Recht hinausgelassen, und dieses Frevels halber kam die Mehrsten ein Gräuel an. Doch Reu und Leid wurd da zu spät gemacht, in drei Tagen verschied die Dirne in der hitzigen Krankheit, allzeit schüttelte es sie im Fieber bald vor Frost, bald vor Glut, das Erlebte erzählend fiebernd vor Angst.

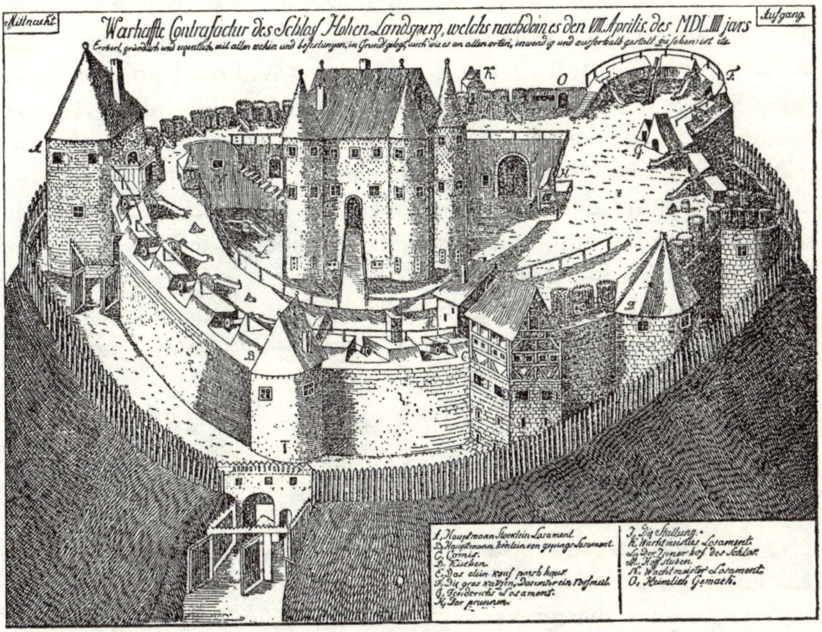

Schloß Hohenlandsberg 1554. Kupfer Nürnberg, German. Nationalmuseum

Die Teufelskuchen bei Pitzling

Über diese weit über hundert Fuß tiefe Schlucht führt ein Steg von Pitzling nach Landsberg, und es wird er fast viel begangen von den Städtlern wie von den Pitzlingern. Gar mancherlei wird da erzählt, was einer und der andere erlebt, des Grausigen viel. Holzweibeln sind da Jahr aus und ein, Hojemännlein haben wohl auch ihre Wohnstätte inn, zeigen sich aber lieber auf dem Härtl, ein Feld gleich nächst der Schlucht. Eingescharrt werden noch gar manche allda, die man gebannt, doch wird es selten lautbar, aber die Geschichte mit der Bauköchin von Igling ist landkündig bei Alt und Jung. Zu enterischen Zeiten fahren sonderlich gerne die Hexen und Druden dahin, kommen aus der ganzen Umgegent zusammen zu des Teufels Haimgarten, und dann wehe dem der noch in solcher Nacht dem Steg enteilt. Gar mancher ist da auf geraume Zeit gedruckt und gefangen worden, daß ihm die Sinne vergingen. Kehrten auch einmal zwei unter der Liechten heim, war der eine in Landsberg beim guten Tod gewesen, der andere aber hatte sich im Bier toll und voll getrunken. Während nun der erste ruhig seinen Beter abfiselte, johlte der andere wild einher. Aber es bekam ihm übel; kaum hatte er dem Steg betreten, sank ein unsichtbares Wesen bleischwer auf ihn herab, druckte ihn so mächtig, daß er gleich auf dem Steg zusammensank unter elendem Gestöhn. Deß sah der erste um, und erwischte ihn noch glücklich gerad wie er in die Tiefen hinabgleiten wollte. Aber mit einer Hand ihn nit halten könnend, griff er auch mit der andern zu, die mit dem Beter umwickelt war, und das war ein hochgeweihter, und so konnte er ihn nun ganz leicht hinüber ziehen.

Der feurige Kohlenhaufen in Pitzling

Es ist schon fast lang, da starb in Pitzling eine Frau, so bei Lebzeiten als eine arge Hexe von männiglich gemieden war; vor der wenn sie vorüberging mancher heimlich ausspuckte oder still in sich hinein sagte, ist heut ein heiliger Montag oder was für ein

Wochentag immerhin war. Richtig wars freilich nicht mit ihr. Schon in die 30 Jahr Wittib und nur Insassin einer Stuben im Feidlhäusl hatte sie eine Geißen bei sich und von der melkte sie Milch stundenlang; freilich gaben dann die Kühe in der Mittermühle keinen Tropfen Milch. Nachts beim Mondschein schloff sie unter allen Zäunen und Ghagen herum, suchte Kräuter und Wurzen, und fand sie wo im Kehricht einen alten Besen, Eierschalen, Haare, Nägel und dgl., trug sie es gewiß in ihre Kammer; da floderte dann lustig das Feuer und im Kessel prozelte ein Nachtmahl, mit dem es wohl nur der Teufel gehalten. Als sie nun endlich starb, wollte niemand ihr Grab machen, kein Nachbar sie auf den Freithof tragen, aber in der Teufelskuchen vermeinten alle wäre ihr Ort. Das ward aber verhütet durch die Feidlhäuslerin der sie noch kurz vor dem Abscheiden gesagt: die Pitzlinger werden mir wohl ein ehrliches Grab nit gönnen, werden mich wohl in die Kuchen einscharren, aber nur Geduld eine kleine Weil, es darf mir dann keiner mehr über den Steg. Da gruben sie sie halt ein in eine Ecke vom Freithof, und mancher sagte, jetzt bleibt sie uns auch im Tode noch das alte Luder, wenn sie sich aber zu viel umthut, werden wir doch ein Platzl finden für sie. Der Tag war fein und anhaltend in der Witterung, als wann es nit April gewesen wär, es war aber gerade der letzte. Auf die Nacht jedoch erhob sich ein Sturm mit Wetterleuchten und Donnerschallen, und um den Freithof herum sausten die Windgäspeln, daß niemand sich getraute in die Kirche zum Wetterläuten zu gehen. Des andern Morgens fand man nun das Grab der Hexe zerrissen und aufgethan, kein Sarg und kein Leichnam mehr inne: nichts als ein Haufen Kohlen. Da lief nun alles, holte Grabscheid und Schaufel und hinauf auf einen Kretzen und hin mit zur Teufelskuchen. Als sie nun in der Mitten des Stegs angelangt, schütteten sie den Kretzen hinaus in die Untiefen, da wurden alle Kohlen brennend und fuhren mit Genister nach allen Seiten, einige aber so auf den Steg gefallen brannten lichterloh. Da lief denn alles davon, und noch gar Mancher hat später die paar Kohlen wie ein Flammenhaufen auf dem Steg liegen gesehen, und vermeint im Feuerqualm schwebte die alte Gundel dräuend und schieh wie eh.

Der Mann ohne Kopf im »Teufelskuchen«

Da in der Teufelskuchen und dem Landsberger Gangsteig entlang bis zu einer kleinen Gruben, es sind keine hundert Schritt, geht diemalen um ein Mann ganz schwarz, trägt seinen Kopf im Arm. Den mehrsten ist er nur an einem Freitag vor Sonnenaufgang begegnet, that ihnen nichts zu leide, geberdete sich nur kläglich ganz wie ein Geist der erlöst seyn mögte. Zu gewissen Zeiten erscheint er aber auch des Abends unter der Lichten. Gingen vor geraumer Zeit drei Männer von Pitzling nach Haus, der Oberländer, der Kohlhanns und der alte Disi, waren die zwei ersteren etwas trunken, und bald man trunken ist hat man Kuraschi. Begegnete ihnen an der Grube wieder der Mann ohne Kopf. Der Kohlhanns vermeinte, es seien sogar ihrer drei ohne Kopf, und sagte lachend, die wären just recht zum Bretter tragen, worauf die zwei Trunkenen hellauf lachten. Gleich wurden sie aber da von einem Hagel gepeitscht, daß sie noch eine Woche darnach am ganzen Körper ausschauten als hätte der Teufel Arbes auf ihnen gedroschen. Die haben weiterhin keinen Gspaß solcher Art mehr gewagt. Dem Disi aber hatte es gar nichts gethan. Ueber diesen Mann ohne Kopf hat die alte Schloßmarianndl noch von den alten Fräulein von Berndorf folgende Sage gewußt.

Der Ratsherr und die Jungfer Zuzibeh

Vor langer Zeit diente in Landsberg ein feines Mädel bei einem reichen Bräu, einem gewichtigen Mann bei der Stadt, wo er auch Rathsherr war. Das Mädel war gar so lieblich und allweil lustig und alert, so daß ihr Herr sich bald in sie verliebte, und sie nur seine Jungfer Zuzibeh nannte. Das war so öffentlich, was sie aber heimlich trieben, das wurde nur so unter der Hand erzählt. Aber der Rathsherr hatte einen feurigen Drachen im Haus, und das war sein Weib. Eine so böse Sieben, als nur immer eine einen armen Ehmann geplagt. Die machte bald ein Ende mit der Jungfer Zuzibeh, und jagte sie mit Schimpf und Schand aus dem Hause.

Nun liegt aber Pitzling nit weit von Landsberg, und in Pitzling war die Dirne derheim. Da pflegten sie denn im Pösinger Holz des Haimgartens noch öfter und mehr denn gut. Der Wind wehte schon aus dem Haberhalm, und es herbstelte eines Abends daher eh es der Rathsherr gedacht. Er machte sich auf den Heimweg, wie er aber eilenden Schritts so unter der Liechten über den Kuchensteg hinhumpelte, glitt er vom hälen Stege in die Untiefen hinab, und wie, wer mit dem Teufel spielt, bald sein wird mit Haut und Haar, so kam auch der Ratsherr nimmer lebend herauf, starb elend da unten in der Schlucht. Um dieses des Todes durch das Schwert fälligen Verbrechens des Ehebruchs muß er nun da umgehen ohne Kopf an dem Ort, wo er gesündigt; bis daß er erlöst wird, weiß Gott allein wann und wie.

Sagen aus dem Lechfeld

Bannen in Gessertshausen und Stoffersberg

Unter den Schäfern gibt es Schwarzkünstler. In Gessertshausen war einmal einer, der konnte sogar den Teufel bannen. Ihre berühmteste Kunst besteht jedoch darin, ihre Feinde zu bannen. Ein Augsburger erzählte mir darüber folgende Geschichte: Eines Abends saß mein Großvater in der Wirtschaft zum dürren Ast bei Haunstetten und schaute zwei Bekannten zu, wie sie Sechsundsechzig spielten. Einer davon ein Schäfer, hatte gleich beim Niedersitzen seinen Knicker gezogen und ihn vor sich in die Tischplatte gestoßen. Nachdem die beiden längere Zeit gekartet hatten, fing das Messer plötzlich heftig an zu zittern. Der Schäfer warf seine Karten hin, stand auf und sagte: Ich muß fort, es ist jemand an meinem Pferch. Mein Großvater hielt alles für Prahlerei und ging mit, wobei sich auch der andere Spieler anschloß. Als sie selbdritt zum Pferch kamen, stand ein Mann dabei, der hatte einen Hammel auf den Achseln und konnte nicht weiter; so sehr hatte er sich bereits abgemüdet, daß ihm der Schweiß über das Gesicht lief. Das hat mein Großvater wohl einhundertmal erzählt, und das ist ein Mann gewesen, der nicht log.

Ein Schäfer in Burgwalden verstand das Bannen auch. Wenn er in die Wirtschaft kam, legte er seinen Stecken neben sich auf die Bank; kam nun einer in seiner Abwesenheit an den Pferch, so fing der Stecken an auf der Bank hin und her zu wargeln.
Ein ähnlicher Zauberer war ein Brauer in einem Dorfe am Stoffersberg. Seine zwei Schäfer saßen jeden Abend in seiner Wirtschaft und ließen die Schafe allein. Ein fremder Gast wunderte sich darüber und wollte nicht glauben, daß der Brauer das Bannen verstünde. »Geh nur hinaus an den Pferch und versuch es«, sagte dieser. Der Mann tat es und nahm ein Schaf auf den Rücken, konnte jedoch nicht mehr weiter. Der Wirt ließ ihn stehen bis gegen Morgen, dann ging er mit einigen Anwesenden hinaus, denn vor dem Morgenläuten muß der Banner den Gebannten befreien, sonst holt beide der Teufel. Sie fanden den Mann schwitzend und triefend unter der Last und in furchtbarer Angst.
Ein Zuschauer bat den Brauer, ihm doch auch diese Kunst zu lehren. Dieser entgegnete: »Ich habe drei Buben, aber keiner soll von mir lernen was ich kann. Ich wollte, ich könnte es nicht. Es ist etwas Arges.«

Das verhexte Haus in Wehringen

In Wehringen war ein Haus, das als verhext und verzaubert galt. Besonders viel hatten die Leute von einem Kobold zu leiden, der sie unaufhörlich plagte. Er sah aus wie ein Eichhalm. Einst saßen die Leute in der Stube beisammen, da blickte er unten zum Fenster herein. Voller Zorn ergriff der Mann sein Gewehr und schoß durchs Fenster nach ihm. Doch umsonst, lachend guckte der Kobold durch den oberen Teil des Kreuzstocks.
Mit der Zeit wurde es so arg, daß die Leute den Hof verkauften und anderswohin ziehen wollten. Als der Wagen mit dem Hausrat aus dem Hof fuhr, da fragte der Bauer: »Haben wir alles?« – »Ja«, rief der Eichhalm fröhlich lachend, »ich bin schon auch da!« Er saß hinten auf dem Langwied.

Der Kohlbartl von Burgwalden

Der Hafner Basti von Wehringen erzählte mir: Als ich in den fünfziger Jahren auf dem Engelshof diente, tagwerkte dort der alte Kohlbartl von Burgwalden. Dieser war früher ganz der schwarzen Kunst ergeben gewesen. Er konnte Wetter machen und Gewitter vorhersagen, wenn am ganzen Himmel kein Wölkchen stand. Der ging einst nachts nach Wehringen und holte sich unter dem Zwölfuhrschlagen einen Totenkopf aus dem Beinhaus. Wie er dies tat, sei es ihm gerade gewesen, als wäre der ganze Gottesacker voller Totenschädel, die ihn höhnisch anlachten. Er wollte den Schädel wieder wegwerfen, konnte es jedoch nicht mehr, weil die Uhr schon ausgeschlagen hatte. So kehrte er nach Burgwalden zurück und zauberte dem alten Paulus ein schreckliches Kopfleiden an, so daß sich der Mann von Wehtagen nicht mehr zu helfen wußte; dies tat er, indem er einen langen Nagel in den Totenschädel trieb. Er verübte noch andere Schandtaten damit, bis jede Nacht ein böser Geist zu ihm kam und ihn peinigte. Endlich trug er den Schädel an seinen Platz zurück, gab seine Hexerei auf und hatte nun Ruhe.

Der Hausgeist in Leitau

Ein Geist kam oft in das Haus des alten Valle (Valentin) zu Leitau, saß hinter und neben dem Ofen und rauchte dort, daß man die Glut sah, und die Schwaden durch die Stube zogen. Als er es mit der Zeit zu arg trieb, ließen die Leute einen Geisterbanner kommen, der beschwor ihn in den Höllhafen, und dieser wurde auf dem Nonnenberg vergraben.

Wiedergängerin in Leitau

Die Königshauserhöfe oberhalb Leitau bildeten früher einen einzigen großen Hof, der zu einem Schlosse gehörte. Von diesem Schlosse hat man beim Graben sehr starke Mauern gefunden. Eine eigene Flur gehörte dazu mit Äckern Wiesen und Wald, und noch heute weist die Flurbezeichnung Königshauserholzäcker auf den gerodeten Königshauser Schloßwald hin. Um das Jahr 1820 kam der Hof in den Besitz elsässischer Wiedertäufer auf Langensulzbach, wie der Engelshof, wurde geteilt, und der neue Weiler erhielt den Namen Königshauserhöfe. Eine adelige Frau von Königshofen machte eine Stiftung nach Schwabeck. Im alten Königshauserhof ging ein Fräulein oder eine Frau um, es soll eine Besitzerin gewesen sein. Diesen Geist sah man unzählige Male, so daß man sich zuletzt gar nichts mehr aus ihm machte. Eine Menge Geschichten und Sagen wurden von ihr erzählt, man gab gar nichts darauf.

Sehr oft ging sie nachts mit dem Licht hin und her, außerhalb des Hofes und innerhalb; meistens wanderte sie die Gänge auf und nieder. Vor dem Hause war ein laufender Brunnen mit einem großen Trog; darauf saß sie gern in der Abenddämmerung und fuhr mit den Händen an ihrem wunderschönen, langen schwarzen Haar herunter, das ihr wie ein Mantel über den Leib fiel, und tat als ob sie sich kämmte.

Als die alte Bruckerin von Schwabeck und die alte Schäferin von Königshausen noch Kinder waren, spielten sie einmal unter dem alten Nußbaum, der vor dem Hofe stand. Da sah sie auf einmal das Fräulein, wie es den Berg hinunterschwebte und in einem Loche verschwand. Die Kinder schrien laut auf, liefen ins Haus und verkrochen sich in den Ofenwinkel.

Einst war der Hofbauer mit seinem Weib zu einer Hochzeit ins Unterland gefahren, die zwei erwachsenen Töchter waren daheim geblieben. Die eine schlief auf dem Kanapee in der Stube, die andere nebenan in der Stubenkammer. Die in der Stube erwachte plötzlich, sah sie hell erleuchtet und das Fräulein vor dem Spiegel stehen und ihr schwarzes herrliches Haar kämmen. Sie glaubte im ersten Augenblick, es sei ihre Schwester und rief laut: Ja Lisett, was fällt dir denn ein, was strählst du dich denn mitten in der Nacht? Sofort erlosch das Licht, und das Fräulein verschwand.

Auch sonst ereignete sich manches Unheimliche in und um den Königshauserhof. Eines Abends spät saßen die Leute des Hofes beisammen und arbeiteten. Da hörten sie, daß das Vieh im Stall los war und wild durcheinanderbrüllte. Sie gingen hinüber und ketteten es an; dabei streifte etwas an ihnen vorbei, daß sie umfielen.

Der umgehende Bauer in Aitingen

In Aitingen erzählte man den Kindern, die nicht beten wollten, von einem Bauern, der auch nicht betete und deshalb nach dem Tod in seinem Haus umgehen mußte. Ein Handwerksbursch durfte auf dem Kanapee in der Stube übernacht bleiben. Er kam jedoch nicht zum Schlafen, denn der Geist des Bauern kam um Mitternacht, schritt in der Stube hin und her, blickte bald zum Fenster hinaus, bald ins Ofenloch, bald dem Handwerksburschen ins Gesicht. So trieb er es die ganze Nacht bis zum Hahnenschrei.

Der Überzählige in Untermeitingen

In Untermeitingen haben sich einmal zehn Burschen an der Fastnacht zusammengetan und sind vermarschkert gegangen. Sie gingen in verschiedene Häuser und trieben es nicht zum Feinsten. Wie sie so aus einem Haus treten, sind es ihrer auf einmal elf. So kommen sie in ein anderes; der elfte setzt sich an den Tisch, die anderen zehn drücken sich bald. Wie er so dasitzt, merken die Leute, daß er einen Geißfuß hat. Da hat man einen Geistlichen kommen lassen, der sollte ihn vertreiben. Der Teufel sagte jedoch zu ihm: Du kannst mir gar nichts machen, du hast als Student einmal ein Kreuzerröggle gestohlen und bist einmal durch einen Samenacker gelaufen! Ein zweiter Herr konnte dem Teufel auch nichts anhaben, erst ein dritter hat ihm warm gemacht, da hat er müssen reisen.

Arme-Seelen-Lichter bei Aitingen

Ein alter Mann und ein junges Mädchen kamen einst auf dem Heimweg über den Guggenberg. Als sie auf der Höhe dahingingen, sahen sie auf einmal drunten im Tal, so weit sie blicken konnten, von Aitingen und den Schafstädeln im Viehweidle an bis hinauf nach Leitau und Schwabeck unzählige Lichter in langen Reihen wie Bittprozessionen auf und ab ziehen. Das Mädchen erschrak, der Mann aber tröstete sie und sagte: das sind lauter arme Seelen, vor denen brauchst du keine Angst zu haben.

Ein Geist wetzt einem Wehringer Bauern die Sense

Der alte Reckel von Wehringen mähte einst auf dem Lechfeld. Da kam ein Geist zu ihm, wetzte ihm die Säges und sagte: »Wetzen darfst du nicht mehr, sonst bringst du keinen Watz mehr hin.« Der Reckel mähte nun die ganze Nacht, die Sense schnitt wie ein Flieder, und er brauchte die ganze Nacht nicht mehr zu wetzen. Gegen Morgen zu packte ihn die Neugier, er sagte: »Ich will doch sehen, ob es wahr ist, was der Geist gesagt hat.« Er wetzte, und die Sense schnitt keine Schmelle mehr.

Der umgehende Geist in Neuhaus

In Neuhaus bei Königsbrunn, so erzählte mir ein Mann, da diente ich mit einem anderen als Knecht. Wenn wir ins Bett gingen, stellte er alle Stühle vor die Kammertür. Was machst du denn, Karl? fragte ich ihn, als ich das zum erstenmal sah. Ja, sagte er, du siehst freilich nichts, du schläfst wie ein Gaul. Wie es zwölf Uhr schlägt, kommt etwas bei der Tür herein und bei der andern geht es wieder hinaus. Ich habe nie etwas gesehen, aber er. Wenn wir beim Bier waren, ging er jedesmal mit mir heim, er getraute sich nicht länger zu bleiben, er hatte Angst vor dem Geist.

Geistererscheinung bei Straßberg

Fünf oder sechs Erdbeerweiber gingen um 12 Uhr nachts, es kann auch etwas später gewesen sein, von Straßberg nach Augsburg. Am Graben vor der Wertach begegnete ihnen eine Gestalt, die sah aus wie der Hühlenkaspar aus ihrem Dorfe und hatte einen langen Kretzen auf dem Buckel, wie man diesen Mann fast immer sah. Eins von den Weibern sagte: Da luget, da kommt der Hühlenkaspar schon wieder herauf von der Stadt! Die andern schauten hin, erschraken sehr, und zuletzt sagte eine: Gang, das ist schon der recht Hühlenkaspar! Damit wollte sie sagen, daß es ein Geist sei.

Unheimliches Erlebnis bei Straßberg

Es war Weihnachten in der heiligen Nacht. Ich war in Hard gewesen und hatte mit dem Grau und dem Wirt gekartet. Dann gingen wir auseinander, und ich machte mich auf den Heimweg. Ich kannte den Weg so genau, daß ich ihn nicht besser hätte kennen können, denn ich kam ja jede Woche drei- oder viermal auf den Hard.

Damals ging die neue Straße vom Turmkopf bis zur Schnepfenlükke noch nicht. Der alte Fahrweg führte an der Metzgertafel vorbei. Es lag Schnee, der Mond schien, und es war so hell wie am Tag. Und als ich an die Metzgertafel kam, hörte ich von Straßberg her mit der großen Glocke das erste Zeichen zur heiligen Nacht läuten. Wie ich mich einmal umguckte, sehe ich einen, der steht da. Herrgott, denk ich, was ist das? Mir ist Angst geworden, ich hatte Geld im Sack. Und dann bin ich heruntergegangen. Der ist alleweil neben mir her, ungefähr vier Schritt von mir weg, und als ich aus dem Holz herauskam, ist er verschwunden. Und so schnell bin ich gelaufen und bin beim Zusammenläuten zum obern Wirt gekommen, und das Wasser ist mir herüben und drüben heruntergelaufen.

Das gespenstische Eichenblatt an der Sandhöhle bei Straßberg

Der alte Johann Deuringer, der Vater des letzten Besitzers von Bannacker, ehe das Gut an die Fugger kam, erlebte auf dem nächtlichen Heimweg von Straßberg an der Sandhöhle folgendes: Ein Eichenblatt flog ihm auf den Hut und ließ sich nicht verscheuchen. Je mehr er darnach schlug, desto zudringlicher flog es auf ihn zu, wie eine zornige Biene, die sich nicht abwehren läßt.

4. Donaustädte

Die Günzburger Geisterfahrt

Vor hohen Feiertagen öffneten sich um Mitternacht die schweren Torflügel des Günzburger Schlosses und ein gespensterhafter Zug bewegte sich dann durch die Straßen der Oberstadt. Schwarze Pferde zogen einen schwarzen Wagen, Männer in schwarzen Umhängen begleiteten dieses Gespann zu beiden Seiten. Passanten, die noch zu dieser späten Stunde heimkehrten, mieden den Zug. Einmal jedoch hatte sich ein Günzburger Mut angetrunken und stellte sich dem Zug keck in den Weg. Da erfaßte ihn plötzlich ein heftiger Wirbelwind und schleuderte ihn zu Boden, daß er das Bewußtsein verlor. Er erwachte erst wieder am anderen Morgen auf einer Wiese vor den Mauern der Stadt. Die Stadttore waren aber alle während der ganzen Nacht verriegelt gewesen. – In späterer Zeit fanden Bauarbeiter beim Umbau des Schlosses menschliche Gebeine unter dem Mauerwerk. Sie wurden in geweihter Erde beigesetzt und seitdem hat der Spuk ein Ende.

Eine Günzburger Hexe

Eine Günzburger Frau hat mir erzählt, daß, als sie einmal die Straße kehrte, eine lange Gänsefeder etwa einen halben Meter vor der Grundstücksgrenze entfernt auf ihrer Straßenseite lag. Sie konnte sich nicht erklären, wie diese Feder auf ihre Straße kam, da es in ihrem Viertel keine Gänse gibt. Vorsorglich besprengte sie die Feder mit Weihwasser, wickelte sie in Papier, wobei sie sorgsam darauf bedacht war, sie nicht zu berühren, und warf sie ins Feuer, wobei sie die drei höchsten Namen anrief. Dadurch wurde der Fluch umgekehrt, und wie zur Bestätigung zeigte sich im Gesicht der bösen Nachbarin ein feuerroter Ausschlag.

Der Schuster von Lauingen

Es ist ain gemaine sag vnd Histori / so sich zue Laugingen / vnd bey dem Schloß Faimingen / nit weit von der Thonaw zue tragen soll haben / vnd ist auch noch gemalt an dem Thurn zue Laugingen / nämlich von ainem Herren von Calatin / vnd soll also zuegangen sein. Zue der zeit da die Vnger / Haunen vnd Abern mit grosser macht herauff auß Vngern / vnnd der Abern land biß gar in Schwaben kamen an die Thonaw / da yetzund die statt Laugingen ligt. Da zoch der Römisch Kaiser dem feind mit grosser macht entgegen. Man thedingt vil in der sach / kam zue letst darzue / das man auf baider seiten ainen man allain erwölen solte / dise zwen solten für menigklich kempffen / welcher auß inen obleg / da solte der Sig beharren / vnd der Krieg geendet sein. Da das beschlossen ward / nam der Römisch Kaiser vnd erwölet auß seinem volck ain Herren von Calatin. Diser nam es mit freüden / vnd guetem willen an / rüstet sich / vnd gedachte wie Er dem Kaiser den Sig erhalten möchte / Land und Leüt erlöset. Dieweil nun der von Calatin an ainem ort allein vmbgieng / gedacht der sachen ernstlich nach / So begegnet jme ain man / der sprach / Was gedenckest du hie mit dir selbs? Ich sag dir du würst nit Kempffen für den Kaiser / sonder ain Schuemacher von Henffweil (welches yetzund die Statt Laugingen ist) vnd der wirdt inn waffen vnd seiner weer den Sig erhalten. Darauff sagt der von Calatin / wer bistu? wie? solte ich meinem Herrn dem Kaiser disen Kampff nit thun? das kem mir zue spott / vnd ewiger schand / man wurde villeicht sagen / Es wer mein verzagt gmüt ain vrsach / vnd niemandt wurde mir anders glauben. Darauff sagt der vnbekannt man / Ich bin der Ritter Sant Jörg / nimm hin zur Zeügnuß disen Daumen / In dem nam Er von seiner rechten hand den Daumen / vnd gab in dem Herren von Calatin. Darauff gieng der von Calatin zum Kaiser / zaigt im alle handlung an / was sich begeben hett. Da begab sich das ain Schuemacher Kempffet / vnnd erhielt den Sig. Da gab im der Kaiser drey wahl / zuebegern was Er Wolt / das wolt Er ine geweren. Darauff begert der Schuemacher erstlich für die gemain ain Wißmad bey der Statt zue der viech waid. Zum andern / das die Statt mit Rot Siglen möchte. Zum dritten / das die von Calatin auff dem Helm ain Mörin mit ainer Cron zum klainot füren möchten / als dann die Marschälck noch haben / also.

Das große Pferd von Lauingen

Um das Jahr 1260, zur Zeit als der große Albertus Magnus mit seiner Weisheit Deutschland erleuchtete, wurde unweit seines Geburtshauses, in der sogenannten Brunnengasse ein großes Füllen geworfen. Aus dem großen Füllen wurde in wenig Jahren ein ungeheures Pferd, 15 Schuh soll es der Länge nach gemessen haben, und in Spung und Lauf sah man nie dergleichen. Aber wunderbar! Das Riesenroß ließ Niemand mit sich umgehen und sich nur von einem kleinen, verkrüppelten Knecht lenken, dem man aus Barmherzigkeit das Gnadenbrod reichte. Dieser Knecht, Stephan wollen wir ihn heißen, hatte seine Freude an dem großen Schimmel und putzte ihn fleißig und tummelte ihn tüchtig herum, wenn Neugierige kamen, ihn zu beschauen. – Nun verfiel der damalige Bürgermeister in eine schwere Krankheit. Arzt war keiner hier. Das Jammern und Wehklagen bei des Bürgermeisters Noth war unerhört. »Wenn wir nur den Pater Severin aus dem Kloster hl. Kreuz in Donauwörth da hätten«, hieß es; »der könnte bald helfen, wenn noch zu helfen ist. Doch die Zeit ist zu kurz, der Bürgermeister wird nicht mehr viel Schöpplein trinken!«
Da erbot sich Knecht Stephan, sein Möglichstes zu thun, den Heilkünstler zur Stelle zu schaffen. Man ließ ihn gewähren, schnell saß er zu Roß, doch wie er eben beim Dillinger Thor hinaus wollte, (vielleicht hat er zuvor beim Schimmelwirth ein Mäßle getrunken und man heißt darum etwa die Wirthschaft also) war das Thor

durch einen Heuwagen versperrt, der unter demselben stecken geblieben war. Doch Stephan besann sich nicht lange. Er wendete den Schimmel seitwärts, ein Sprung und er befand sich wohlbehalten über der Stadmauer:

Und hurre, hurre, hopp, hopp, hopp'
Gings fort in sausemdem Galopp,
Daß Roß und Reiter schnoben
Und Kies und Funken stoben!

Ehe die Nacht einbrach war Knecht Stephan mit dem heilkundigen Mönche hinter sich wieder in Lauingen, und der so gebrachte Doktor soll den Bürgermeister in wenig Tagen wiederhergestellt haben. – Martin Crusius schreibt in seiner großen schwäbischen Kronik B 2 noch, daß dieses Pferd zwei Herzen gehabt habe. – Nun ist es mit Anderm an den sogenannten Hofthurm gemalt, den die Landleute, denen das große Pferd wohl der Merkwürdigste sein mag, auch den Schimmelthurm nennen.

Abenteuer eines Dillingers in Algier

Ein Dillinger, der aus Italien kommend wieder nach Deutschland reiste, fiel, als das Schiff auf welchem er sich befand, nur kurze Zeit den Hafen verlassen hatte, mit allen seinen Reisegefährten in die Hände mohammedanischer Seeräuber, die ihn auf dem Sklavenmarkte in Algier verkauften, an einen grausamen Herrn. Der Unglückliche wurde zur härtesten Arbeit angehalten, an schwere Ketten geschmiedet und mußte mit einem Trupp Leidensgefährten selbst bei brennender Sonnenhitze nur mit einigen Lumpen bedeckt, das Land bebauen. Es vergingen Jahre des Elends und endlich gab er jede Hoffnung auf, jemals wieder in sein geliebtes Vaterland zu kommen. Da fügte es sich, daß in Geschäften, in welchen hat die Sage nicht erwähnt, ein vornehmer Herr, der sich entweder lange in Dillingen aufgehalten oder vielleicht hier geboren war, nach Algier und zu dem Herrn des Sklaven kam. Durch Gottes Fügung kam er mit Letzteren zusammen und erstaunte nicht wenig, als ihm dieser Deutschland, Dillingen als seine Heimath bezeichnete. »Um der theuern Stadt willen«, sprach der vornehme Herr, »wollte ich dich gerne loskaufen; doch gieb mir einen Beweis, daß du wirklich ein Dillinger bist! Sag an, was hat die Uhr am mittlern Thorthurm für ein Zeichen?« – »Sonne, Mond und Sterne sind an ihr angebracht«, entgegnete hastig der Sklave, und erzählte dem fremden Herrn eine Menge Umstände, welche die Wahrheit seiner Heimathsangabe bekundeten. Um eine große Summe Geldes kaufte ihn nun der Herr vom Sklavenstande los und stattete ihn mit den Mitteln zur Heimreise aus. Er kam auch glücklich in seiner Vaterstadt Dillingen an, machte sich ansässig und wurde bald ein angesehener begüterter Mann. Zur Erinnerung an seine überstandenen Leiden und seine unverhoffte Erlösung ließ er unterhalb der Uhr am mittlern Thor zwei Böcke anbringen, die mit dem Uhrwerke in Verbindung stehen, zugleich auch als Anspielung auf seinen Namen, denn er soll »Böckler« geheißen haben.

Das Brühlmännle von Dillingen

Einst soll hier ein geiziger Krämer gewesen sein, der Tag und Nacht nur darauf sann, wie er seinen Geldkasten noch voller machen und die Leute noch mehr betrügen könne. Doch sein vieles zusammengewuchertes Gold und Silber schützte ihn nicht vor dem Tode. Nachdem er begraben war, konnte Niemand mehr in seiner Wohnung bleiben. Es ging darin um, wie die Leute sagten, von der Abenddämmerung bis zum ersten Hahnenschrei. Es seufzte und stöhnte furchtbar, und dazwischen schrie Jemand Unsichtbarer mit kläglicher Stimme: »daher, daher!« – Endlich zog der Hauseigenthümer einen Jesuiten zu Rath, der den Geist beschwor, aus dem Hause und dorthin zu weichen, wo Niemand wohne. Von dieser Zeit an war zwar Ruhe im Hause; dafür hörte man aber des Krämers Geist in dem Wäldchen, »Brühl« genannt, nächtlicher Weile rufen, und oft sollen arglose Wanderer durch sein Geschrei: daher, daher! vom Wege abgebracht worden sein. Nun hört man ihn nicht mehr.

Alte Leute jedoch wollen ihn oft bei Nacht so laut rufen gehört haben, daß man sein Geschrei selbst in den Straßen der Stadt vernahm. Damals pflegte man unruhige Kinder mit dem Rufe: »Das Brühlmännle kommt!« zu schrecken, und so großen Respekt wir auch vor der guten alten Zeit haben, so freuen wir uns dennoch, daß solche Drohmittel heutzutage bei allen verständigen Eltern außer Anwendung gekommen sind.

Der Schatz auf dem Steinriegel bei Dillingen

Auf dem Feldweg von Dillingen nach Borgheim kommt man an einem steinigen Acker vorbei, der heute noch Steinriegel heißt. Dort war's seit vielen Jahren nicht ganz geheuer. Ein Knecht von der Brunnenmühle, der das nicht glauben wollte, war auf dem Markt gewesen, hatte sich verspätet und ging, als gerade Mitternacht war, über den Steinriegel. Es dauerte nicht lange, da sah er eine Klosterfrau mit einem Köfferchen und einem kleinen Hund des Weges kommen. Der Hund hatte im Maul ein Schlüsselchen. Die Klosterfrau kam geradewegs auf ihn zu. Der Knecht blieb stehen, faßte sich ein Herz und redete sie an: Alle guten Geister loben und preisen den Herren; was ist dein Begehr? Die Erscheinung sprach: Wenn du mit deinem Mund dem Hund das Schlüsselchen aus der Schnauze nimmst, so bin ich erlöst! Der Knecht hatte aber keinen Mut dazu. Er fing an zu laufen und kam schweißtriefend in der Brunnenmühle an. Am nächsten Tag konnte er nicht aufstehen, so war er erschrocken.

Der schwarze Mann bei Höchstädt

Einen Kaufmann, welcher die Donau mit Gütern herabfuhr, überfiel bei Höchstädt in Schwaben ein großer Sturm. Das Schiff war nahe daran unterzugehen, da erschien, auf dem Wasser gehend, ein schwarzer Mann, welcher dem Kaufmann versprach, ihn mit seinen Gütern zu retten, wenn er ihm das geben werde, was ihm in seinem Hause unbekannt sei. Der Kaufmann achtete

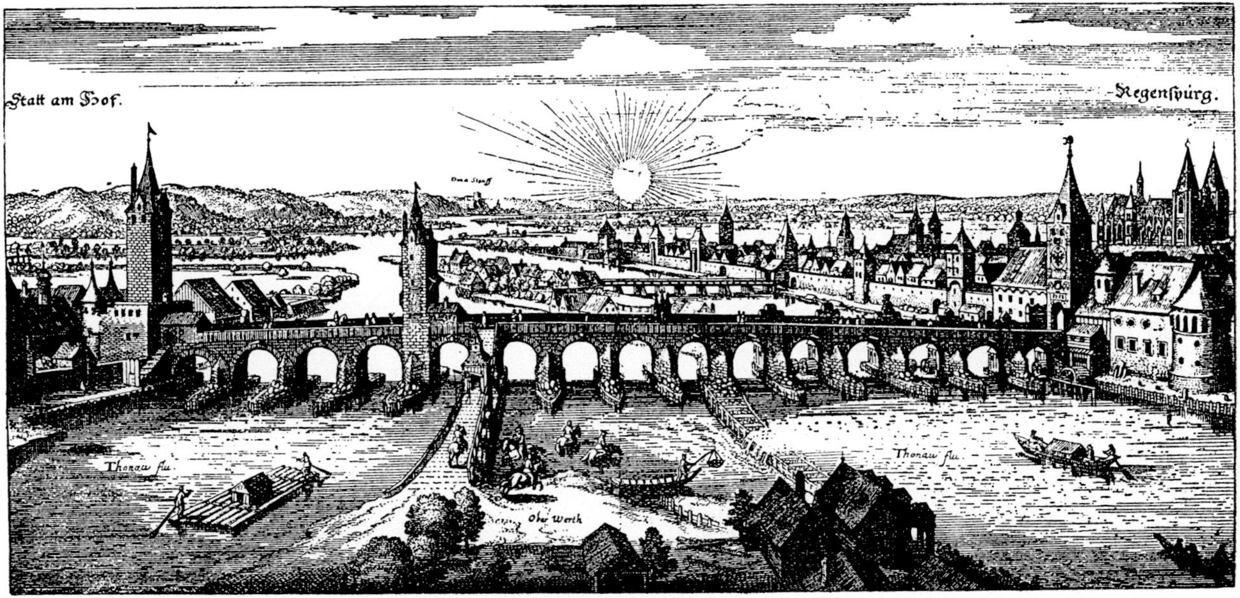

9 Die Steinerne Brücke zu Regensburg. Kupfer Matthäus Merian um 1640

10 »Warhafftige und Natürliche Abrieß des mit wunder Zuschaueten /
(Von im selbst) gewachsenen Löwens an einer Mauer /
so kürtzlich Ersehen und noch zu sehen ist zu Nürnberg in diesem 1631 Jars«.
Kupfer. Nürnberg, German. Nationalmuseum

das nicht hoch, versprach es, und mußte die Urkunde mit seinem Blute zeichnen. Der Sturm legte sich, und der Kaufmann kam wohlbehalten mit seinen Gütern nach Hause. Freudig eilte ihm seine Gattin entgegen, aber wie bestürzt war er, als sie ihm kund gab, daß sie guter Hoffnung sei! Sie gebar ein Mädchen, welchem nach 6 Jahren sein Schicksal eröffnet wurde. Einige Jahre später erschien der schwarze Mann, und holte das Mädchen mit der Versicherung ab, daß ihm kein Leid geschehen werde. Der schwarze Mann führte das Mädchen über die Donau in eine Felsenhöhle, und wurde dort zum schwarzen Pudel. Dort war ihr Geschäft den Pudel zu kämen (strälen) und zu pflegen.

Einige Jahre später heirathete des Mädchens Schwester, und der Pudel erlaubte seiner Pflegerin, auf die Hochzeit zu fahren. In schönen Gewändern, kam sie zur größten Freude der ihrigen an. Nach drei Tagen kehrte sie zurück, wurde aber unterwegs von einer schwarzen Hexe geraubt, und von derselben längere Zeit schlecht behandelt. Der Pudel umschwebte sie stets als unsichtbarer Geist, und sagte ihr, wie sie sich gegen die Hexe zu benehmen habe. Einst sagte die Hexe dem Mädchen, es entlassen zu wollen, wenn es drei Bedingungen erfülle. Die erste und zweite sind nicht mehr bekannt; die dritte aber war: einen schwarzen Wollenstrang weiß zu waschen. Diese drei Bedingungen erfüllte das Mädchen; der Hund und die Hexe waren erlöst, und das Mädchen, reich mit Schätzen beladen, kehrte zu seinen Eltern zurück.

Die Braut des Toten (Höchstädt)

Am Tage nach der Schlacht von Höchstädt wurden unter Andern auch mehrere Offiziere in der Gottesackerkapelle bei den Altären des heil. Anton und Franziskus beerdigt. Nach Wochen kam hier eine fremde Dame an und ließ sich das Grab zeigen; denn ach! unter denen, die in selbem ruhten, war auch ihr verlobter Bräutigam. Sie sprach mit dem Landvogte und miethete sodann in einem anständigen Bürgerhause eine Wohnung. Täglich ging sie, mochte die Witterung auch noch so ungünstig sein, nach der Kapelle und betete in Thränen am Grabe ihres Verlobten. Wenn das arme Fräulein das Kirchlein verließ, lag eine stille Ruhe auf ihrem Antlitz, sie grüßte dann Jedermann freundlich, und es lag in diesem Gemische von Liebe, Frömmigkeit und stiller Trauer etwas unaussprechlich Rührendes. Die Einwohner der Stadt, die sie nur »des Todten Braut« hießen, versuchten alles mögliche, sie aufzuheitern, doch, wenn sie auch einer Einladung entsprach, so saß sie stille unter den Gästen und weinte sogar oft, gab auch nicht selten keine Antwort auf Fragen, sondern blickte mit thränenfeuchtem Auge gegen Himmel empor. Sie soll ihren Bräutigam nur zwei Jahre überlebt haben. Als sie starb und das Gericht ihre Hinterlassenschaft versiegelte, fand man darunter einen verschlossenen Brief, den der Landvogt sogleich durch Estaffette befördern ließ. – In wenigen Tagen kam ein vornehmer in Trauerkleider gehüllter Herr hier an, weinte sehr bei dem Leichname der Todten, ließ selben durch einen Arzt aus Dillingen einbalsamiren und führte ihn mit sich fort. Wer die Todtenbraut eigentlich gewesen, konnte man nie erfahren.

Das große Feuer in Donauwörth

Am Margarethentag 1447 kam ein großes Feuer aus. Vergeblich waren alle, auch die angestrengtesten Löschungsversuche. Schon loderten vier Häuser und die ganze Stadt war in sichtlicher Gefahr. Da wendete man sich an den Abt, und dieser kam, begleitet von dem Klostergeistlichen, mit dem heiligen Kreuz, und umging betend und segnend die Flammen. Da mäßigte sich deren Wuth, und es sank in Kurzem in sich selbst zusammen. Schon 1317 bei dem Brande des aus den Trümmern von Mangoldstein erbauten Rathauses hatte man ein gleiches Wunder gesehen.

Störche künden in Neuburg den Dreißigjährigen Krieg an

Anno 1632 begab sich der Zufall, daß sechzehn Störche um die auf der Residenz zu Neuburg sich damals befindlichen Storchennester stritten und gleichsam Krieg zu führen begannen.

Bald gewann diese, bald jene Partei die Oberhand, doch behaupteten am Ende jene den Besitz, welche schon vorher die Nester eingenommen hatten. Einer jedoch und zwar der größte aus ihnen, setzte sich vor dem Abzuge auf jenen Theil des Daches, womit die Wohnung, in der sich nachmals der König Gustav Adolph von Schweden aufhielt, bedeckt war, flog aber nach einiger Zeit auch wieder hinweg. Auf einer alten Abbildung der Stadt Neuburg bei Merian sieht man noch einen Storch auf diesem Dache stehen, eine Anspielung auf obige Begebenheit, die, wie der Chronist beifügt, bei den alten Heiden große Bedeutnisse, bei Christen aber wenig Aufmerksamkeit verdient. Doch hat man Beispiele, daß sich die Störche vor ihrer gewöhnlichen Zeit aus etlichen Städten begaben, wann dieselben einen großen Ruin erlitten.

Drei Fräulein zu Unterhausen bei Neuburg an der Donau

Nicht weit von Unterhausen bei Neuburg an der Donau sind die Reste der sogenannten Kaiserburg. Von dieser soll der Sage nach eine Straße durch das Dorf Unterhausen nach einer gegenüberliegenden Anhöhe gegangen und nur so breit gewesen sein, daß drei Fräulein, die letzten Sprossen der auf der Kaiserburg lebenden Familie, gerade nebeneinander darauf gehen konnten. Auf der Höhe, zu welcher die Brücke führte, soll eine Kirche gestanden sein, wohin die drei Jungfrauen gewöhnlich wallfahrteten.

Von sonderbaren Wahrzeichen der Stadt Ingolstadt

Für ein Wahrzeichen kann mancherlei gelten oder gehalten werden; es ist aber gewiß, daß es nicht leicht eine Stadt oder einen Markt gibt, so nicht irgend ein Wahrzeichen oder dergleichen mehrere hätte. Auch Ingolstadt hat solche und dieß Kapitel soll davon handeln.

Vom Pfarrer, der klopft, geht eine gar schauerliche Kunde und doch wieder trostreich für die Stadt. Wenn du in die Pfarrkirche ad

Stum Mauritium dich begibst und deine Schritte zum Hochaltare lenkest, so siehest du, ehe die Staffeln anheben, einen röthlichen Stein am Boden liegen, darauf ein Kreuz von Messing und ein detto Täfelein mit der Inschrift: Anno 1460 obiit Conradus Ulmer, plebanus hujus ecclesiae, zu deutsch: Im Jahre 1460 starb Konrad Ulmer, Pfarrer dieses Gotteshauses. – Selbiger Ulmer, so von 1442 bis 1460 Pfarrherr in der untern Stadt gewesen, war ein gar frommer und heiligmäßiger Mann. Er ist aus Schwaben gebürtig gewesen, nicht unwahrscheinlich aus dem Städtchen Gmünd in Würtemberg. Sein Bruder, Petrus Ulmer, aus dem Orden des hl. Augustin, ist insgemein frater de Gamundia d. h. Bruder von Gmünd genennet worden. War der Durchlauchtigen Herzogen in Bayern Hofprediger, der Gottesgelehrtheit Doktor, unter dem Bischof Johann III. von Freising dessen Weihbischof und Bischof von Mitrokomia in part. inf. Er weihte in der Augustinerkirche zu München acht Altäre am 1. Oktober 1449 und ward auf dem Kapitel zu Landau im Jahre 1430 zum Obern der rheinischen und schwäbischen Ordensprovinz erwählet. Ist zu Gmünd selig im Herrn entschlafen und in der Kirche seines Ordens begraben worden. Unser Konradus Ulmer ist wahrscheinlich durch die Vorbitt seines bischöflichen Bruders auf die gute St. Moritz Pfarrei gekommen, so er durch den lichtscheinenden Glanz seiner Tugenden nicht wenig ehrte. Als er Pfarrer zu sein anhob, ist eine gar traurige Zeit im Bayerlande gewesen, sintemalen der alte Herr Ludwig im Barte von seinem unnatürlichen Sohne Ludwig dem Höcker im Schlosse zu Neuburg belagert, gefangen und letzlich auf des Markgrafen Albrecht Schloß nach Onolzbach gebracht wurde. Schon zwei Jahre darauf mußte Konrad Ulmer die Leiche Ludwig des Höckers, den der Tod nicht ohne gerechtes Zulassen Gottes so schnell ereilte, zu Grabe in die Pfarrkirche zur U. L. Sch. Frau begleiten. Im August des Jahres 1447 hielt er in seinem Gotteshause eine feierliche Leichenbesingniß für Herzog Ludwig im Barte, so als 81jähriger Greis aus Herzeleid im Schlosse zu Burghausen verblichen war. – Im Jahre 1430 wurde am 4. Mai in der Sakristei der Frauenkirche eine Kiste, so mit dem Siegel des Grafen von Oettingen verschlossen gewesen, eröffnet und darin überaus kostbare Reliquien gefunden, welche obgenannter Graf wahrscheinlichst aus dem heiligen Lande gebracht und diesem Gotteshause vermacht hatte. Zeugen sind die Prälaten von Thierhaupten, Donauwörth und Wülzburg gewesen, item Bartlme von der Leiter zu Bern. Selbige Heilthümer nun wurden im Jahre 1444 in Gegenwart beider Stadtpfarrer, nämlich unsers Konrad Ulmer und des Gabriel Klosen wieder in die Truhe zurückgethan und sorgfältig verschlossen. Ulmer hielt dann noch den feierlichen Gottesdienst für den zu Landshut abgeleibten Herzog Heinrich im Jahre 1450, huldigte mit allen seinen Amtsbrüdern dem neuen Herzog Ludwig dem Reichen, hat die Judenvertreibung, so gedachter Herzog wegen ihres Wuchers aus Ingolstadt und vierzig andern Städten des Landes befohlen hatte, mitangesehen, erlebte noch, daß im Jahre 1453 Ingolstadt der Titel einer Hauptstadt verliehen worden ist, nicht minder den Entschluß des Herzogs, allhie eine Universität zu errichten und die päpstliche Bulle vom Jahr 1459 mit der Erlaubniß hiezu. Die Errichtung selbst hat er aber nicht mehr erlebt, sintemalen er bereits im Jahre 1460 selig im Herrn entschlafen ist, den Ruf eines eifrigen Seelenhirten und heiligmäßigen Mannes bis auf diese Stunde zurücklassend. Er verehrte mit absonderlichem Vertrauen die allerseligste Jungfrau Maria und betete eifrig den hl. Rosenkranz. Wohl ist es wenig, was wir von dem frommen Priester wissen und aufgezeichnet finden, doch verspüret die Stadt jetzt noch nach Jahrhunderten den Segen seines heiligen Wirkens und die Kraft seiner mächtigen Vorbitte. Es geht nämlich die Sage und selbige ist durch vielfache Erfahrung bestätigt, daß um der Verdienste jenes heiligen Mannes willen in Ingolstadt nie mehr als ein Haus abbrenne. Auch soll derselbige durch Klopfen in seiner Gruft die baldige Entstehung eines Brandes anzeigen und darauf aufmerksam machen. Es gibt Viele, so dieses Klopfen schon gehört haben wollen. Wie dem auch sei, dieß ist gewiß, daß seit unfürdenklichen Zeiten selbiger Pfarrer, der klopft, für ein rechtes Wahrzeichen Ingolstadts gehalten worden ist.

Item haben wir ein solches an dem großen röthlichen Stein, so vor dem Hause des Herrn Lebzelters Berthold liegt. Ist früher an der Gottesacker Mauer, so vor Zeiten um die obere Pfarre gegangen, der Konviktkaserne gegenüber, gelegen. Mag vielleicht ein vom Baue der Frauenkirche übriggebliebener Stein gewesen sein, auf welchem den Arbeitern der verdiente Lohn ausbezahlt wurde, aus Ursach dessen selbiger Stein in seiner Mitte eine geringe Höhlung gehabt hat. Gerade das aber hat die Sage, so über diesen Stein geht, benützt, vorgebend, der »Gott sei bei uns« habe selbigen Stein zum Trutz des Baumeisters Konrad Gläzl über die Kirche geworfen und sei leibhaftig darauf gesessen. – Gewiß ist, daß sich beim Wegbringen selbigen Steines an seine jetzige Stelle nur mit Mühe Jemand gefunden hat, Hand anzulegen und einen Wagen zu dem Zwecke herzugeben, ein Beweis, wie tief obige Sage im Volke bereits eingewurzelt gewesen. –

Der Freimaurersaal in Ingolstadt

Mein Geburtshaus war das Augsburger-Boten-Haus, das mein Großvater erworben hatte und für Wohnzwecke als Mietshaus umbaute. Unheimlich war der Dachboden, unheimlicher aber noch als uns Inwohnern den Anwohnern, einem großen Teil meiner damaligen Ingolstädter Landsleute. Bedeckte er ja den berüchtigten »Freimaurersaal«, ein Sälchen, in dem seinerzeit die von dem Professor Weishaupt begründeten Illuminaten ihre Logen hielten (1776–1786). Das Haus soll nach einigen Weishaupt gehört haben, nach andern einem seiner Kollegen und Freunde. Jedenfalls war es in dem »Freimaurersaal« nicht geheuer; man sah ihn nachts erleuchtet und hörte Reden in einer unbekannten Sprache.

Der Teufelsfelsen bei Kelheim

Ein hoher Fels an der Donau bei Kelheim heißt die Teufelswand und, nächst dieser, ein anderer den Wasserspiegel der Donau zum Theil überragender Fels, das Teufelsjoch. Hier soll die Donau sehr eng gewesen seyn und ein Baumeister mit Hilfe des Teufels den Durchgang ausgebrochen haben, wogegen sich dieser zum

Lohne die ersten drei Seelen ausbedingte, welche durch das neue Bett fahren würden. Als nun der Teufel den Felsen ausgebrochen hatte, ließ der Baumeister zuerst einen Hirsch, einen Gockel und einen Hund in einem Nachen durchfahren. In seinem Zorn verwandelte der Teufel diese Thiere in Stein. Daher heißt ein Felsen das Teufelsjoch und drei andere nennt man Hirschsprung, Gockel und Hund.

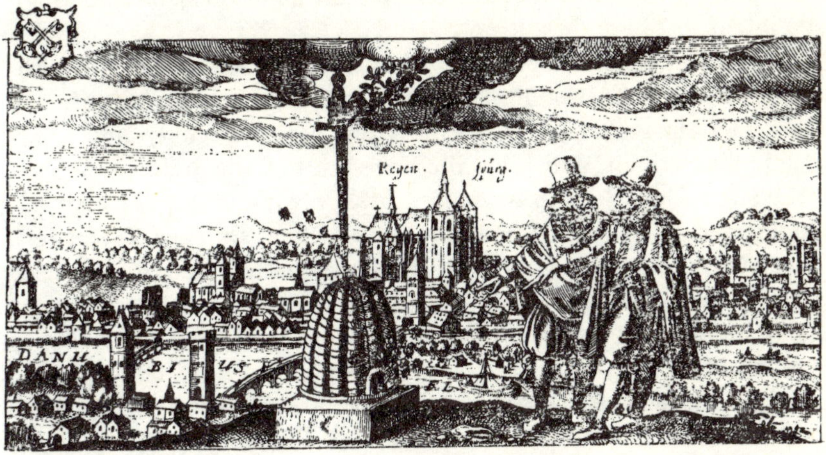

Regensburg. Kupfer aus D. Meißner, Politisch Schatzkästlein. Nürnberg 1678

Die Gründung der Stadt Regensburg

Nach einer fernern Volksage ist Regensburg schon zu des Altvaters Isaaks Zeiten die Residenz alter teutscher Könige gewesen und die Judengemeinde, welche im Jahr 1519 aus Regensburg vertrieben worden, behauptete, sagt Gemeiner in seiner Chronik, von ihren Eltern und Groß-Eltern und diese von den ältesten Stammvätern überkommen zu haben, daß ein Theil der Nation, nachdem sie in die syrische Gefangenschaft gerathen, in die hiesigen Gegenden und namentlich nach Regensburg, welches damals Germannsheim geheißen haben solle, geführet worden wäre, und sich bei uns niedergelassen hätte.

In Roners Ratisbona novantiqua wird S. 5 angeführt: »Und ist dieses zwar gar gewiß, daß die Juden zu Regensburg im Jahr Christi 1277 vor Kaiser Friedrich zu Lintz in Österreich, in ihrer Apologie oder Verantwortung wider die Regensburger unter andern ihren Schriften und Belehrungen bekräftiget, sie hätten in selbiger Stadt auf die 1800 Jahr lang ihre Wohnung gehabt.«
Mithin müssen sie fast schon 600 Jahre vor Christi Geburt hier gewesen seyn, was ein neues Datum für das hohe Alter unserer Stadt abgibt.
Auch meldet Ostrofrancus Monachus in seiner Abhandlung de Ratisbona metropoli et subita ibidem Judaeorum praescriptione, daß die Juden dargethan, daß sie von Alters her, Synagogen und Lehrstühle hier gehabt, und führt die Sage an: daß die Juden von Jerusalem zur Zeit der Kreuzigung Chrsti ein Sendschreiben an die Juden nach Regensburg gesendet, in welchem sie sie aufgefordert, sich zu freuen, daß sie Jesum erwürget hätten und den ganzen Verlauf beschrieben haben.
Dieß müßten also selbst frühere, als die aus Syrien vertriebenen Juden gewesen seyn.
Auch diese und alle Angaben bewahrheiten solchem nach immerhin, daß unser Wohnort schon vor der Römer Zeiten gestanden und von Eingebornen bewohnet gewesen.

Karl der Große und Regensburg

Carl baute Kirchen und Bethäuser und schrieb seine Siege alleine der Hilfe Gottes und dem Gebete der Geistlichkeit zu, war eifrig für die Erhaltung der Lehre, wie er dann hier eine geistliche Synode halten und die Meinung des Spanischen Bischofs Felix, daß Christus ein bloßer Adoptiv-Sohn von unserm Herr Gott gewesen, verdammen ließ.
Durch den Bischof Sigberth ließ Carl das Kloster St. Emmeram stattlich ausbauen.
Er errichtete in seinem Reich elf Kammergerichte, worunter auch eines zu Regensburg war, was die Veranlassung gegeben, daß alle

Jahre dreimal, im Jänner, April und Weinmonat die Bischöfe, Fürsten und Grafen hierherkommen mußten und sich dann selbst hier auch ihre Residenzen und Wohnungen erbauten.
Der Burggraf von Regensburg wohnte im St. Jakobs-Kloster, welches aber nicht mit dem jetzigen zu vermengen. Damals waren noch keine Schotten hier, wie man später gerne wollte glauben machen, welches aber ebenso unerweislich ist, als die zugleich beigefügte Sage, daß schon vor dem Jahr 803 unter Carl, die Hunnen Regensburg belagert hatten und daß dabei, wie eine alte geschriebene Chronik erzählt, Carl, so ins Gedränge gekommen, da er mit seinem Pferd einen Sprung über die steinerne Säule vor dem Petersthor gemacht und von einem Engel in der Luft ein Schwerdt gereichet erhalten, womit er alsogleich die Hunnen sämmtlich vertrieben habe.

Herzog Arnold und Regensburg

Einstimmig brachten die Teutschen, und mit ihnen auch Herzog Arnold, dem Königssohne, Otto, die Krone. Herzog Arnold von Bayern überlebte Heinrichs Todesfall nicht lange. Er starb das Jahr nach ihm, den 12ten Juli 936, und seine Leiche wurde zu St. Emmeram beigesetzt. Eine erst von Schriftstellern des 13ten und 14ten Jahrhunderts ersonnene Sage behauptete: er seye vom Teufel geholet worden, und man habe, weil er sich an der Geistlichkeit und Kirchengut öfters vergriffen, zu St. Emmeram, wo er beigesetzt worden, den Teufel zischen, und die arme Seele heulen hören, so daß die Mönche genöthigt gewesen seyen, seinen Körper auszugraben, und vor die Thür zu setzen, um ihn den Teufeln Preis zu geben. Sein Tod wäre mit den schrecklichsten Umständen begleitet gewesen. Er habe des Bischofs von Augsburg über der Tafel gespottet, der, als einmal auch von ihm Contribution gefordert, ihm verheißen hätte, er würde sterben, wenn er sie nicht wieder herausgäbe, und da der Bischof nun hier angekommen, und Arnold ihm zur Tafel einen Trunk im silbernen Gefäße mit den Worten zugeschickt habe, daß er noch am Leben seye, so wäre je-

ner so sehr darüber entrüstet worden, daß er seinem Diener gesaget, wenn er nach Hause käme, würde er seinen Herrn nicht mehr am Leben treffen; wirklich seye dieß eingetroffen, Arnold seye plötzlich vom Schlage gerührt worden, und der Diener habe ihn nicht mehr am Leben getroffen.
Arnold war, so lange er lebte, von Freunden und Feinden gefürchtet, denn er wollte die einmal an sich genommenen Zügel nicht mehr entreißen lassen, aber man verdankte ihm Ruhe und Schutz und Sicherheit vor den Überfällen der barbarischen Ungarn.
Er hinterließ drei Söhne, Eberhard, Herrmann und Arnolf, und eine Tochter, Judith Gisela, die an Kaiser Heinrichs Sohn, Herzog Heinrich I., vermählet gewesen.

Die Regensburger Donaubrücke

Man findet allda auf einer Schleiff-Mühl-Thür ein steinernes Männlein welches die Hand ob den Augen hält und gegen St. Peters Thomkirchen schaut / auch in der andern Hand einen Zettel hält mit diser Inschrifft: Schuck wie heiß! Dann es ist zu wissen / daß ein berühmter Baumeister / so den Fürstlichen Thom aufgeführt / mit seinen Lehrgesellen (so die Brucken erbauet) in einen Streit und Kampff gerathen / ob der Thom oder die Brucken ehender zu seiner Perfection kommen werde / als nun die Brucken ehender aufgebauet worden / hat derselben Kunst-reicher Erbauer dieses Männlein zum Schimpff aufsetzen lassen / als solte es gleichsam den langsamen Bau des Thoms hönischer Weise außlachen. Und in Wahrheit es hat dise Sach dem obristen Baumeister deß Thoms dergestalt in das Hertz gegriffen / daß er von der Thom-Kirchen sich herabgestürzt hat. Die gantze Brucken aber / oder vilmehr dero Krafft und Beständigkeit stehet an einem gewissen Ort / allwo ein steinernes Eydexel von der Donau herauß krichet / und solle allda ein eintziger Stein seyn, welcher dieses Wunder-Gebäu also fest zusammenhält. Welches letztere niemand in der Baukunst Erfahrner ohne Admiration sehen wird. Ich erinnere mich das die Donau-Brucken zu Wien / wann ein großer Last und schwerer Wagen hinüber fähret / mercklich zu zittern pflege: Dann der Baumeister wegen gewisser Ursach erzürnet / hat einen einigen Nagel an einem verborgenen Ort heraußgerissen / wodurch dieses Zittern causirt worden / und kann solchen Fehler niemand mehr verbessern.

Hans Dollingers Kampf zu Regensburg. Kupfer Matthäus Merian

Der Kampf zwischen Dollinger und Krako in Regensburg

Zu Zeiten Kayser Heinrichs des Isten Anno Domini 930, den 23. Januarii kam ein Heyd, Nahmens Craco, anhero gen Regensburg, um Leib und Seele zu stechen, und daß der Teuffel Pfändner wäre; und dieweil er andern obgelegen, und bey 40. Ritter allbereit aus dem Sattel gehoben, wolte sich keiner desselben annehmen; Da gelangete die Handlung an einen Burger, Dollinger genannt, welcher auf den Hals gefangen lag, ob er sich des zu seiner Erledigung wolte annehmen? welches er auch bewilliget; Und da er mit seinem Rittmeister gerüstet auf den Kampff-Platz kam, (welcher noch heut zu Tag die Heyd genennt wird) und der Kayser mit seinem gantzen Hofstaat und einer großen Menge Volcks zugegen war, mit Einlegung des Speers dem Heyden zu begegnen, hat er ihn selb Dritter im Stechen begegnet mit drey eingelangten Speeren, und da der Dollinger seinen Rittmeister gefraget, auf welchen er rennen solte? hat er ihm befohlen, im Nahmen des Allmächtigen und unsers HErrn JEsu Christi auf den mittlern zu rennen, da gieng er auf den Heydnischen Craconem frisch loß, und brachte demselben nach zweymahligem Rennen, vermittelst seiner scharffen Lantze, einen solchen Stoß bey, welcher unter dem Helm bey dem Ohr hinein gieng, so, daß er tödtlich verwundet wurde. Der Heyde suchte zwar alle seine noch übrige Kräfte dran zu setzen, und sich wieder auf das Pferd zu erheben, jedoch vergeblich, denn der beygebrachte Stoß war zu gefährlich, und der Tod warff ihn, mit großem Frolocken der Zuschauer, zu Boden.

Ursprung der Stadt Straubing

Ursprung der Churfürstlichen vnd vornemmen berühmten Statt Straubing. In Unterlandt Bayrn vngefähr einer Tagraiß / von der vor Jahren gewesten Bayrischen Haupt-Statt Regenspurg / abwarths an der Thonau ist entlegen / die Edle Statt Straubing / aine / nach der Churfürstlichen Residenz-Statt München / neben Landtshuet vnd Burghausen auß denen vier Haupt-Stätten in Bayrn; an einem lieblichen Orth vnd Lufft: ainerseits gögen Mitnacht flüest vorbey die Thonau / anderseits aber / nemblichen gegen Mittag / ist sie in die länge vnd braite auff schönster Eben mit fruchtbaren Feldern vmbgeben. Daß dise Statt vor Zeiten der Römmer Wohnung gewesen / ist von vhralten Rueff außer allen zweifel: Augusta ward sie von denen Alten genant / aber Unbekandt / von welchem jhren ersten Urheber Augusto? Octaviano oder Tiberio? Nachdem sie aber an jhrem Umbkreiß so weit vnnd groß erwachsen / daß sie ein starcke teutsche Meil Weegs lang alle dieselbe Felder / welche zwischen Alburg vnd Atzelburg ligen / in sich begriffen / ist sie jhrem weitem Umbkreiß gemeß / auch mit gleichmäßigem Namens-Zuesatz Augusta Acilia genennet worden. Disen Namen wollen jhr etliche herführen / von dem heiligen Martyrer Acilio Glabrione einem Römmischen Burgermaister / dessen Baronius in seinen Jahr-Bücheren gedenckt. Dann als des wüetherichen / Domitiani Hass vnd

Zorn die Christen auß zureuthen / aller Orth vnd Enden sich ergossen hat eben dises übel / selbigen sehr Edlen Mann zugleich auch angefallen: Vnd zwar sovil die rasende Tyrranney durch ihre Gottlosigkeit an jhnen vermögt / daß er nit allein seines Burgermaister-Ambts entsötzt / sondern auch / nach vorhero auff dem Schauplatz erhaltenen Sig wider die Löwen / auß dem Vatterland / vnd Entlichen auch so gar auß diser Welt verjagt vnd getödtet worden.
So soll dann Acilius in seinem Ellend sich an disem Orth gesetzt haben / vnd wollen einige / daß der so erweiterthen Statt der Namen Augusta Acilia von jhme geschöpfft seyn solte. Hernach aber / nach deme Acilius durch die Martyr auffgehebt worden / hat man sie mit einem anderen Namen Serviodurum genennet / villeicht von Servia Honorata der Muetter Sosij Senecionis Terentij eines Römischen Raths-Herrn / welcher zu selbigen Zeiten denen Vindelischen / das ist / an der Thonau / Inn / vnd Lech biß an das hohe Gebürg gelegenen Landen / vorgesötzt war. Heut aber wird dise Statt Straubing genennet.

Der Straubinger Pflug

In alter Zeit wollte die Donau nicht an die Stadt heran. Weit hinter deren Rücken floß sie breit zwischen Wundermühle und Hornstorf hinab. Aber die Straubinger brauchten den Strom notwendig. Da fertigten sie einen mächtigen Pflug, spannten, ich weiß nicht wie viel der stärksten Pferde daran und rissen ein neues Strombett auf. Das wand sich südwärts ganz nahe zur Stadt heran. Sie pflügten es aus und leiteten mit Kunst und Bedacht das wallende Wasser hinein. Das folgte ihnen gehorsam und hieß fortan die neue Donau. Bei der alten wurde ein Steindamm, die Bschlacht, gebaut, damit es dem neuen Strom nicht wieder einfiel abzukehren. Nur ein kleiner Arm fließt noch an alter Stelle, daß die Hornstorfer und die von der Wundermühle auch noch eine Donau haben.
Den Pflug aber erhielten die Straubinger ins Wappen, und sie haben ihn allzeit in Ehren gehalten.

Die Wecken im Straubinger Wappen

Ehrenvoll endete sich für Herzog Ludwig's und seiner Baiern Waffen diese Schlacht, und mit ihr der ganze Krieg. Im Triumphe zog hierauf der siegende Ludwig in Landshut mit seinen Helden ein, wo die Tapfern zu belohnen sein erstes Geschäft gewesen. Den Bürgern von Landshut, Straubing, München, Ingolstadt und Mosburg überließ er einen bedeutenden Antheil von den dem Feinde abgenommenen Lebensmitteln, erbeuteten Feldgeräthen und Kostbarkeiten, und zum ewigen Andenken der von ihnen auf dem Schlachtfelde bey Gamelsdorf bewiesenen Tapferkeit gab er der Stadt Landshut drey Helme, der Stadt Straubing die baierischen Rauten zu dem von ihr geführten Pflug, der Stadt Ingolstadt den blauen Panier, weil derselben Bürger ein steierisches Panier in dieser Schlacht erobert hatten.

Jordanus Utz und der Straubinger Stadtbrand von 1393

Ein sehr alter Bau in der Steinergasse ist das heutige Krönner-Anwesen, das ehemalige Höber-Lebzelterhaus an der Nordwestecke der Gasse. Als ältesten Besitzer dieses Anwesens kennen wir aus einer Urkunde vom Jahre 1368 Ulrich Utz, der damals Pfleger der Liebfrauenkirche (Jesuitenkirche) war. Die Buckelquader an der Ecke stammen noch von dem ersten Haus, das hier einst gestanden hat, und an dieses Haus knüpft sich eine interessante Begebenheit. Bei dem großen Stadtbrand 1393 wohnte hier ein vornehmer Mann, Jordanus Utz, genannt Uhlein. Als damals ein Haus nach dem anderen in Feuer aufging, da stellte Uhlein eine hölzerne Statue des hl. Petrus vor das Fenster und sprach zu ihr: »Peterl, schau auf, daß mein Haus nicht verbrennt, sonst verbrennst du mit ihm.« Und wirklich, so berichtet uns der Geschichtsschreiber Andreas Presbyter von Regensburg, ein Zeitgenosse des Uhlein, blieb dieses Haus erhalten und zu dieser Statue entwickelte sich dann eine Wallfahrt.

Straubing. Kupfer aus D. Meißner, Politisch Schatzkästlein. Nürnberg 1678

Der Tod der Agnes Bernauer in Straubing 1436

Gleich auch eben dises jars zu Straubing in weinmonat an sant Maximilian tag lies herzog Ernst von Münichen seins suns herzog Albrechts puelschaft trenken. Si hies Agnes Bernauerin, war ains paders zu Augspurg, zwischen den schlachten, tochter. Man hat ir ain aigne capellen gepaut, darin si begrabn ligt, und ainen stain gelegt mit überschrift, auch ain mess gestift.

Gestern morgens besuchte ich mit einem anderen Passagier die Kapelle bei Straubing, in welcher Agnes Bernauerin begraben liegt. Ihren Grabstein ließ Kurfürst Karl Theodor an der Wand aufrichten, wodurch er zwar nicht mehr getreten wird, aber eine der Schilderung selbst ganz widrige Stellung hat. Denn die Verblichene ist auf einem Kissen liegend dargestellt. Sie trägt ein nonnenartiges Sterbgewand, den Rosenkranz in der Hand. Unweit der Kapelle wurde sie in der Donau aufgefangen. Die Meßnerin erzählte uns, daß ein Buch mit ihrer Geschichte in der Kirche vorhanden gewesen, das aber die Franzosen mit sich genommen hätten. Darin sei gestanden, daß Agnes eigentlich des Herzogs Tochter gewesen sei, Albrecht hingegen der Baderssohn. Nach ihrer Geburt seien sie vertauscht worden, wahrscheinlich weil Herzog Ernst einen männlichen Erben gewünscht hatte. Diese Sage oder Thatsache giebt nun freilich der ganzen Geschichte eine ganz andere Wendung und macht sie wahrhaft poetisch und das Verhältnis höchst eigentümlich.

Der Natternberg bei Deggendorf

Der Natternberg liegt in der Ebene zwischen der Isar und der Donau, nahe dem Orte, wo sich diese beiden Flüsse mit einander vereinigen. Er ragt hoch über diese Ebene empor, liegt ringsum ganz frei, ist von der übrigen Gebirgskette völlig getrennt, und aus weiter Ferne sichtbar. Sein Kern besteht aus Granit; außen ist er mit Gries überdeckt. Die Juden wollten die Wallfahrt zum Mirakelbild der Gnadenkirche in Deggendorf verhindern und stahlen die hl. Hostie, um sie zu vernichten. Sie wollten sie essen, wurde aber ein Kind daraus, in den Backofen werfen, verwandelte sich aber wieder in ein Kind; warfen sie endlich in einen Brunnen, an dessen Rand man die hl. Jungfrau Maria weinen hörte. Als sich aber ein neugeweihter Priester aus dem Kloster Niederaltaich dem Brunnen nahte, flog die Hostie in den Kelch. Darüber ergrimmte der Teufel und rädelte auf einem Schubkarren einen Berg aus Tirol, um damit die Donau abzubauen und das Kloster Niederaltaich zu ersäufen. Schon war er diesem Flusse nahe, als man eben in Deggendorf den Tag anläutete; da konnte er den Berg nicht mehr weiter bringen und mußte ihn liegen lassen. Dieser ist der Natternberg. Seinen Namen hat er von den vielen Nattern, welche in seinem Innern wohnen. Sie haben auch einen König. Mal breitete eine Magd auf der Bleich bei dem Mühlbach am Fuße des Natternberges ein weißes Tüchl aus, auf welches der Natternkönig seine Krone legte. Die Magd nahm die Krone, lief damit davon und schlug hinter sich die eiserne Thüre zu. Der Natternkönig stürzte ihr nach, verstieß sich aber an der eisernen Thüre.

Die wegweisenden Lichter bei Vilshofen

Ein Bauer fuhr einmal zur Adventzeit den Weizen zur Schranne nach Vilshofen. Auf dem Heimweg wurde es dunkel, daß man kaum zwei Schritte weit sehen konnte. In der Angst vom Wege abzukommen schrie er um Hilfe. Da erschienen plötzlich zwei Lichtlein, die sich auf den Kummet der Pferde setzten und den Weg beleuchteten. Bei seinem Anwesen angekommen sagte der Bauer: »Was bin ich euch denn schuldig?« Ein feines Stimmlein antwortete: »Eine Wage voll Vergeltsgott!« – »Vergelt's Gott tausendmal!« erwiderte der Bauer, worauf die Lichtlein verschwanden; nur jene Stimme rief noch: »Erlöst!«

Ein Bauer aus der Gegend von Hilgartsberg wurde stets nachts von einem Lichtlein heimbegleitet und es öffnete ihm von der Hauptstraße weg alle Tore (Falter) und schloß sie auch wieder. Erst bei seinem Wohnhause verschwand es. Der Bauer fürchtete das Lichtlein und getraute sich nicht es anzusprechen. Einmal kam das Lichtlein wieder und tat wie früher; das letzte Tor schlug es mit solcher Gewalt zu, daß der Bauer durch den Luftdruck zu Boden geschleudert wurde. Unter Weinen eilte es hierauf dem Walde zu, wo alle Bäume knarrten und ächzten und sich wie im Sturme schüttelten und bogen. Seit dieser Nacht war das Lichtlein nicht wieder zu sehen.

Ritter Tuschl von Söldenau und die Gründung des Chorherrenstifts in Vilshofen

Von Fürstenstein aus kann man auch die Ruine Ranfels besuchen, welche eine Stunde nördlich in sehr romantischer Gegend auf dem Vorsprunge eines Felsberges liegt, dessen Fuß die rasche Ohe umströmt. Die Burg scheint nach alter Weise sehr fest gewesen zu seyn und hatte zwei starke Wehrthürme, einen am Eingange, den andern im Hintergebäude. Ihre Erbauer und ersten Besitzer waren die Dynasten von Hals, welche sie an adelige Ministerialen verliehen. Im J. 1262 kommen ein Albert und Friedrich die Ranfelser als Zeugen einer Schenkung Albert's von Hals an das Kloster Osterhofen vor.

Im vierzehnten Jahrhunderte hatte Einer dieser Familie die Schwester jenes Heinrich Tuschl von Söldenau zur Gattin, der in den Sagen des Niederlandes Bayern eine so bedeutende Rolle spielt. Es wird von ihm erzählt, daß er viele Jahre dem Sultan von Ägypten gedient, als ein Hauptmann und getreuer Kriegsheld, und wie er aus der Fremde viel Geld und Gut in's Bayerland gebracht habe. Schon ziemlich bejahrt, kam ihm in böser Stunde der Einfall, sich unter Hymens Joch zu schmiegen. Ein armes aber wunderholdes Fräulein aus dem Vilsthale, das schöne Annerl von Aheim, hatt' es ihm angethan. Einige Jahre ging Alles gut, und die beiden Gatten lebten in musterhafter Ehe. Zum Unglücke aber machte die junge Frau die Bemerkung, Tuschl werde von Tag zu Tag siecher und hinfälliger, während Günther, der Edelknabe, der in Söldenau erzogen wurde, allgemach zum kraftvollen Jünglinge heranreife. Als eines Abends der Ritter von der Jagd heimkam, fand er weder Weib noch Pagen mehr im Schlosse, und Niemand konnte ihm sagen, wohin sie gekommen. Noch faßte der arglose Mann keinen Verdacht, sondern glaubte, ein Feind habe hinterlistig ihm das Kleinod seines Herzens entführt. Deshalb griff er zum Pilgerstabe und durchwanderte, sein Annerl suchend, schier das ganze Abendland. Drei Jahre waren so vergangen, als er eines Tages in einem wälschen Städtlein ankam. Da beschloß er zu rasten und seine Schuhe ausbessern zu lassen, die ihm von den rauhen Alpensteigen zerrissen worden waren. Er trat in den nächsten Laden; aber wie war ihm zu Muthe, als er in dem Schusterlein, das drinnen rührig den Kneif handhabte, seinen Edelknecht Günther erkannte, und in dem einen Säugling stillenden Weibe sein lang gesuchtes Annerl! Jetzt erst ward er den ungeheuren Verrath inne. Im gerechten Zorne wollte er das schändliche Paar mit dem Stocke niederschmettern; doch schnell besann er sich eines Bessern und ging, Rache gegen die Treulosen unter seiner Würde haltend, schweigend, unerkannt von dannen. Nach seiner Heimkunft gründete er das Chorherrenstift zu Vilshofen und schrieb unter den Schenkungsbrief:

Ein Gamsel auf dem Stain
lockt mich in Wald hinein,
zwei Hund' an ain Bain;
ich Tuschl bleib allain.

Auch seine Waffen und Hausgeräthe ließ er mit der Aufschrift ›Allein‹ bezeichnen.

Eine Variante dieser Sage gibt an, Tuschl habe sein Weib Untreuen halber lebendig einmauern lassen, ein Schuster aber aus Mitleid sich unterirdisch zu ihr durchgegraben und sie hervorgeholt, worauf beide, Befreier und Befreite, vor dem Zorne des Ritters nach Wälschland entwichen.

Der Passauer Tölpel

So heißt ein nichts sagendes Bruchstück einer Statue – ein überaus großer, aus grobem Stein gehauener Mannskopf, mit lächelnder Miene, etwas zerbrochener Nase, hoher Stirne und kurzem Hals, das Haupthaar geschoren, und nur mit einer Haarkrone versehen, wie es bei dem Dominikaner-Orden gewöhnlich war. Seine Höhe vom Kinn bis zur Scheitel beträgt 4 Schuh, seine Breite 3 Schuh. An Gewicht hielt dieser abentheuerliche Kopf ursprünglich 11 Zentner; um ihn jedoch bei seiner Transferirung leichter befestigen zu können, fand man für gut, rückwärts 3 Zentner herauszumeißeln. Er war noch zu Anfang der zweiten Hälfte des verflossenen Jahrhunderts an einer Brandstätte (dem gegenwärtigen Landgerichtsgarten in Passau) eingemauert.

Wegen indecenter Mißbräuche, von losen Studenten gegen einen Haufen andächtigen Landvolkes verübt, ward endlich der Kopf aus seiner alten Stelle ausgehoben, und dem bürgerlichen Weißbierwirth Philipp Saurer auf dessen Ansuchen geschenkt. Dieser ließ das sonderbare Haupt mit eisernen Klammern an der Mauer seiner Trinkstube befestigen, und dort den Fremdlingen zeigen. Der nachherige Eigenthümer der Bierschenke aber, der seine Wirthsgerechtigkeit in ein zunächst gelegenes Haus überpflanzte, ließ nun auch im Jahre 1828 den Passauertölpel transferiren, und an der Mauer seines anstoßenden hübschen Gärtchens so befestigen, daß er den Beschauenden schon beim Eintritt in das Gärtchen auf ganz eigene Weise entgegen lächelt. Und daselbst stehet der monströse Kopf noch gegenwärtig.

Über das Herkommen dieses sonderbaren Kopfes sagen neueste Berichte Folgendes aus: Als am 27. April 1662 Passau durch eine furchtbare Feuersbrunst beinahe ganz in Schutt gelegt wurde, ward auch die alte Domkirche, ein hohes, prächtiges Gebäude, an den Zinnen der Mauern mit großen steinernen Statuen geziert, welche die Kirchenpatronen, nämlich den hl. Stephan, Maximilian und Valentin vorstellten, ein Raub der Flammen. Mit dem Einsturze der Kirchen-Mauern stürzten also auch jene Statuen zur Erde, und wurden so sehr zerschmettert, daß nur von der Bildsäule des hl. Stephan der Kopf ganz blieb.

Zum Gedächtnisse der gräßlichen Feuersbrunst und als ein Überbleibsel der uralten Domkirche ward nun jenes Haupt an der Brandstätte-Mauer eingeheftet. Daher also die nach Art der Dominikaner geschorne Haarkrone, die Verletzungen der Statue an der Nase – die deutlichste Spur des Heruntersturzes. Den Namen Tölpel erhielt dieß Haupt erst in späterer Zeit wegen seiner übermäßigen Größe, die, so lange die Statue auf den Zinnen des alten Domes stand, Niemanden auffallen konnte.

Die lose Welt aber wollte immer die Meinung verbreiten, als sei der Passauer-Tölpel ein Schandflecken der Passauer, so wie man diesen in frühern Zeiten ihr Stadtwappen – einen geschundenen Wolf, auf verschiedene Weise zur Last zu legen suchte. So kam es denn, daß die Passauer, wenn sie in die Fremde kamen, mancherlei Neckereien wegen des berüchtigten Tölpels erdulden mußten. Auf der andern Seite aber wußten die Passauer die Neckereien recht gut zu erwidern.

Waren sie nämlich im Auslande den Vexationen blos gestellt, so gaben sie vor, sie hätten die wahre Abbildung des Tölpels bei sich, und ließen denn die Neugierigen in einen Spiegel schauen, um das wahre Conterfei des Tölpels zu betrachten. In der eigenen Stadt führten sie blöde Fremde, die den Tölpel zu sehen wünschten, zu einem großen Rohrbrunnen, um im Spiegel des Wassers das eigene Bild zu schauen.

Die Passauer Kunst

Ein Student, Christian Elsenreiter genannt, versuchte zu Anfang des siebzehnten Jahrhunderts in der Stadt Passau in einem Gäßchen, rückwärts dem Rathhause, wo er sich aufhielt, durch Verfertigung von Zauberzeddeln, die gegen alle Verwundungen schützen sollten, Ansehen und Reichthümer zu erlangen. Es waren auf den Zeddeln diese Worte zu lesen: Teufel hilf mir; Leib und Seel' geb ich Dir. Wer sich vor jeder Kugel, Lanze und Schwert sicher stellen wollte, verschluckte einen solchen Zeddel, und seine Existenz war auf Lebenszeit geschirmt. Starb er aber in den ersten 24 Stunden nach der Verschluckung, so gehörte seine Seele dem bösen Feinde an. Die Vorurtheile des Zeitalters kamen dem Erfinder günstig zu Guten; in kurzer Zeit war diese Kunst unter dem Namen »Passauer-Kunst« und die Benennung »Passauer-Zeddel« allgemein bekannt. Im dreißigjährigen Kriege, und besonders im oberösterreichischen Bauernkriege unter Kaiser Ferdinands II. Regierung, bedienten sich sehr viele Soldaten und Bauern dieses Mittels, und selbst der in der Geschichte bekannte Stephan Fädinger soll fest an die Unverletzbarkeit seines Körpers geglaubt haben.

Der Passauer Stadtbrand von 1662

Wahrhaft und wohl denkwürdige Begebenheit, welche sich bey der großen Feuersbrunst zu Passau zugetragen hat den 27. April anno 1662.

An obbemeltem Tag, als einem Donnerstag, erschiene vor einem damals gehaltenen Stadt-Rath, ein armes Weib, welche um Einnehmung in das bürgerliche Spital angehalten hat; dieweilen aber solches mit armen Leuten schon angefüllt war, ist diese Weibsperson ab- und zu Geduld verwiesen worden, welcher Umstand hernach bey Vielen großes Nachdenken verursachet hat.

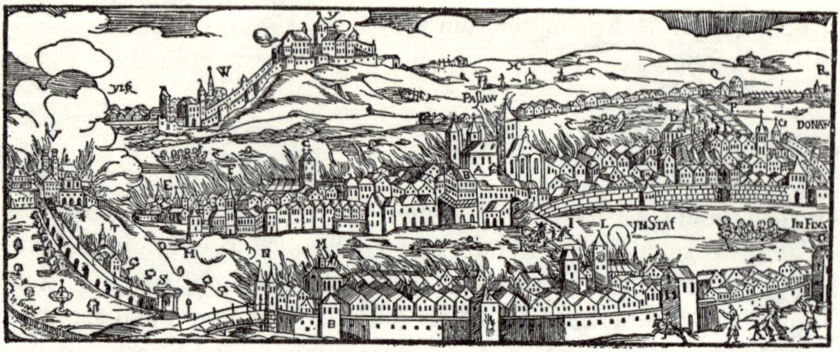

Brand der Stadt Passau 1662. Holzschnitt von Joh. Isaac. München, Staatsbibliothek

Selbigen Tag Nachmittag zwischen 1 und 2 Uhr, bey hell und heißen Sonnenschein, niemand weiß wie, ist in der Mehlkammer des St. Johannis-Spital das Feuer aufgegangen, welches gleich, mit urplötzlich groß entstandenen Wind, das Bruderhaus und die daran stoßenden Häuser, bis an das finstere Gewölb ergriffen hat: wobey ich bis in das vierte Haus retten und löschen geholfen habe.
Das Denkwürdigste unter allen ist: daß, als der geweste Kloster Niedernburgische Schulmeister und Meßner, Lechner genannt, in dieser Feuersnoth und da allschon die Feuerflammen durch die Gewölblöcher, und Fenster häuffig hinein gefallen seyndt, derselbe sich zu dem alldortigen Gnadenbild Maria Schutz im vollen Vertrauen begeben, und die allerseeligste Jungfrau angeredet hat. O heilige Mutter Gottes! beschütze mich und dich. Sowohl das Gnadenbild selbst, als auch er wunderbarlich erhalten worden seye.

5. Bayerischer und Oberpfälzer Wald

Der alte Böhmerwald

Drei Kohlenbrenner bauten sich tief drin im hintersten Wald einen Meiler. Wie die Sonne verging und die Tannen schwarz wurden, legten sich die drei hin, so daß sie die Köpfe beisammen auf einem Moossack liegen hatten und die Füße nach drei Seiten hin reckten. Wie sie schliefen, schlich ein buckliges, halb verblindetes Moosweibel daher; es stieg über die sechs Beine und tappte im Finstern nach dem Moossack. Da krauste sie die Stirn und meinte: »Hm hm, sechs Füße und nur ein Kopf! Jetzt denk ich den Böhmerwald schon neunmal Wald und neunmal Wiese und Wald, aber so was hab ich noch nit gesehen. Da muß ich gleich heim und es der Großmutter erzählen, die ist neunmal so alt wie ich.«

Die Pest im Bayerischen Wald

Einmal kam ein ganz schwarz angezogener Mann zur Heininger Überfuhr und sagte zum Fährmann »Nimm die Platt'n!« – »Bist ja allein«, sagte der Fährmann. – Sagte der Andere: »Es kommen noch mehr; fahr nur ab!« – Während des Überfahrens ist nun die Platten allmählich immer schwerer worden, so daß sie der Mann kaum über die Donau mehr hat rudern können, und ist auch fast bis an den Rand ins Wasser gesunken. Am andern Ufer hat der Fremde dem Fährmann ein Geldstück gegeben, aber der hat es sich nicht nehmen getraut, ein Schauer hat ihn angepackt und er ist schleunigst heimgerudert. Denn der, den er übergefahren hat, das war der Tod selbst. Und von dieser Stunde an ist in dieser Gegend von der Donau weg bis weit hinein in den Bayerischen Wald ein großes Sterben ausgebrochen, die Pest, und hat alle Leute bis auf drei fortgeholt. In Hutturn ist nur Einer übriggeblieben; der kam dem Tod, der schon immer auf ihn gepaßt hat, durch seine Schlauheit aus. Wenn er nämlich fortging, ist er verkehrt zur Haustür rausgegangen und ebenso umgekehrt, wenn er heimging. So wußte der Tod nie, wann er daheim war. Dies große Sterben war in viel früherer Zeit. Alles war damals so verödet, daß die Brennesseln bei den Fenstern hineingewachsen sind. Dann kam ein Mann aus Ungarn mit einem schwarzen Pferd und einem schwarzen Wagen, der schaffte die Toten fort und begrub sie, öffnete überall Türen und Fenster und brachte alles wieder in Ordnung. Dann zogen auch wieder Leute ein.

Schloß Weißenstein

Die Burgruine Weißenstein liegt auf einem weiß glänzenden Quarzfelsen und soll davon ihren Namen haben. Von dieser Burg, sagen die Leute, gehen drei unterirdische Gänge aus, einer südlich nach den Hollaberg (Steuerblatt N. O. XXXIX. 49 Hollenberg), angeblich ein Hügel mit Höhlen, der zweite westlich von Weißenstein nach dem eine halbe Stunde entfernten Schlossau, der dritte nach Regen. In diesem Schlosse Weißenstein hausten in früheren Zeiten drei Fräulein. Auf dem Weißenstein, weiß eine andere Sage, wohnte ein Graf, dessen Gattin sieben Knaben auf einmal gebar. Die Weisfrau (Name der Geburtshelferin in dieser Gegend, oder einer alten erfahrnen Frau, die man zu Geburten zieht, wenn auch eine Amme dabei ist) nahm die sieben Knaben in ihr Fürtuch, um sie auf Befehl ihrer Herrin in dem Regenfluß zu ersäufen. Der Graf, welcher von einer Fehde zurückkehrte, begegnete

Schloß Weißenstein. Federzeichnung aus: Der Bayerwald, geschildert und illustriert von Heinrich Reder. Regensburg 1861

der Weisfrau, und fragte, was sie in dem Fürtuch habe? Sie sagte, der Schloßhund habe sieben Junge geworfen, welche sie nun auf Befehl der Schloßfrau ertränken wolle. Der Graf forderte sie auf die Hunde zu zeigen; erschrocken legte die Weisfrau das Fürtuch ab und wollte entfliehen. Da gewahrte der Graf die sieben Knaben, befahl der Weisfrau zu bleiben, und nahm sie sammt den Kindern mit sich nach dem Kloster Rinnach. Dort im Verborgenen ließ er die Knaben in ritterlichen Übungen erziehen. Als sie groß waren, veranstaltete er ein Gastmahl auf seinem Schlosse, wo seine sieben Söhne zugegen waren. Die Gräfin fand an ihnen so großen Wohlgefallen, daß sie sich nicht satt an ihnen sehen konnte. Da fragte sie der Graf, was der Mutter geschehen solle, die solche sieben eigene Söhne umbringen wollte? Die Schloßfrau erwiderte: Die sollte lebendig durch vier Ochsen zerrissen werden. Nun, sagte der Graf, das soll dir geschehen! denn diese sind deine Söhne, die du einst ertränken wolltest.

Die Ritter von Lichtenegg

Das Volk erzählt, die Ritter von Lichtenegg und vom Hohenbogen seien lange Jahre gegen einander in Fehde gewesen. Endlich stellte sich der Lichtenegger an, als sei er des Haders müde, und wußte durch gleißnerische Botschaften seinen Gegner und dessen Söhne dahin zu bringen, daß sie zu einem Sühnversuche auf seinem Schlosse einritten. Hier bewirthete er sie auf's Köstlichste, aber während sie, keines Argen sich versehend, dem Weine ihres falschen Gastwirthes wacker zusprachen, ließ dieser verrätherischer Weise durch seine Leute die ihrer besten Vertheidiger beraubte Burg Hohenbogen ersteigen und in Brand stecken. Als die Flammen thurmhoch aufloderten, führte er seine Gäste schadenfroh an's Fenster und warf dann die hinterlistig Getäuschten in das Burgverlies.

Nach einer andern Sage schreitet allnächtlich zur Geisterstunde das Burgfräulein in weißem Sterbekleide aus dem verfallenen Thore hervor, steigt in den Graben hinab und läßt sich auf einer bemoosten Steinplatte am Fuße des Thurmes nieder. Dort sitzt sie, bis der Hahn kräht, und kämmt mit einem funkelnden Goldkamme ihr langes schwarzes Haar. Als sie noch leiblich auf Erden weilte, knüpfte die Ärmste ohne Wissen der Ihrigen mit dem böhmischen Ritter Wranko, einem Hussiten, zarte Bande an. Darüber traf sie der Fluch der strenggläubigen Eltern, und sie stürzte sich im Wahnsinne vom Thurme herab.

Eine dritte Sage weiß von einem Schatze zu berichten, der lange Jahrhunderte im Burgkeller vergraben lag und von einem großen schwarzen Hunde mit feurigen Augen bewacht wurde. Ihn erhoben die Jesuiten von Klattau in Böhmen, indem sie den Teufel bannten und ihn zwangen, die Geldtruhe auf einer Schleife bis in ihr Kloster zu ziehen. Ja, die Jesuiten! was vermögen die nicht Alles?

Der Hohenbogen bei Kötzting

Der mächtige Nachbar Lichtenegg's, der Hohenbogen, steigt isolirt und wahrhaft majestätisch aus den breiten Thälern empor, welche die Gewässer des weißen Regen, der Chamb und der Freibach durchfluthen. Seine Höhe beträgt 3334', seine Länge im Striche von Nordwest gegen Südost anderthalb Stunden. Der Berg ist vom Fuße bis zum Gipfel dicht bewaldet und darum ein trefflicher Gewitterableiter für die ganze Umgegend. Auch als Wetterprophet dient er dieser, denn wenn er eine Nebelkappe aufsetzt, erfolgt Regen.

Die vielen kleineren Bergkuppen (hier zu Lande ›Riegel‹ genannt), welche auf dem breiten Rücken des Hohenbogen auflagern, werden alle von den beiden Hauptgipfeln, dem Burgstall und Hohenstein beherrscht. Letzterer, östlich vom Burgstall sich erhebend und aus spitz zulaufenden, kahlen Felsblöcken gebildet, wird nur hie und da von einem Jäger besucht, der dem edlen Federwilde nachgeht bis auf die einsame Höhe. Der Burgstall, in Form eines oben abgeplatteten Kegels an der Westseite des Hohenbogen hervorragend, ist der eigentliche Zielpunkt der Bergwanderer. Man überschaut von hier aus das ganze Chamberich und den größten Theil der Grafschaft Bogen, deren Hochwarte dieser Berggipfel bildet, dann das Böhmerland bis zum weißen Berge bei Prag hin. Die Aussicht gegen die Oberpfalz ist durch die dem Hohenbogen nordwestlich gegenüberstehende Hochwaldung Oed beeinträchtigt, und im Südosten reicht der Blick nicht über die gewaltigen Massen des Osser und Arber hinaus.

Die länglichrunde Platte des Burgstalls zeigt sich bei näherer Betrachtung als ein zum Theil künstlicher Aufwurf, umgeben von den deutlichen Spuren eines ehemaligen Wallgrabens. Vor sechzig Jahren sah man auch noch die Quadern einer Grundmauer und einen Kellerhals samt der Stiege. Letzterer wurde verschüttet, als man jene Quadern ausgrub, um sie zum Baue des Wirthshauses in Schwarzenberg zu verwenden. Die mit diesem Zerstörungswerke beauftragten Arbeiter fanden auch ein Ritterschwert und einen steinernen Grand, welcher jetzt im Garten der Franziskaner zu Neukirchen steht. Fragen wir die Geschichte, wer den kühnen Gedanken gefaßt, in solch ungewöhnlich hoher Lage einen Burgbau zu beginnen, so nennt sie uns Albert den Dritten von Bogen, welcher um 1190 den Grund hiezu legte. Die Klöster Ober- und Niederaltaich, deren Schirmvogt der Graf war, wurden von ihm dieses Baues wegen mit schweren Steuern belegt, worüber die Äbte große Klage erhoben. Als dieser unruhige Dynast wegen der Kriegsfurie, die er 1193 in Bayern entzündet, vom Kaiser nach Apulien verwiesen ward, gerieth das Werk gänzlich in's Stocken und scheint auch später nicht mehr fortgeführt worden zu seyn, so daß die Veste Hohenbogen eigentlich schon von ihrem Entstehen her Ruine ist. Albert's schöne Wittwe, Ludmilla, welche sechs Jahre nach des Grafen Tode Herzog Ludwig von Bayern als Gemahlin heimführte, vermachte 1232 ihre fünf am Fuße des Hohenbogen liegenden Maierhöfe (Lemming, Schwarzenberg, Ritzenried, Ober- und Unterfastern) dem von ihr gestifteten Nonnenkloster Seligenthal bei Landshut. Die Bewohner dieser nunmehr zu Dorfschaften erwachsenen Höfe hießen von da an die ›Seligenthaler Bauern‹.

Die Nachbarschaft der Städte Furth und Chamm und anderer bevölkerter Ortschaften macht, daß der Burgstall zu den besuchtesten Hochgipfeln des Bayerwaldes gehört. Am Lebhaftesten ging es wohl hier oben bei der Anwesenheit des Grafen Czernin aus Böhmen zu. Es war in den Jahren 1803 oder 4, und ältere Leute erzählen noch heute von dieser lustigen Bergfahrt. Der joviale Herr hatte viele Gäste mit sich herauf genommen und eine zahlreiche Dienerschaft, welche Wein und Eßwaren im Überflusse nachschleppte. Auch die Musikbande der Landwehr von Furth hatte den Zug mitgemacht. Als nun die große Trommel auf dem Burgstalle zu spielen anfing und weithin das Echo in den Felsen und Thalschluchten weckte, geriethen die Bauern der ganzen Umgegend in Aufruhr und rannten mit Pickeln und Schaufeln bewaffnet herzu. Sie meinten der Schatz auf dem Hohenbogen sei ›rebellisch‹ geworden, und keiner wollte der Letzte seyn, sich seinen Antheil zu holen.

Der Schatz vom Hohenbogen

Bei Kötzting in Niederbayern liegt der Burgstall, ein altes verfallenes Schloß. Als in der zwölften Stunde nachts ein junger Hirt von zwanzig Jahren auf dem Gemäuer herumkletterte, seine entlaufene Kuh zu suchen, stand eine schöne blasse Frau in weissem Gewande vor ihm. Sie winkte mit Trauer im Blick, ihr zu nahen. »Fürchte dich nicht«, sprach sie, »du kannst mich erlösen, weil du noch unschuldig bist. Kehre nach acht Tagen zu dieser Stunde hieher zurück; du wirst einen Brunnen, mit geschmolzenem Gold gefüllt, finden, welchen ein Drache, der auch mich gefangen hält, bewacht. Laß dich durch nichts schrecken, greife beherzt in den Brunnen und ich werde erlöst sein. Erlösest du mich nicht, so bin ich noch so lange verwünscht, bis aus diesem kleinen Birkenreis ein Baum geworden ist, aus dem Baume Bretter geschnitten sein werden, aus den Brettern eine Wiege gezimmert, in der Wiege ein Knabe gewiegt und dieser zum Jüngling von zwanzig Jahren herangewachsen sein wird.« Nun verschwand sie. Zitternd eilte der Hirt in seine Hütte, aber entschlossen, die Jungfrau zu erlösen. Die Zwischenzeit brachte er im Gebet zu, und stieg zur bestimmten Stunde auf den Burgstall. Von weitem schon krächzten ihm Warnungsstimmen entgegen, in welche sich das Zischen der Schlangen und Gebell der Hunde mischten; immer langsamer näherte er sich dem grauenvollen Ort. Da erblickte er den von Gold überströmenden Brunnen, dabei den scheußlichen Drachen, welcher seine Krallen nach ihm ausstreckte und ihn zu verschlingen drohte. Es graute dem Hirten, doch hatte er noch den Muth mit abgewendetem Gesicht die Hand nach dem Brunnen auszustrecken. Aber nun spie der Drache Feuer und Flammen, und der Hirt floh den Berg hinab.

Die Geiß vom Hohenbogen

Eine andere Sage erinnert durch ihre Übertreibungen an die irischen Bull's. Sie erzählt nämlich von einer Geiß, welche zu Olim's Zeiten auf dem Hohenbogen weidete und so ungeheuer groß war, daß ihr Rücken die Wipfel der höchsten Bäume überragte. Tag für Tag fraß das Unthier zwei Morgen Landes ab. Einmal schlief es am Rande eines Hohlweges und ließ seine strotzenden Euter über diesen herabhängen. Ein Holzwagen, der aus dem Hochwalde herabkam, rieß ihm im Vorüberfahren eine Zitze weg, und aus der Wunde ergoß sich ein Wolkenbruch von Milch, welcher sieben Dörfer am Fuße des Berges hinwegschwemmte. Das war das erste und letzte Mal, daß stromweise Milch geflossen ist im gelobten Lande Bayerwald.

Der Baumläuferbub

Ein jeder hat ihn gekannt und gefürchtet, weil er ein teuflisches Kind, ein Wechselbalg gewesen ist. Wenn man ihn um Tabak nach Hohenau geschickt hat und dachte, er könnte jetzt beim Weiher, gerade außerhalb des Dorfes sein, da war er mit dem Tabak schon wieder da. Es ist aber nicht zum Sagen, was er den Leuten für Schaden gemacht hat. Deshalb hätten sie ihn gern hingemacht, aber es hat ihn kein Mensch erwischt. Wenn er mit dem Fuß ein grünes Pflänzlein Moos hat berühren können, ist er verschwunden gewesen. Wurde es ihm im Sommer bei der Arbeit zu heiß, dann sagte er: »Ich mein', es regnet bald ein wenig«, – hat im Boden ein Löchlein gemacht, ein paar Halme darüber gelegt, seine G'schichten gemacht, und in einer halben Stunde hat es nur so geschüttet. – Mit einem einzigen Sonnenstrahl hat er ein Haus anzünden können. Den Hohenauern und den Grünbachern hat er das ganze Getreide verhageln wollen. Aber die Hohenauer haben mit ihrer hochgeweihten Glocke so geläutet, daß sie fast zersprungen wär'. Die hat das Wetter auseinandergetrieben. Da hat der Baumläuferbub einen schweren Fluch getan und hat gesagt: »Der Hohenauer Stier hat mich heruntergeworfen.« – Wie es nicht mehr zum Aushalten gewesen ist, haben sie ihn halt doch einmal erwischt, auf einen Scheiterhaufen geworfen und verbrannt.

Der Teufel als Liebhaber

Da unten, in dem Häusel, da ist eine Weibsperson drin gewesen, zu der ist jede Nacht ›der Kooperator‹ von Konzell aufs Kammerfenster gekommen. Da ist sie dann auch einmal in den Pfarrhof gegangen und hat in den Büchern des Kooperators herumgekramt. Der Kooperator hat sich gewundert und sie gefragt: »Was tust denn da?« Sie antwortete: »Hast es mir doch erlaubt, daß ich einmal zu dir kommen darf.« – In der Zeit ist wieder einmal Gesellschaftstag gewesen und die geistlichen Herren von Rattenberg, Altrandsberg und Konzell sind im Gasthaus in der Wies zusammengekommen. Bei der Gelegenheit hat der Kooperator die Geschichte erzählt. Da sagt der Pfarrer Lechner, der ist 1825–50 da gewesen: »Den kriegen wir schon!« So sind sie alle zusammen in die Kapelle dort hinauf, haben das Weiberts auch dazugeholt und haben gebetet. Da ist Er gekommen und hat gesagt: »So komm ich!« – Da hat der Pfarrer Lechner gesagt: »So mußt kommen, wie du zu der Resl gekommen bist!« – Und wieder ist er gekommen und hat gesagt: »So komm ich!«, und wieder hat der Pfarrer Lechner gesagt: »So mußt kommen, wie du zu der Resl kommen bist!« –

Da ist er auf einem Schimmel geritten kommen, und wenn sie den Kooperator nicht zwischen sich gehabt hätten, hätten sie gemeint, er ist es. – Jetzt hat der Pfarrer Lechner gegen ihn zu beten begonnen. Da sagt der Teufel: »Du hast keine Macht über mich, hast auch schon einen Sechser gestohlen.« – »Ja, aber zu einem guten Zweck angewendet, hab studiert davon, hab mir Stahlfedern gekauft.« Etwas anderes konnte ihm der Teufel nicht vorwerfen und ist davon. Und so gestunken soll da haben.

Der Stilzl

Der junge Roßhirt Stelzl von Warzenried wollte abends seine Pferde heimtreiben. Auf der Trad angekommen, überzählte er die Herde mehrere Male. Immer war eins zu wenig, denn er vergaß das Pferd, auf dem er ritt, mitzuzählen. Fürchterlich fluchend sprang er vom Pferde, band sich die lange Peitsche um den Leib und lief den steinigen Weg zurück, das verloren geglaubte Tier zu suchen. Auf der Großen Eben begegnete er dem Wolßengirgl, der vom Holzhauen heimging. Der fragte ihn, wo er denn noch hin wolle. Der Teufel solle ihn holen, erwiderte der Stelzl, er habe den Brosigoglfuchsen verloren, wenn ihn nicht die böhmischen Räuber genommen hätten. Das könnte wohl möglich sein, antwortete der Wolßengirgl, denn der Hiesl mit seiner Bande sei ja wieder unterwegs. – Der Stelzl lief nun durch die Wälder, immer »ihaha-ihaha« rufend. Der Wolßengirgl aber sah die Pferde ruhig nach Hause gehen, auch der Brosigoglfuchs war dabei. – Als am anderen Morgen der Hans nirgends zu finden war, ergriff der alte Stelzl-Peter, sein Vater, selbst einen Stecken, um die Pferde zu hüten. Schon war er mit ihnen auf der Trad angelangt, als der Wolßengirgl, der schon frühzeitig zum Holzhauen gegangen war, in vollem Laufe aus dem Walde zurückkam. »Verschrick net, Peter«, sagte er, »geh ein bißl den Weihelweg hinein, dann siehst du etwas!« – Der Peter erschrak sehr, folgte dem Wolßengirgl und sah nun den Hans an einer Föhre hängen, ganz schwarz im Gesicht und tot. Er hatte sich an seiner Peitsche aufgehängt. Der Schinder schnitt ihn ab, verscharrte ihn an Ort und Stelle und ein Fuhre Steine wurde darübergehäuft. Die Waldung und die anliegenden Äcker heißen heute noch »beim Stelzlacker«. – Seitdem geht der Stelzl, oder Stilzl, wie man ihn jetzt meist nennt, um. Schon von weitem hört man ihn seine Pferde zählen. Er neckt die Leute und hockt ihnen auf, ahmt das Brüllen einer Rinderherde nach und lockt damit die Zöllner in den Sumpf. Den Schwärzern hilft er, und wenn jemand ruft: »Gehängter, komm und hilf!«, so kommt er und hilft im Nu. Zwei schlafenden Räubern hat er einmal die Bärte zusammengebunden, so daß jeder meinte, der andere zerre ihn daran. Sie kamen ins Raufen und rissen sich dabei gegenseitig die Bärte aus. Einen faulen Mühlknecht drehte er mit dem Mühlrad mehrere Male durchs Wasser, trug ihn dann in seine Kammer und warf ihn aufs Bett. Die Saumühle zwischen Plöß und Heuhof soll er auf dem Buckel dorthin getragen haben. Er muß bis zum Jüngsten Tag büßen, oder so lange, bis ein Mädchen genug für ihn gebetet hat.

Das Gelöbnis

In Riedl oben hat einer ein schweres Gelöbnis getan: Er hat einen Baum gepflanzt, der hat groß werden müssen, danach sind davon Bretter geschnitten worden, aus denen haben sie eine Wiege machen müssen. Und das Kind, das da herausgewiegt worden ist, mußte Geistlicher werden. Der ist aber, kaum daß er ausgeweiht war, gestorben.

Der Schimmel ohne Kopf

Vom alten Schloß zu Furth im Wald erkennt man heute nur noch den ›Lärmenturm‹, auf dem der Wächter Lärm schlug, wenn sich ein Feind der Stadt näherte. Dieser Turm barg in seinem Erdgeschosse ein Verließ, zu welchem keine ordentliche Türe führte, sondern nur eine runde Öffnung an der Stelle des Schlußsteins des Gewölbes. Da unten wurden die Verurteilten dem Hungertode überlassen. Ein gefangener böhmischer Raubritter, dem dieses Schicksal bevorstand, konnte sich im letzten Augenblick den Händen der Schergen entwinden und sprang auf seinen Schimmel, der im Burghofe graste. Aber die Wächter am Tore ließen schnell das Fallgatter herunter, das durch seine Wucht dem Pferde des Flüchtenden den Kopf abschlug. So mußte der Ritter doch den Hungertod erleiden. Seitdem kommt der blutende Schimmel ohne Kopf zu Mitternacht in der Nähe des Grabens aus dem Boden hervor, geht langsamen Schrittes, als würde er einer Bahre nachgeführt, über den Marktplatz der Stadt und die anstoßende Gasse entlang zum Tore hinaus, durchwandert die ganze Vorstadt und verschwindet endlich in der sogen. ›Draht‹ ebenso unbegreiflich wie er hervorgekommen, in der Erde. Vor ungefähr 100 Jahren soll auch der Reiter noch im Sattel gesessen haben, aber es scheint, daß dieser durch das Gebet mitleidiger Seelen inzwischen vom Banne erlöst worden ist, denn heutzutage sieht man nur mehr das Roß allein.

Der Ritt des Further Stadtschreibers

Lange Zeit hat sich im Munde des Volkes die Überlieferung von den mancherlei gefährlichen Kämpfen mit Bären und Wölfen, welche die alten Jäger bestanden, so wie die Kunde von einem schlimmen Ritte erhalten, den vor etwa hundert Jahren der Stadtschreiber Lanner von Furth auf einem Hirschen gethan. Der Genannte hatte auf einer Jagd in Daberg, an welcher mit ihm mehrere Bürger Antheil nahmen, einen Hirschen erlegt und in übermüthiger Waidmannslust sich auf den Rücken des vermeinthlich todt daliegenden Wildes gesetzt. Plötzlich aber sprang dieses auf die Läufe, warf den Kopf zurück und preßte mit seinen Geweihen den Stadtschreiber so fest an sich, daß dieser sich nicht mehr losmachen konnte. Und nun ging's im windschnellen Laufe dem nahen Dickichte zu. Erreichte der Hirsch dieses, so war Lanner verloren; die spießigen Äste des Unterholzes rissen ihm das Fleisch vom Leibe. Da schlug einer der Jagdgefährten, ein entschlossener

Mann und sicherer Schütze, seine Büchse an und brannte in Gottes Namen auf Tod und Leben los. Der Hirsch, jetzt tödtlich getroffen, brach zusammen, und der Stadtschreiber war gerettet. Dieser, wenn er sein Abenteuer erzählte, versicherte stets, daß er beim Niederstürzen des Hirschen eine Erschütterung in allen Gliedern gefühlt habe, als seyen Himmel und Erde auf ihn gefallen.

Der Ritter von Chammerau

Die Chammerauer waren ein sehr altes und angesehenes Edelgeschlecht. Ein Purchart de Chamerave kommt bereits in einer Urkunde von 1184 vor. Die Familie besaß außer Chammerau die Veste Haidstein, Chammeregg, Runding, Marienkirchen, Welchenberg, Viehhausen und Neuhaus bei Schärding. Zu Chammünster hatte sie ihre eigene Begräbnißkapelle. Im Glanzpunkte ihrer Macht standen die Chammerauer zur Zeit Herzog Albrecht's von Straubing-Holland. Damals hatten sie die höchsten Ämter im Niederland Bayern inne; Peter Chammerauer war Kammermeister, Heinrich Hauptmann in Bayern, Ulrich Vizedom, Friedrich Ritterhofmeister. In ihrer einflußreichen Stellung wußten sie vom Landesfürsten und den Gotteshäusern viele Lehen und Pfandschaften an sich zu bringen. Sie mochten aber in der Rechnungsablage und mit den ihnen zur Verwahrung anvertrauten Kleinodien nicht auf's Gewissenhafteste verfahren seyn, denn um 1360 entstand dieser Dinge wegen große Irrung zwischen ihnen und dem Herzoge. Der Streit nahm einen für sie ungünstigen Ausgang, und die vier Brüder mußten alle Güter und Lehen, welche sie von Bayern besaßen, mit alleiniger Ausnahme des Haidstein, wieder herausgeben. Im 15. Jahrhunderte trieben die Chammerauer mit den Sattelbogern argen Unfug durch Freibeuterei und Weglagerung, so daß die Straßen im Bayerwalde sehr unsicher wurden. Herzog Albrecht III. ließ das Aufgebot gegen die Räuber ergehen und elf derselben im Jahre 1446 zu Straubing hinrichten. Darunter waren zwei Chammerauer. Eine dunkle Erinnerung an das gewaltthätige und gesetzlose Wesen dieser Junker hat sich bis zu unsern Tagen im Volke erhalten und spricht sich in der Sage vom »versteinerten Ritter« aus, die in folgender Weise erzählt wird:

Der Ritter von Chammerau hatte sein Auge auf die schöne Tochter eines Müllers im Regenthale geworfen, fand aber bei der sittsamen Maid kein williges Gehör. Eines Tages, als er in gewohnter Weise von seiner Veste auf Raub auszog, überraschte er die Jungfrau auf der Wiese ihres Vaters, wo sie das Linnen bleichte. Straks faßte er den Entschluß, mit Gewalt zu nehmen, was ihm nicht in Gutem gegeben wurde, und lenkte sein Roß vom Wege ab auf den Grasplatz hin. Das Mädchen aber merkte noch zeitig genug des Ritters bösliche Absicht und suchte sich durch die Flucht zu retten. Wie ein gescheuchtes Reh lief es über die Fluren hin – nicht lange jedoch, so stand es an dem Ufer des Regen, über welchen an jener Stelle weder Brücke noch Steg führt. Vor ihr der Tod im Flusse, hinter ihr Entehrung und Schande – die Wahl war kurz, denn schon sprengte der Ritter mit seinem Knappentrosse näher und immer näher heran. Mit dem Rufe: »Gott gnade meiner Seele!« stürzte sich die Jungfrau in die Fluthen. Diese waren barmherziger als die Menschen und trugen sie nach einer Untiefe hin, wo sie festen Fuß fassen konnte. Noch aber war sie nicht gerettet, denn der Verfolger setzte ihr auch in den Fluß nach, und bald hörte sie dicht hinter sich das Schnauben der Rosse und das Hohngelächter der wilden Schar. Mit einem Male aber war Alles still, und als die Jungfrau sich umwendete, sah sie weder Ritter noch Knappen mehr, wohl aber eine lange Reihe ungestalter Felsblöcke, die vom Ufer bis über die Mitte des Flusses sich erstreckte. Die Hand Gottes hatte strafend den Wüstling und seine Helfershelfer erreicht. Die Steine liegen noch heute im Regen und man sieht sie, wenn man von Chammerau nach Roßbach hinunter geht.
Der letzte Chammerauer, welcher auf der Burg seiner Väter saß, war Herr Peter. Er hatte so übel gewirthschaftet, daß nach seinem im Jahre 1452 erfolgten Tode die Gläubiger auf seine Güter Beschlag legten. Chammerau erwarb 1474 durch die Ehlichung einer Tochter des Hauses, Beatrix, der Ritter Hans Türlinger. Dieser verkaufte das Schloß 1495 an den Herzog Albrecht IV. Um das

Jahr 1500 kam es durch Belehnung an die Hund. Der Stamm der Chammerauer pflanzte sich bis zu Anfang des 18. Jahrhunderts fort.

Schloß Wolfstein

Die fortgesetzten jenseits der Donau sich hinanstufenden Äste des böhmischen Gebirges bilden den Bayerischen Wald. Sie sind Urgebirge, zeigen Spuren früherer Vulkane und wechseln mit Granit, Quarz, Glimmer und Eisenstein ab. Auf den höchsten unfruchtbaren Berggipfeln liegt der Schnee einen großen Theil des Sommers. Noch vor einem Menschenalter hatte der Bayerische Wald große von der dünnen Bevölkerung unbenützte Strecken. Da lagen durcheinander Bäume seltener Größe, durch Sturm, oder Alter gebrochen. Dem Unkundigen schienen sie stark genug, um darüber seinen Weg fortsetzen zu können, aber sie waren nur noch Larve; der Fuß brach durch und die Rinde überragte den Mann. An einigen unzugänglichen Stellen stehen jetzt noch große Bäume, welche vielleicht eines natürlichen Todes sterben, wenn sie nicht früher das Feuer der Glashütten, oder die Axt der Holzhändler erreicht. Wird dieser herrliche Wald der unersättlichen Industrie unserer Zeit entgehen? Oder wird er kommenden Geschlechtern seine kahlen Häupter zeigen, über welche kalte Winde wehen, an jenen die Unbill ihrer Vorfahren zu rächen?

In der Mitte des Bayerischen Waldes, an der Böhmer Straße, nächst Freiung, liegt der Wolfsstein, oder Wolfstein. Auf diesem steht das Schloß Wolfstein, Sitz des Landgerichtes und Rentamtes. Lage und Gestalt dieses zwar nicht hohen, aber ringsum steilen Felsberges lassen frühere Auszeichnung des Ortes erkennen. Ringsum Wald; am Fuße des Wolfssteins ein Bach klarsten Wassers, welches aus einem engen dicht mit Bäumen bewachsenen Thale fließt. An der Straße ein steinernes Kreuz. Die ehemalige gewölbte Schloßkapelle befindet sich im ersten Stock (über eine Stiege) und wird von den jetzigen Bewohnern als Zimmer benützt.

Der Schloßkaplan konnte von den schwersten Sünden absolviren.

Das vernahm ein fremder Ritter und wollte die Kapelle zerstören. Er ritt auf weißem Schimmel die Treppe hinauf. Der Schimmel bäumte und überstürzte sich, und der Ritter brach den Hals. Er wurde an der Stelle begraben, wo das steinerne Kreuz steht. Oft erscheint er nachts in schwarzer Gestalt und huckelt sich dem Wanderer auf.

Der Dreisessel

Dreisesselberg heißt der hohe Berg im Bayerischen Wald, an der Böhmischen Grenze. Er erhebt sich 3798 pariser Fuß über die Meeresfläche. Drei Schwestern hatten auf demselben ihr Schloß und einen ungeheuren Schatz, welchen sie theilen wollten. Jede kam mit ihrem Bottig (Bodinga). Eine der drei Schwestern war blind. Sie stellten nun die Bottige auf, aber den Bottig der Blinden mit dem Gupf nach oben. Nun füllten sie die Bottige mit der Wurfschaufel, wobei aber auf die Blinde nur so viel Geld traf, als auf dem umgekehrten Bottig Raum hatte. Diese klopfte aber mit dem Finger an die Wand des Bottigs, und als dieser einen hohlen Klang gab und sie den Betrug merkte, sprach sie: »Alles soll versinken!« So geschah es. Zu heiligen Zeiten steigen sie aus der Tiefe und jede sitzt auf ihrem Sessel.
In den See an dem Dreisesselberg sind viele Geister verschafft, die als wilde Thiere darin hausen. Scheiterhauer hörten die Stimme »alles is do, alles is do! nur der stuzet Stier geht o«. Steine in den See geworfen erregen Sturm und Regen; ein goldner Ring beschwichtiget ihn.

Auf den Dreisesselberg ist im J. 1848 vom k. Forstamte ein bequemer Weg gebahnt worden. – Es wird erzählt, daß zur Zeit, als die Fürsten ihre Zusammenkunft auf dem Dreisesselsteine hielten, in den Burgen zu Wolfstein, Hauzenberg und Riedl drei wunderholde

»Der große Arbersee«. Federzeichnung aus: Der Bayerwald, geschildert und illustriert von Heinrich Reder. Regensburg 1861

Fräulein lebten. Um diese warben drei junge Edelleute aus dem Gefolge der Fürsten, ein Bayer, ein Österreicher und ein Böhme. Aber die Fräulein waren eben so hoffärtig als liebreizend, und ihr Sinn stand nach gräflichen oder wohl gar fürstlichen Freiern, weßhalb ihnen die schlichten Ritter nicht gelegen kamen. Um diese abzuschrecken, setzten sie den Preis ihrer Schönheit über die Massen hoch hinauf und stellten den Jünglingen schier unerfüllbare Bedingnisse. Gleichwohl nahmen die Ritter die harten Satzungen an, denn die Liebe däucht keine Aufgabe zu schwer. Sie empfingen nun aus der Hand der Fräulein jeder ein goldenes Fingerreiflein. Damit sollten sie sich, wenn sie ihre Abenteuer glücklich durchgekämpft, von heute an über's Jahr, am Abende vor dem Dreikönigsfeste, gemeinsam auf dem Dreisesselstein einfinden. In der Mitternachtsstunde würden sodann auf den Warten der drei Burgen Freudenfeuer auflodern, zum Zeichen, daß man der Bräutigame in Jubel harre. Die Ritter zogen nun in den Gauen herum, bestanden manchen heißen Strauß, kämpften mit Riesen und Drachen, und nachdem sie Alles, was ihnen geboten war, pünktlich vollführt, arbeiteten sie sich an dem bestimmten Tage mühsam durch den tiefen Schnee zum Dreisesselberge hinan, um auf dem Gipfel desselben die versprochenen Zeichen abzuwarten. Eine Ewigkeit schien ihnen die Zeit bis zur Mitternacht; diese kam und verrann – aber nirgends brannten die ersehnten Feuer. Die Ritter vermerkten jetzt – zu spät – daß sie geäfft seien, und voll Unmuthes zogen sie die Ringe von den Fingern und warfen sie, jeder nach einer andern Himmelsgegend, in die mit Schnee bedeckten Abgründe. Darauf zogen sie von dannen auf Nimmerwiederkommen. Die stolzen Dirnen aber führte kein Freier zum Altare. Sie welkten dahin in den freudenleeren Mauern ihrer Schlösser und sanken in's Grab, ohne auch dort Ruhe zu finden. Denn alljährlich in der Dreikönigsnacht sieht man sie die Kuppe des Dreisesselberges umirren, vergeblich die klafterhohe Schneedecke nach ihren Ringen durchwühlend.

Sagen aus St. Englmar

Schwarze Kunst

Da Pforra Bernhord, der hot an Jaga ghot, da Jaga Hansl hota ghoaßn. Heit stehts 's Jagahaus no, des is an Rackl sei Haus. Und wej da Jaga Hansl von da Jagd hoamkemma is, weja do den Gangsteig vo Rettnbo (Rettenbach) auf Englmor aufaganga is, hot eahm da Pforra Hosn (Hasen) gmocht. Der hot die schwoarz Schui gstudiert ghot, der hot mehra kinnt ois wej an andana. Und do san mehrare Hosn dogwen und da Jaga Hansl, der hot omoi wieda an Schuß gmocht, und mit sein Vordaloda hota 's ganz Puiva vaschoßn. Und weja hoamkemma is, na hotn da Pforra gfrogt, wejs eahm ganga hot. Natürli hot si da Hansl auskennt, daß eahm da Pforra die Hosn gmocht hot. Und homa si zkrejgt (zerkriegt – Streit miteinander) mitanana, wei sie da Hansl gärgat hot, weias 's ganz Puiva unds Blei voschoßn hot ghot.

Wiedergänger

Mei Schwesta is amoi in Stellung gwen und do is üwan Somma durch da Frau sei Muattan gstorm. Und wia um Zehne die Frau eigrom is worn, do is bloß mei Schwesta alloi dahoam gwen und d'Knecht san im Fejd draußd gwen. Jetz hot si mei Schwesta denkt, jetz werns es grod in da Reißn hom und is von Ofa doknejt und hot eigheizt. Und dawei hots vom Bodn om ebbs owageh hern, vo da Treppn. Gwißt hots es, daß neamd im Haus is wia a kloans Kind. Jetz is in d'Flez ausegrennt und do hots grod die Frau steh sehgn, die wos eigrom hom, wias gwen is, a schwoarz Kopfdüache aaf und hot an da Schüsslwogn a so gschewat und dann is für d'Speistür ei. Na is mei Schwesta ausegrennt, weis si a so gfoarchtn hot, na is ins Fejd ause, hot d'Knecht ghoit, weis nix mehr kocha hätt kinna, weis si nimma ins Haus eidraut hätt. Na homads recht glocht die Knecht, homans gsogt: »Do gehma hoam, do brauch ma nix mehr orwatn.« Na sans hoam. Und an Hejtboum (Hüterbub) homans ghot, der hot si net gfoarchtn. Der is ins Haus ei und is aafe in d'Hejh (Höhe – 1. Stock) und hot in a jejds Zimma eigschaut. Nochand isa wieda ause. Na sans oisamt dogstanna daußd auf da Gred. Und na san om d'Dürn auf und zougflogn und oa Bett homs fürs Fensta in d'Hejh fluign sehgn. Und na hot si koans nimma eidraut, hot si der Bou aa gforchtn. Und d'Schwesta, die is so krank worn auf den Schrock, daß hoam is ganga und is vierzeh Dog glegn.

Drud

Mi hot d'Drud scho oft druckt. A paar Moi woaß i, is a recht a dicke Schlang daherkemma, die hot recht vui Form (Farben) ghot, so gejb, und weiß is gwen und recht schee gstricht, recht schee gstreift und hot a Krone aufhot. Und wenns hikemma is zu da Bettstod, na hots scho 'dZung ausgeschlogn, hot do higspiem auf mi. Nocha is ei. Bois eikemma is zu mir, na hots mi hoit scho ghot auf da Brust und hot mi so vui druckt, daß ma grod 's Wossa üwas 's Gsicht owagloffa is. Endlich namoi is na wieda staad worn, is zruckganga wieda. Gschimpft hon i 's a poar Moi, des woaß i, hans an Deifl gnennt.

Himmelserscheinungen

Wia da Hitlakriag ausbrocha is, do homas a Himmelserscheinung gsehgn. Do is a Rad om gwen am Himme und do is a Haknkreiz drin gwen und des Haknkreiz, so wias rundumganga is, hots Feiazunga ausgspiem, des is üwas Vejdreich (Viechtreich – Gebiet um Viechtach) üwreganga. Ja, des is gwiß woahr.
Und wej da Erste Wejtkrej (Weltkrieg) ausbrocha is, ja, do hots aa a Himmelserscheinung gem, do is hint (im Viechtreich) a Stern gwen, der hot an ganzn Bogn gmocht, an ganz an helln Streifn vo oan Ende zum anan. Des san sejchane Kometn gwen. Und wenn a Komet am Himme steht, »des is a Vorzeichn eines kommenden Krieges«, hot unsa oida Schuilehra omoi predigt in da Schui, und des is aa so gwen.

Wiedergänger

Do is omoi gsogt worn, daß an da Goignhejh (Galgenhöhe) a Lejdl (Licht) umanandgeht. Do hots ghoißn, daß do einst a Galgn eant is gwen, do auf dera Hejh (Höhe) om, do is a Kreiz om gstanna und des is jetz zammgfoin, des is zammbrocha. Und do hots ghoißn, do san die Leit a so higricht worn, die wej a Vobrecha gmocht hom, die san ghängt worn. Und do soi a Pforra aa ghängt worn sa (sein). Und do is na moi oana vo Englmor hoamganga und der hot hoit aa wieda des Lejdl gsehgn, der is auf da Stroß owaganga. Wiara aufn Moischdorfa Weiha (Meinstorfer Weiher) auskemma is, dawei is des Lejdl herint gwen. Des is a Pforra gwen und der hot a Lodern (Laterne) für an Kopf aafghot, a Lodern a brennade, do is a Lejdl drin gwen. Der Pforra is owa, und schnej isa owa. Und der Mo hots s'Renna ogfangt, der is ganz vowirrt gwen und is so vui gsprunga und gsprunga bis in Rettnbo (Rettenbach) owe. Des is owa a recht a ordntlicha Mensch gwen, a recht a ehrlicha Mensch is des, dem wej ma des glaum derf.

Schwarze und weiße Gestalten

Do is amoi a Bäuarin schnej krank worn und koan Dokta hots weit und broat net gem. Jetz hot sei Bou auf d'Nocht no (nach) da Orwat no schnej aaf Schwoarza (Schwarzach) renna mejßn, weils pressiert hot, schnej no um a Medizin. Und weja hoamganga is, is hoit scho Nocht worn. Und weja guat dreiviertl Weg ghot hot, do hand aufamoi zwee Manna auf da Stroß dogstanna, nojo, hota eahm denkt, kriagta an Gfihrtn (Gefährten). Und weja hikimmt, jetz is a Schwoarza und a Weißa. Da Weiße hot a Lodern ghot und is vorausganga und da Schwoarze noche und homads betn ogfangt die zwee und homa oan die ewig Ruah gem. Und homa so vui bet, daßa mitbetn hot mejßn. Jo, des hota a Zeitlang gmocht, na hota si so vui gfoarchtn, daßa eahm denkt hot, jetz gehta aaf die So(g) (Sägewerk) ei und woart a bißl – do is nem da Stroß a So(g) gstanna – loßta die zwee vorausgeh. Und weja do so drinsitzt und schbegaliert (überlegt), jetz foits eahm aufamoi ei, jo, i mou, i mou jo hoam mit meina Medizin. Nojo, jetz isa wieda ausa, hota eahm denkt, kanntns vielleicht scho furt sa. Und weja wieda ausakimmt auf d'Stroß, stehngas tatsächlich wieda dolad (da) und woartn aaf eahm und fanga glei 's betn wieda o und er mou wieda nobetn (nachbeten) und san bereits bis zu seim Haus hi vorausganga. Und aufoamoi – kurz bevora hoamkemma is, na homads »Gelobt sei Jesus Christus« bet und han voschwundn gwen. Und weja na dahoim für d'Haustür eiwui, kemma seine Gschwistara scho dagegn ause und sogn: »Ejtz is scho z'spät, d'Muatta is grod gstorm.«

Der Teufel als Jäger

Z'Oijaschdorf (Allersdorf) drin, do is mei Muatta für a Hausmagd gwen in an Wirtshaus. Ehas is des gwen, daß ma bei da Nocht putzn hot mejßn, omoi Samsto(g)n auf d'Nocht, net bon Dog. Na hot die Dirn gsogt zu da Muattan: »Jetz wenn da letzte Bsuffa amoi geht, na spirr ma sofort d'Haustür zou.« Ja, wej da Letza ause is, is scho glei Zwöife gwen. Jetz homans die zwee Nochtriegl (Türriegel) vürdo und homan den groußn Rundbrenna (Petroleumbrenner) okendt (angezündet) und homn mittn auf d'Stum higstejt. Und mochan do 's Wossa zamm und fangen zum putzn o. Jetz herns d'Haustür geh. Ja, jetz hot d'Dirn gsogt: »Lus Deandl, mir homa doch zougspirrt.« – »Jo«, hot d'Muattan gsogt, »jo, do kimmt ebbs, i hers einapacka.« Mit oan Haxn hot mas owei ghert. Jetz geht d'Tür aaf. No is a recht a scheens Mandl, ganz grea isa gwen, owa gejb im Gsicht, der is einaganga und is bei da Stumdür hintn steh bliem und hot schnurzngred d'Dirn ogschaut und d'Muatta. Er hots net gfrogt und goarnixn und sinst aa nix. No wej eahm d'Muattan recht gfoarchtn hot und d'Dirn hot eahm aa recht gfoarchtn, na hot si des Mandl wieda umkehrt und is wieda ause. No homans des wieda ausegeh hern, owa es hot neamd aufgspirrt, owa des Mandl is voschwundn. Na homans eahr nimma draut oi (alle) zwoa, daß putzt hättn. Na hans zum Wirt aufe und homads eahm gsogt, na hot da Wirt gsogt: »Narrische Louda, putzts, do hot enk höchstns draamt.«

»Na«, homads gsogt, »draamt hot uns net, wei des Mannaleit vor uns dolad (da) gstanna is.« Na hans furt und hom si oisamt niedaglegt und han na in anan Dog um Fünfe aufgstanna und homan putzt. Sie hom eahr denkt, daß da Duife is gwen. Koa Hörna hota net ghot, owa an Goaßfouß hota ghot.

Sagen aus Sattelbogen

Totenkopfkochen in Loitzendorf

Do is an a Nachbarpfarrei (Loitzendorf) moi foigendes vorkemma: Do is da Glaubn gewen, daß wenn ma in da Christnacht an Doudnschedl auskocht von an soichan, der wej in Himml is, do kriegns recht viel Geld. Und des homs in oan Haus versucht. Und dawei homs an Doudnschedl dawischt von angeblich von an Vadammtn. Und do hot ma frejas in Ofa hintn homas so Stangln ghot (Ofenstangen) und do hot ma d'Wäsch aufghengt auf de Stangl dortn. Und wejs den Doudnkopf kocht hommad, san lauta Deifala kemma und hom se auf de Stangl aufegsetzt. Und de Deifln san ollaweil mehr worn. Und dann is a ganz a Groußa kemma mit a Gejdkistn, auf de isa (ist er) draafgseßn. Ja, na homsese (haben sie sich) nimma z'hejfa gwißt, recht gfoarchtn, na homs an Pforra ghoit. Der hot eahm aa nix macha kinna. Na homs aus da Nachbarpforrei, in Wetzlschberg (Wetzelsberg), do homs an junga Koprata (Kooperator) ghot und der hot angeblich eine Schwarze Schule besucht ghot, do homs gegen Geisterbeschwörungen irgendwos glernt in dera Schul. Und na homs den gholt. Und wenn d'Nochtmettn goar is gwen, na is der junge Pforra, der Koprata kemma und hot den Teufl ausgetrieben. Und na hota eahm (der Teufel dem Geistlichen) olle kloana Fehla vorgworfa, ois Bou und ois Student. Hota gesogt: »Du host aa dein Muattan an Oa (Ei) gstoin.« No hota gsogt: »Wos howin dann gmacht damit?« (Der Teufel:) »Fedahoita host da (dir) kaaft.« Na hota gsogt: »Na wars aa a guta Zweck, des howi (habe ich) zum Studium braucht.« Na hota si(ch) mitn Deufl ausgmocht, sie gengad wieda alle und der letzte, der wej aus da Stum (Stube) geht, der ghört eahm. Na is da Pforra mitn Allaheiligstn rückwärts ausm Zimma ganga. Un den hota natürli(ch) net brauchn können.

Verhexte Ferkel

In unsana Gegend, in an Bauanhof, homs junge Ferkl ghobt. Die san normal gwen bis ungefähr vierzehn Dog. Und dann homs nimma gfreßn, hom schlecht gesäugt. Wenn ma in Stoi (Stall) eigschaut hot, na homsese (haben sie sich) vaschloffa (verkriechen) unterm Stroh. Und wej die Zeit zoukemma is zum Ferklverkauf, na sans hoit goarnix gwen. Jetzt hot die Bäuarin gsogt: »Daschlogts es, i wuis nimma sehgn.« Na hot d'Magd davo hot ihr oane (ein Ferkel) bettlt und hot gsogt: Loßts oane lewendige, i trog oane hoam.« Und dann homs dahoam olles megliche versucht, die junge Sau hot d'Fotzn net aafbrocht, hot d'Zähn net ausanandbrocht, hot absolut nix freßn kenna. Und dann war in da Nachbarschaft an älterne Frau, die hot gsogt: »Die is vomoit (vermeint = verhext), i probiers und bet ihr fürs Vomoin.« Dann is herganga und hot a Dreikönigskreim (-kreide) gnumma und hot a kloans Gebet gsprocha dazou und hot ihr a poar Kreizl aatn Kopf und aafn Rückn aafegmocht und hot ihr d'Zähn eingriem (eingerieben) mit dera Kreide. Und dann hot die Sau

Menschen in Schweine verwandelt, die sich zerfleischen.
Holzschnitt von Lochner 1627 (Der Holzstock wurde vom Senat in Nürnberg konfisziert)

d'Fotzn aafbrocht und hot freßn kenna und is aa gediehen und is grouß worn.

Das schwarze Singerl

In unsana Nähe is frejas (früher) amol a Frau gwen, die homs ois Hex bezeichnet, a recht a Bejse (Böse). Und aufoamol hots unta da Achslhöhle hint hots an Pack (Beule) krejgt, an so a Batzn. Und unta dera Zeit, der Batzn is nimma voganga, der Batzn is aufganga und is a schwoarz Singal (Küken) ausakemma von dem Batzn. Und wej frejas die oitn Häusa gwen san, do hot ma owahoi (oberhalb) de Fensta so Brettl om ghot, do hat ma allhand aufegstejt (hinaufgestellt), und do is des Singal aufeghupft und do hot se si (es sich) aufghoitn. Des Singal hot nix zum Freßn braucht. Und des woar bloß recht frech. Do wenn frem(d)e Leit eikemma han, do hots so ihra Zwitschan vorbrocht, vorbringa kenna, daß ma einigamaßn vastana (verstanden) hot. Hots ihr alle Schandtaten, wenns wos gstoin (gestohlen) hom, wos hoit so triem (getrieben) hom, hots de Leitn ollaweil vürghoitn, die frem(d)a Leitn. Jo, wos damma (tun wir)? Des Singal bringas nimma ausm Haus. Mit vereinten Kräftn die Familie hots daschlogn woin. Wenns highaut hom, is davogsprunga. Und a so is des a Zeitlang furtganga. Na homs es aa (haben sie es auch) mit an Pforra furtbrocht. Na homs es in a grouße Büchsn, zehn Persona oder noo mehra homma zammghoifa, daß das Singal in de Büchsl einebrocht homma. Und dann homs es furttrogn, und zwar in Schwerzlber(g) (Schwarzwihrberg) eine.

Teufel als Jäger

Die betreffende Frau is olla Sunntag in Vormittag unta da Kircha zum Hoizstejn (Holzstehlen) ganga. Und des hom ihr natürli die Leit aa vaüwet (verübelt) ghot. Und jetz is ihr a amol ein Jäger begegnet draußn. Und der hot zu ihr gsogt: »Schau net um.« Und sie hot trotzdem umgschaut. Und der Jäga hot an Pferdefuß ghot, des hots hintnache erst gsehgn.

Verhexter Bauernhof

Von dera Frau is a groußa Bauanhof (– besitzt einen), und die hom koa Glück ghot mitn Gvejchan (Vieh), d'Kaiwl homs a Joahr lang gfejdat (gefüttert), han net gröjßa worn und hom aa net doud (tot) wern kinna, mit de junga Sau hot eahr (ihnen) grod a so ganga. Drei oder vier Kinda warn do; do wenn jemand eikemma is, dann hans davogschloffa (verkriechen) hinta d'Kastl hintre und hintan Disch hintre. Und homa absolut koa Glück mit nix mehr ghobt. Do is aa da Baua zum Pforra ganga und hot eahms erzählt. Na is da Pforra kemma und hot 's Haus ausgeweiht und hot gsogt: »Mein Gott, i konn do aa nix macha, wos do los is?« Koa Tierarzt hot de Vejcha (Vieh) hejfa kinna, koa goarnix. Na sans wieda zu an andana Pforra ganga, na hot der gsogt, sie solltn jetzt na amal aafbaßn (aufpassen), die nächste, die wej um ebbas z'leiha kimmt, der soins es nimma in d'Händ gem, der soins es vor d'Fejß (Füße) hiwerfa. Dann is die Frau kemma und hot Bretta gwoit. Dann hot der Baua ihr Bretta gem und hot eahrs higworfa vür d'Fejß und hot gschimpft und hot gsogt, sie soi schaun, daß ausm Hof kommt. Und vo dera Zeit an hot die keine Gewalt mehr ghot über dene ihre Vejcha, is andas worn.

Hexenmilch

Do homas a Hejtdeandl (Hütermädchen) ghot und die hot ollaweil in a recht ana groußn Wies hejtn (hüten) mejßn, und do is a Holz droganga an die Wies. Und do san so kloane Greßling (Fichten) gwen, wo die Äst bis auf d'Erd owaganga han. Und do hot des Hejtdeandl amol a Hefal voi Muich (Milch) gfunna in a so an Zeitlhefal (Melkgefäß), wej ma hoit frejas ghot hot. Und die Milch hots hoamtrogn. Und des is a Rätsl gwen, wej die Milch do eikemma is. Und do hot amol a Pforra gsogt zu eahr (ihnen), sie soitn des net hoamtrogn hom. Des kannt gwen sei, daß des den Fluch heraufbeschworn hot.

Tanzende Lichter

Do is da Baua vom Wirtshaus hoamganga, do isa na recht mejd (müde) gwen, wahrscheinlich wirda (wird er) an Suff ghot hom, jetz hota in da Gmoiwies (Gemeindewiese) draußn hota im Heihaufa gschlofa. Aufoamol wird er wach, wej er wach is worn, is a Lejcht (Licht) vor eahm okent (angezündet) gwen, und do homads danzt, homa lauta Deifala (Teufel) danzt. Und do san Vastorme (Verstorbene) dabei gwen, die wo er no (noch) kennt hot. Do homs so an Ring umigschloßn ghot um eahm und homa oiwei danzt und gschrian und a bißl an Lärm gmocht dazou und homa den Ring oiwei enga um eahm umegschloßn. Und so eng, daß eahm scho angst is worn, daßa nimma auskinnt (hinauskönnen) hot. Ja, jetzt, wos dou (tun) i? Jetzt hota na die Heilinga im Himmel ogruafa und d'Muattagottes dazou und do hota na an recht an groußn Sprung gmocht und is drüwaghupft. Und dann weja (wie er) drüwaghupft is gwen, hota nomoi umgschaut, is a sehr lauta Knall hinta eahm gwen, und es war alles vaschwundn.

Schwarzer Hund

Do is a Bursch zu an Deandl imma higanga ins Kammafensta, jo, und noch Mittanacht omoi (immer) hoamganga. Do is eahm so oft wiara von dem Bachl vorbeiganga is, is eahm an jejds Moi a sejacha groußa schwoarza Hund begegnt. Und der hotn angeknurrt und is ganga. Ganz glejade (glühende) Augn hota ghot. Und nocha hota des Kammafenstageh bleim loßn aaf des affe (auf das hin).

Christnachtorakel

Do hom eahr oft Manna a Stejal (Stühlchen) gmocht aus neunalei Holz. Und do sans in da Christnacht auf a Wegkreuzung higanga, Straßenkreuzung komma net sogn, wej ma frejas (früher) koi Stroßn net ghot homma, do wo die ganzn Beerdigunga vorbeiganga han. Und do homsesi (haben sie sich) auf des Stejal higsetzt. Und do soins angeblich de Beerdigungn gsehgn hom, die wej im nächstn Joahr sterm (sterben). Und dabei war oan Mo sei eigne Beerdigung aa dabei. Jetzt hota si a so gschreckt und is doud umgfoin.

Hexenstuhl

Do homs vür d'Kirchatür higseßn mit dem Stejal (Stuhl, Hexenstuhl aus neunerlei Holz), do hot koa eisana Nogl drin sei derfa im Stejal, do homs d'Hexn gsehgn in da Kircha drin. Bei da Wandlung hom si die Hexn olle umdraht. Und wenn die (Hexen) des gspannt hom, der wejs offenbart, do sans raus und han auf den los. Und dann hot der Betreffende recht laffa mejßn, dassa unta an anderes Dach kemma is, do homs koa Gwalt mehr ghobt drüwa.

Hexe

Do is a Bäuarin ollaweil ois Hex bezeichnet worn. Und die wenn ausgrührt hot, von Rahm zum Buda (Butter) gmocht, na hots es nur bei da Nacht do, d'Hoor aufglöst ghot und im Hemmad. Und dann homs in da Nähe a Schupfa ghot, und do hots omoi den Butta in die Schupfa ummatrogn. Und in andan Dog hot ihr amol oana zougschaut, do hots as ganze Budafaßl (Butterfaß) a so voi ghot, daß üwahaupt net möglich war, daß ma soi vui triem (getrieben – gerührt) hom ko aaf oa Moi. Und do hom de Nachbarn, die hom ollamol von an benachbartn kloan Hölzl, a so a Laubwaldung is', do homs omoi an glijadn (glühenden) Schwoaf, Wischbaam (Wiesbaum), homs ollamol gsehgn, und der is ollamol wenn die Frau ausgrührt hot, in dem Haus fürn Kamin eigflogn. Und dann gegen Tagesgrauen, gegen Morgengrauen, is ollamol wiede außa und is wieda außa und is wieda in des Hölzl ume.

Benzingeruch

Vor ungefähr zwoa Johrn san ma moi im Winta mittn in da Nocht wach worn und hom an ganz an starkn Benzingeruch grochn im Haus. Und na homa mei Muatta und i nochgschaut, ob nirgnd wo wos auslauft oder a Auto oda wos wär, owa mir hom nix gsehgn und nix gfundn. Und da Hund hot bejt (bellen), es könnt irgendebba vorbeiganga sei. Owa mir hom nix davo gsehgn und a koa Auto oda sonst wos, wo do von irgendwo herkemma hätt können.

Traum

Mei Vatta is recht frejh (früh, bald) gstorm, der war erst fünfavierzg Joahr oit. I hobn üwahaupt nimma kennt, i war vier Joahr oit damois. Und do hot ungefähr vierzeha Dog vor seim Doud meina Muatta drammt (geträumt). Des war in an Samstag in da Nacht, 1920 war des, kurz nochn andan Krej (anderen Krieg = 1. Weltkrieg). Do homs im Wirtshaus an Schütznverein ghot, do is da Vatta omoi zum Schuißn ganga. Und d'Muatta war aloi (alleine) dahoi, und do hot ihr folgendes drammt: Daß da Vatta kemma is und sie is owaganga und hot eahm d'Haustür aafgspiert (aufgesperrt). Und hot net aafpaßt, oba nochageht noch ihr, sondan einfach aafgespiert und wieda in d'Stum einaganga. Und wejs für d'Kammatür higeht, jetza schauts um. Jetz hots gsehgn, daß a ganz a schwoarzgekleideta Mo nach ihr nachageht und der is ganz vira (vor) ganga zum Disch und hot a ganz a grouß Eck (Bogen) gmacht und vür d'Kammatür ei. Und dann hot unsa Muatta im Draam gsogt: »Des wenn i gwißt hätt, daßd as du warst, di hätt i net einaloßn.« Und hot recht fest d'Kammatür zoughoitn, daßa ihr net eikimmt. Und unta dem Kammatür zouhoitn is wach worn. Und nach ungefähr vierzehn Dog is da Vatta krank worn, schwerkrank, und is noch zehn Dogn drauf gstorm. Und do hot eahm d'Muatta ollaweil denkt, weja (wie er) krank is gwen, sterm duada net, i hobn jo net einaloßn, in mei Schlafzimma net einaloßn. Was sogns do?

Heilige Luzia

Die heilige Luzia, die wird auch als Retterin in Wassernöten verehrt und angerufen. Mir hom scho sehr lang – 1902 hot mei Vatta die erste Wassaleitung glegt, und die Rohr die warn sehr seicht drin, weil damals hot ma nur an Grand ghot vor da Gred und is net zoudraht worn, weis koan Druck braucht hot. Und dann hob i untan Krej (Krieg) a in Stoi as Wossa eirichtn loßn und in Ausguß in da Küch und hob des Wossa ollawei zoudrahn mejßn. Und do hots uns durch die seichte Lagerung die meistn Joahrn, wenn wenig Schnee gwen is, hots as uns ogfriert (Wasser fror ein). Und a so a vor einigen Jahren. Dann hot a Frau gsogt: »Muaßt zu da Luzia betn, de huift ma.« Na howi gsogt: »Jo, wenns es (wenn sie es) fertibracht, daß bis auf Weihnachtn as Wossa wieda kam, lossat i ihr a Meß lesn.« Und kurz vor Weihnachtn is a Tauwetter eingetreten, so a kurzes, und aufoamoi auf d'Nacht is as Wossa kemma. Und in andan Dog bin i glei oweganga und an Pforra fünf Mork owetrogn.

Sagen aus dem Oberpfälzer Wald

Niesen im Holz

Der alte Thaler von Neukirchen geht einmal über die Höh hinauf; wie er da beim Geschwendtner-Kreuz ist, da hört er, wie im Holz einer niest. Da hat er gesagt: Helf dir Gott! und da hat er wieder geniest und er hat wieder gesagt: Helf dir Gott! Und so war es acht mal. Und wie es das neunte Mal niest, da sagt er: Leck mich am Arsch! Und da hat es geflennt, und davon ist es, und grad gerauscht hat es im Holz, weil er zum neunten Mal auch hätte »Helf Gott« sagen sollen, denn dann wär es erlöst gewesen.

Der Schulmeister

In Neukirchen, beim Taganläuten, hat es in der Kirche bei der Orgel immer so 'poust (gerumpelt), und da hat der Mesner sich

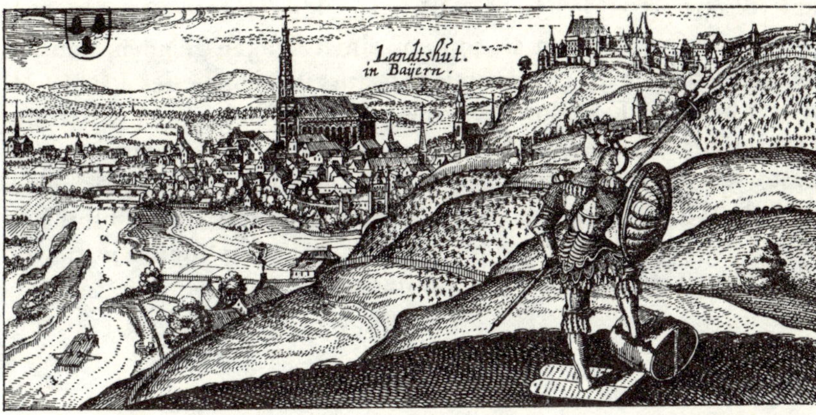

Landshut in Niederbayern. Kupfer aus D. Meißner, Politisch Schatzkästlein. Nürnberg 1678

so viel gefürchtet, daß er auf d'Letzt gar nimmer geläutet hat. Da sind sie einmal ihrer mehrere hinauf gegangen, und alle haben sich so viel geforchten. Und da hat der Pfarrer gesagt, da muß mit dem Schullehrer was net stimmen, der wo gestorben ist. Und der Schullehrer hat früher den Gemeindegrund gehabt, und da hat er den Markstein versetzt, und deswegen hat er waizen müssen, und da hat es bei der Orgel, wo er immer gespielt hat, so gerumpelt. Da haben sie zum Pfarrer gesagt, er soll was verbramarbasieren, und da hat er gelesen, und gekommen ist er schon, aber in der Gestalt wie der Teufel, und hat ihm gesagt, daß er ihn ja gar nicht rufen kann, weil er als Student auch seiner Mutter immer ein Zehnerl gestohlen hat. Und da haben sie einen Paterer gerufen, der hat ihn auch hergebracht, und jetzt ist er als ein Geißbock gekommen. Da hat der Paterer gesagt, so kann er ihn nicht brauchen, und er muß in seiner eigenen Gestalt kommen. Und wie er weiter gelesen hat, da ist er wieder gekommen, und hat ausgeschaut wie ein Kalb, und der Paterer sagt wieder: Komme in deiner eigenen Gestalt, oder ich kann dir nicht helfen! Und da ist zuletzt der Schullehrer in seiner eigenen Gestalt gekommen, genau wie er früher ausgeschaut hat, bloß viel größer ist er gewesen. Da hat der Paterer wieder zum Lesen angefangen, und da ist er immer kleiner 'worden, und auf d'Letzt ist er in ein Zündholzschachterl hineingegangen, und wie er drin war, haben sie ihn auf einen Wagen geladen, und auf den Schwärzenberg (Burgruine auf einer Erhebung des Pfahls, etwa 17 km vom Erzählort entfernt) gefahren. Mit zwei Pferden haben sie ihn gefahren, und je weiter daß sie hinter gekommen sind, desto schwerer ist er geworden, und die Rösser haben geschwitzt, und der Dreck ist ihnen nur so runter gelaufen, daß sie ihn halt fast den Berg nicht mehr hinaufgebracht haben, und wie sie ihn dann hinten gehabt haben, da war dann Ruh'.

Die weiße Frau

Da ist der Max von Nanzing heimgegangen, vom Tanz, mit unserer Toni und ihrem Herrn, und der Max ist damals mit einer von Nanzing gegangen, und die Toni war schon ein Stück voraus. Jetzt wie er da hinaufkommt zum Holz, da geht eine weiße Frau gegen ihn her, und er hat zuerst gemeint, daß es die Toni ist, weil die den selbigen Tag auch ein weißes Kleid angehabt hat. Aber die Toni war schon ziemlich weit vorgegangen, und hat gar nicht auf ihn gedacht. Jetzt sagt er zu ihr (der weißen Frau): Wo gehst denn hin? Und sie geht so gegen ihn her, bis sie so ein paar Meter vor ihm war. Die Haar hat sie so herunterhängen gehabt, ganz goldene Haar, und das Kleidl ist ihr bis auf die Füße herunter gegangen, und so schön ist sie schon gewesen, daß mans keinem Menschen erzählen kann; und dann hat sie was gesagt zum Maxn, aber was sie gesagt hat, das erzählt uns der Max nicht, und dann ist sie verschwunden.

Totenwache

Wie der Großvater gestorben ist, da haben sie gewacht in der Stube, und ich bin in der Küche daneben gesessen, und da hab ich einen Rosenkranz gebetet, und bin grad zum ersten Gesätzel gekommen, da geht der Lichtschalter neben der Tür, so wie

wenn man dran dreht, und ich hab immer weitergebetet, und da geht der Lichtschalter wieder, und ich hab immer weitergebetet, und da hat es getan, wie er auch immer getan hat, so gestöhnt und geseufzt, genau wie er früher getan hat, wenn er geschlafen hat. Aber da hab ich die Franz geholt, und die Zenz hat gesagt, sie hat schon vorher den Lichtschalter dreimal gehen hören, und sie ist dann fort, weil sie sich so geforchten hat, aber wie ich dann den Jammerer gehört hab, da hab ich nimmer allein bleiben mögen.
Weißt, der Tote tut dir nichts mehr, aber es ist oft so, daß so Sachen vorkommen, und da denkt man sich so allerhand.

Wilde Jagd

Wie der Vater einmal bei der Nacht nach Falkenstein gegangen ist, zu dem Frühzug nach Regensburg, jetzt wie er droben bei der Zigeunertafel gewesen ist, da ist ein Lastauto gekommen, und alles hat geschrien und getobt, und er hat gedacht, es kommt ein Lastauto voll Besoffener, und er ist in den Straßengraben hinein, und hat sie vorbei lassen wollen, aber wie es zu ihm gekommen war, da ist es in die Luft und über ihn hinweg, und die Haar sind ihm auf die Höh gestanden.

Stockenfels

Auf der Burg Stockenfels müssen die Ritter, die wo Raubritter waren, jede Nacht mit glühenden Kugeln kegelscheiben. Und die Wirte, die Bräuburschen und die Kellnerinnen, die allerweil schlecht eingeschenkt haben, die müssen mit einem Eimer den Brunnen ausleeren und jedesmal, wenn sie den Eimer fast heroben haben, schüttet er sich immer wieder von selber aus.

6. Stiftland und Fichtelgebirge

Stiftland

Der Teufel und die Wöchnerin in Bärnau

Eine Wöchnerin blieb unter dem Amte allein zu Hause zurück. Da rief ihr ein Mann von dem Fenster herein: »Bärbl, Bärbl, Bärbl.« Sie erwiderte nichts. Er frug weiter: »Bärbl, brauchst koin Bandla?« Sie schwieg wieder. – Endlich sagte er zu ihr: »Bärbl, dein Vodar is gstoarbm.« Die Wöchnerin gab auch auf diese Worte keine Erwiderung. Mittlerweile läutete es in der Kirche zur Wandlung; der Mann vor dem Fenster entfernte sich. Sie sah ihm nach, er hatte einen Pferdsfuß. Zuletzt kehrte er sich um und schrie auf sie zu: »Des is dein Glück, daß d'nix gsagd haust, I hayd di zriss'n.«

Ausbuttern in Bärnau

Ein Schneider war auf der Stehr und sah, wie die Bäuerin zum Buttern herrichtete und dergleichen that, als wolle sie das Weihwasser und geweihtes Salz hineinthun. Sie hatte aber über der Thüre ein Büchschen, und langte hinein und schmierte den Butterstecken. Während des Butterns sagte sie immer ganz stille für sich hin: »Aus jedem Haus einen Löffel voll«, und so immer fort. Der Schneider aber hatte genau Acht gegeben, und wie die Bäuerin hinausging, nahm er schnell von der Salbe und steckte es ein.

Wie er nach Hause kommt, sagt er zum Weibe: »Weib, richt mir zum Buttern her!« Diese aber meynte, sie habe nichts als ein wenig eine Milch. Thu's nur her, erwiderte der ungeduldige Schneider, und das Butterfaß dazu! Er nahm nun seine Salbe, schmierte den Butterstecken, fängt zu buttern an und spricht dabey immer: »Aus jedem Hause eine Schüssel voll.«

Als er fertig war, reichten die Schüsseln und Töpfe nicht mehr zu, sie mußten die Schäffel nehmen, und da auch diese nicht langten, zu den Nachbarn gehen und Geschirr entleihen.

Ist nicht lange angestanden, so kommt schon der Böse und hat das Buch, und da soll sich der Schneider unterschreiben. Der sagte: »ist recht!« schreibt aber den Jesus Namen ein. Da konnte der Böse das Buch nicht mehr fortnehmen, und im Buche sind alle Hexen und Hexenmeister gestanden. All diesen konnte der Böse von nun an nicht mehr an, denn er hatte das Buch nimmer.

Die Bärnauer Trud

Zwey Rockenmädchen gingen mitsammen Nachts heim; sie kamen vor einem Hause vorbey, wo die Leute schon zu Bette waren, das Licht aber hat noch gebrannt. Da sagte die eine zu der andern: »Wart ein wenig, ich muß da zuerst schnell hinein, sie haben das Licht brennen lassen.« Darauf erwiderte die Andere: »So, bist du etwa die Drud?« – »Vergelts Gott«, war die Antwort, »jetzt kannst du gehen.«

Arme Seelen in Bärnau

Es war ein einfältiger Mensch, der in Gewohnheit hatte, seine Gebete für die Armen Seelen in seine Pudelkappe hineinzubeten, und dann auf den Friedhof zu gehen und die Gebete aus der Kappe mit einem Stecken auf die Gräber hinabzuklopfen, wobey er sprach: »dau dolds enk dran.«

Der Pfarrer verbot es. Der gute Mensch mußte von seiner wohlgemeynten Übung ablassen. Nun kamen aber die Armen Seelen aus den Gräbern Nachts zum Pfarrer und ließen ihm so lange keine Ruhe, bis er sein Verbot zurücknahm.

Der umgehende Bauer in Mähring

Zu Mehring war ein kleiner Bauer, der sich eine Nebenwohnung bauen wollte, und wenn ihm der Bau nach Wunsch gelänge, eine Wallfahrt bey Wasser und Brod nach Altötting zu U. L. Frauen versprach. Beym Fällen des Bauholzes traf ihn aber ein Baum und erschlug ihn.

Nach seinem Tode hatte er keine Ruhe; in der Miethe war nämlich eine Familie mit einem Mädchen etwa zwölf Jahre alt, welches allein in einem Stübchen schlief; dieser erschien er; man glaubte aber ihrer Aussage nicht.

Nun kam das Mädchen nach München; während ihrer Abwesenheit ließ sich der Geist nicht mehr sehen. Doch das Mädchen wurde krank und sah sich gezwungen, heimzugehen, und so schlief sie wieder in ihrem früheren Stübchen.

Schon in der ersten Nacht erschien der Geist, etlichemal auf- und abgehend. Das Mädchen sagte es am folgenden Tage der Mutter, und diese ging zum Pfarrer, welcher den Rath ertheilte, den Geist nur anzusprechen, und zwar mit dem bekannten Spruche: »Alle guten Geister loben Gott den Herrn, sag an, was ist dein Begehren!«

Das Mädchen rief also den Geist, der die nächste Nacht wieder kam, mit obigen Worten dreymal an. Sie hatte das drittemal noch nicht geendet, als der Geist zu reden anfing und sie bat, für ihn eine Wallfahrt bey Wasser und Brod nach Altötting zu unternehmen, dann werde er erlöst seyn.

So unternahm das Mädchen mit ihrer Mutter die Wallfahrt. Auf dem Wege, nicht mehr weit von Altötting, erhob sich aber ein solch' heftiger brausender Wind, daß sich beyde führen mußten, um nicht umgeworfen zu werden, und sie vermerkten zugleich, wie wenn Jemand zwischen ihnen durchgelaufen wäre.

Als sie im Gasthof zu Altötting Morgens aufstanden und zur Kirche gehen wollten, fanden sie die Thüre des Zimmers versperrt, und mußten warten, bis endlich gegen zehn Uhr der Kellner ihnen bedeutete, es sey die Thüre ja gar nicht verschlossen; sie möchten nur herausgehen. Damit hatten sie sich aber so verspätet, daß sie

mit der nächsten Fahrt nicht mehr nach Hause konnten – zu ihrem Glücke: denn diese Fahrt war eine unglückliche und kamen mehrere Personen dabey ums Leben. Von da hatte der Geist Ruhe und ließ sich nicht mehr sehen.
Aus dem Munde des Sohnes des erlösten Bauern.

Der wandernde Geist von Mähring

Wieder zu Mehring ging es bey einem Bauer schon mehrere Jahre um. Man sah nichts, hörte aber öfter den Geist in einem Kämmerchen. Wenn er ging, zog er den Fuß nach sich, als wäre er lahm. Das Kämmerchen erhielt davon den Namen »Regierstübchen«.
Nun hatten sie einmal einen Weber auf der Stehr, welcher wünschte, in dem verrufenen Zimmerchen zu übernachten, was man ihm, wenn gleich ungern, zugab. Kaum hatte er sich zu Bette gelegt, so vernahm er Schritte in dem Zimmer, und es währte nicht lange, so fühlte er, daß sich etwas seinem Bette näherte und quer über das Bett auf ihn wie eine Zentnerlast hinlegte. Er sprang auf, machte Lärm, und verließ das Haus.
Ein andermal gingen Alle in die Kirche und nur die Kinder blieben zurück, um zu gaimen. Diese hörten auf einmal gehen, obwohl Alles im Hause versperrt war. Da sie wußten, daß nur sie, sonst Niemand, zu Hause geblieben waren, so fürchteten sie sich und liefen in den Hof hinaus. Hier bemerkten sie, wie ein alter Mann mit weißem Bart und weißer Haube auf dem Kopfe zum Fenster heraussah.
Desselben Jahres hatten sie sehr viel Obst, so daß sie nicht wußten, wo es aufbewahren. Die Bäuerin meynte, man könne es gar wohl ins Regierstübchen thun, und wie sie gerade vor der Thüre stand, fügte sie noch bey: »Dann kann die Regier recht Birnen essen.« Da rief es ihr zu: »Ja, sie ißt schon, laß es nur dir auch schmecken.«
Auch hörte man oft Jammern und Wehklagen in dem Kämmerchen.
Das nächste Jahr waren im ganzen Ort die Brunnen eingetrocknet. Nur dieser Bauer hatte viel Wasser, und in dem Keller stand es so

hoch, daß sie ausgraben mußten und einen Kanal ziehen. Wie sie nun so beschäftiget waren, die Grundmauern durchzugraben, kamen sie auf ein menschliches Gerippe. Sie sammelten es und riefen den Pfarrer, welcher das Gebein aussegnete und in geweihter Erde begrub.
Von dem Augenblicke an hatte der Geist Ruhe.

Der Teufel als Liebhaber einer Falkenberger Magd

Eine Dirn von Falkenberg wollte mit aller Gewalt einen Liebhaber, der sie ausführe, wenigstens zur Jakobi-Kirchweihe, sollte es auch der Teufel seyn. Einmal ging sie grasen, da nahte sich ein Jäger und machte mit ihr Bekanntschaft; immer fand er sich beim Grasen ein, und sonst auf dem Wege; später begleitete er sie in ihr Kämmerchen, rührte sie indessen nicht an, ließ auch sich nicht anrühren, versprach aber, sie auf Allerheiligen als Frau mit sich zu nehmen. Richtig führte er sie auf Jakobi zum Kirchweihtanze: er tanzte aber nur mit ihr, ohne etwas zu essen oder zu trinken, und verließ sie wie jederzeit, als es Mitternacht schlug.
Dieses fiel ihr auf. Sie erholte sich daher beym Pfarrer Rathes, und wurde bedeutet, ihm, wenn er wieder auf Besuch komme, das Kleid vorne an der Brust zu lösen, um sich zu überzeugen, daß er sey wie Menschen sind. Sie folgte dem Rathe, riß die Weste auf, fühlte aber unter derselben keinen Körper.
Nun gab ihr der Pfarrer Ehrenreutl und Myrrhenreutl, am Sommerfrauentage in der Kirche geweiht; die beyden Kräuter solle sie Nachts bey sich behalten. Dieses war kurz vor Allerheiligen. Wie nun der Jäger wieder in die Dachkammer zu dem Mädchen wollte, um sie abzuholen, konnte er nicht eintreten. Da setzte er sich auf das Dach und heulte fürchterlich, bis Mitternacht kam. Mit dem Rufe: »Ehrenreutl und Myrrhenreutl, bringen mich um mein Bräutl« verschwand er und kam nicht wieder.

Sagen aus Münchenreuth

Der Hehmann

Am N. N. drom sei Urgroußmuatta, de is amol frejh (früh) uma Vejra (vier Uhr) aaf Arzberg ganga. Und wias do im Kirchawoid owegeht, jetz hörts hoit: »Hejh, hejh, hejh«. Na denkt se si, jetz wird do net da Hejhmo (Hehmann) üwa mi kumma. Und wias na a Wei(l) geht, jetz kimmt a baamlanga Dünnrich ausa, ganz grosgrej (grasgrün) wej lauta Mejs (Moos) und schaut sie o mit seine groußn Auchn (Augen), doud ihr owa nix und lauft üwan Weg und geht in Wold ei und schreit wieda immazou: »Hejh, hejh, hejh, hejh.« Und des oit Muttal is daschrockn, so daß drauf krank worn is.

Besessenheit

Den N. N. homs hoit omoi ghoit, wenn irgndwo wos woar zum hejfn (helfen). Und do hot amoi oana zu eahm gsogt: »Gejh (geh) moi üwa, was mit unkana Moad (Magd) is, de dout oiwei ollawei furt, wenn ma ihr ’n Rousnkranz zeigt, Buidl (Heiligenbilder) schmeißts weg. Die mouß doch wos andas ham.« Ja, na sans dahinta kumma: do is amoi Niklas ganga und hot se ois Deifl oazogn ghot, kohlschwarz. Und seit dera Zeit hot des Moidl koa Rouh menna (mehr) ghot, es woar grod a so, ois wenns bseßn war. Jetz homs den N. N. ghoit. Na hot da N. N. gsogt: »Mou i mitn Deifl aa no raufn? De liegt jo intan Wogn drunt.« Na isa untan Wogn oëkrochn und hots na vira. Na is eahr a Schaum komma. Na hotas wieda a weng zrecht gricht, na hota gsogt: »Die derfst niet alloi geh loua (lassen), die hupft amoi in an Deich ei.« Und wenns in d’Kirchn mit ihr ganga san, die is omoi glei d’Dirn mitganga. Sie hot hoit ummadoa, wenns wos Gweihts gsehgn hot in da Kirchn, grod daß si si no dahoitn hot. Owa si woar nimma richtig, bis amoi a oita Pada (Pater) kumma is, der hots na zrecht gricht, do is na bessa worn.

Wie die Teufel eines Menschen Leib an sich nehmen.
Holzschnitt aus Geyler von Keisersberg, Die Eneis. Straßburg 1517

Rauhnacht

Rauhnacht, Radnoat, do derf ma net spinna, do soi ma ruha mit da Arwat (Arbeit), daß eahm net die bejsn Geista krejgn wia d'Frau Holle, die Wilde Jachd; und do der(f) ma vorsichti(g) sei, daß eahm net schodn doud. Und a Hurchagejh (Horchen gehen) in da Radnoat, des is äußast gfährlich. Do mouß ma auf an Kreizwech gejh, mouß ma mit da Dreikönigskreim (-kreide) an Kroas (Kreis) machn, dann Kreizl reischreim. Und an dem Kreizwech do mejßn d'Leichnzüge kreizn und d'Daaf (Taufen) foahrn, sonst huifts nix. Und wenn nacha da Zwölfeschlog kummt, na kumma ollahand Spuk, Weizn. Soldatn schuißn (schießen), vorbeischuißn, lauta so Dinga, die kumma vom Bejsn (Bösen – Teufel). Wenn ma ausm Kroas ausespringt, na hoit eahm da Deifl, des soit ma net doa. Und do hot amol a Bursch denkt, des nutz ich aus. Der hot gern grauft und do is eahm oana Herr worn. Hota si denkt, i lou (lasse) mir do vom Deifl, wenna na kommt, so viel Stärk gem, daß i in alln Raufereien Herr wir (werde). Na hotas probiert. Is hoit na aa d'Radnoat kemma, isa auseganga, hota des Zeig gmacht, wos er von de olt Weiwan ghört hot. Ja, a weng so Spukzeich is scho kumma. Oh, des hout eahm nix gmocht. Na is hoit a feina Jächa (Jäger) kumma, der hot mit ihm plaudat und hot gsogt zu ihm: »Wos willst denn? I konn da scho helfn.« – »Ach«, hota gsogt, »gib mir so viel Stärk, daß i in jeda Raufarei Herr wir.« Hot da Jächa gsogt: »Ja, wennst ma dei Seel gibst.« – »Oh«, hota gsogt, »wer woaß, gibts wos?«, hota denkt, den Deife schmier i scho aus. Hota »Ja« gsagt. Oiso, na is der Bursch hoam, hotas glei amoi probiert, wia des Raufn gejht. Do homs hoit grauft imWirtshaus. Jetz wors grod, ois wenn do a Haufn andana kumma und die Burschn, die wo raufn ham woin, die han olle vom Fensta ausaghupft vor lautan Schreckn, wos do kummt. Und er is hoit Herr gweßn. Do homs olle gstaunt, wia gibtsn des? »Jo«, hota gsogt, »i hob a Stärk.« No spata (später) hotsn na doch a weng greit (gereut) – wos hotan na ghot, bisn da Deifl wieda ausloun hot!

Wilde Jagd

As wilde Gjaid, die wilde Jagd, des is wos Eigenartiges. Man hört do im Wald draußn Schreie, ois wej wenn Treiba san, ma hört so Schejßn (Schießen), ma hört so Rufe wie Euln, owa eitraua (hineintrauen) doud si neamads in Woid, wei do die wilde Jagd drin is. Und do wenn a heilicha Zeit woar, do homs die wilde Jagd ghört. Und die wilde Jagd, do wenn ma draußn is und es kommt in die Nähe, do mouß ma si in Erdbodn niedalegn, daß üwa oan weggeht. Da Schneida amol, der hot denkt, ach, do bleib i scho stejh. Und den Schneida den hot die wilde Jagd bis auf Konstantinopl mituntezogn.

Die Klagmutter

Da Weba vo Gröj (Weber von Grün), der hot do in Wassadörfan (Wasserdörfer) drunt, des is Hundsbo (Hundsbach), Schluaba (Schluppach), Egerteich Kundschaft ghobt. Und die Weba homa ihr

Zeich sejwa vatrogn (den Kunden geliefert), daß mehra Gejd no krejgt hom. Und do woars amal im Advent, do hota im Advent a so Webwarn owetrogn. Und weja do so aufagejht und aufagejht, an da Kappl (Kappelkirche) vorbei in d'Luckn, jetz aufoamol kummt a dicka, dicka Nebl, hota nimma gseha. Und aus dem Nebl kommt a ganze Herd lauta dreibeinige Schouf (Schafe) ausa, des san Klochmoudan gwesn. Und der Weba vor lauta Angst hota zittat, hota net gewißt, wosa oafangt, jetz hota si umdraht aaf d'Kappl zou, hot gsogt: »Dreifaltiga Gott, huilf ma doch, i woaß net, wos i oafang.« Und wia des gsogt hot ghot, is da Nebl voganga und die Schofa san in Wold wieda eine.
Und auf dem Plotz, wo des passiert is, hota na a Bildstöckl himocha loua (lassen). Und ich woaß no in meina Juchend san ma oft durchganga, howi des Bildstöckl oft betracht. Do warn Schoufa droam (droben) und a Mo, und i hob denkt, des is a Hirt, der wo hejt (hütet). Na hot ma moi irgendoana vo Gröj (Grün) des erzejht, daß des auf Tatsachn beruht.

Die Münchnreutha Burschn, die san amoi beisammgstandn, und no is die Red aaf d'Klochmuada (Klagmutter) kemma. Jetz hot a ganz a Gscheida gsogt: »Du Schneida«, hota gsogt, »im Gaßla do krejcht (kriecht) ollamol a Klochmuada imm (hinüber), do höjt (hüte) dich fei, geh jo net do imm.« Hot da Schneida gsogt: »Oh, i fürcht mi net.« Homsn a weng ghanslt, ausgspott. Na hotas hoit nachts amoi probiert. Jetz isa nachts omoi ins Gaßl und hots vasucht. Und jetz is d'Klochmouda dogwen und hot an Schneida beim Wodl (Kragen) packt und hot eahm an Wodl aafdraht. Und seit dera Zeit homs an Schneida an Driwalschneida ghoaßn.

Der Wiedergänger

In Reichlasdorf, des is so a Kilometa unta Echa (Eger), do war a groußa Huaf (Hof), do war a Baua drauf. Des warn meistns früha Edlbauan. Und Kunstdünga hots koan gem, und do woar amol 's Troid (Getreide) net ganz so (gelungen), do isa am Fejd a weng ganga, na hot eahm 's Troid net ganz gfoin, na hota Äijala

(Ähren) zammbunna und na isa an an Fejdkreiz vorbeiganga und hotas unsan Herrgott fürs Mäi (Maul) immeghaut, hota gsogt: »Is des a Troid für an Edlherrn?« Und no isa boid gstorm. Und weja gstorm is, wars Vejch (Vieh) auf da Hout (Hut, Weide), hot a Bou ghöjt (gehütet), is a Moad (Magd) ausagloffn, hots gsogt: »Bou, dou eitreim, da Herr is gstorm.« – »Des gibts niat«, hota gsogt, »grod isa mitn schwoarzn Pfah (Pferd) vorbeigrittn.«
No isa a poar Dog glegn dahoim, wia des bei uns so Brauch war. Und na homs vierspannig mitn Leichnwogn gfoahrn. Und bei uns is des Brauch – i hob sejwa scho an Leichnwogn gfoahrn –, daß ma in Gotts Nam dreimoi ofahrt. Und de san in Gotts Nam ogfahrn die vier Pfah, und de Pfah san net ause (aus dem Hof). De hom se kirzngrod aafgstejt (aufgebäumt), de Knecht hom de Pfah vom Hof oafach net ausebrocht. Na san die Knecht bejs (böse) worn, homs gsogt: »In drei Deifes Nama«, und na sans im Trab von Hof ause mit dem doudn Bauan. Und vo dera Zeit o hots auf dem Hof owei gspukt.
Und wej na die Vertreibung (1945/46) gwesn is, wej die Deitschn olle vatriem worn san, do is a Kommissar hikomma – die Echara (Egerer) Zeitung howi dahoam –, und do is a Kommissar hikomma, und der hot nix gwußt von dem ganzn Spuk. Und der hot na den Huaf (Hof) wieda volaßn, angeblich weis do umgejt (umgeht) hot.

Fichtelgebirge

Die Schätze des Fichtelgebirges

Es ist auch mit Gold / Silber / Eysen / vnd in summa allerley der besten Metallen / mit Schwefel vnd Quecksilber / aus welchen zweyen Stücken / doch alle andere Metal gewirckt vnd gemacht werden / dieser Berg vnd gantz hervmb ligent Gegendt / vnd Landschafft allen andern Ländern vnd Gegenten Teudschen Landes weit fürzuziehen / welches auch den von vns gelegenen Völckern / als Wahlen / Venedigern / Spaniern / vnserer Land Kundschaffer / gantz wißlich vnd kündig ist / denn die pflegen sich zuberühnen / die Schätz vnd Reichthumb / so in des Teudschen Landes Gebürgen verborgen ligen / seind jhnen (so sie doch Frembdling sind) bekandter denn vns Teudschen selbst. So sind auch zum öffternmahl von vnsern Leuten auff gemeltem Berg vnd seinen Gränzen / dergleichen frembde Leut / als Zigeuner / Wahlen vnd Spanier gefunden worden / die dieses Bergs vnd des gantzen herumb gelegenen Lands Natur / Gelegenheit / vnd Reichthumb / außgespürt vnd erkundet / ja auch große Schätz von dannen mit sich weggeführet. Wolt Gott / die Diebe weren vmb solche Vntrew eingezogen vnd gestrafft worden / Daher thut auch das Sprichwort / das sich auch dergleichen Kundschaffer etwan haben hören vnd vernehmen lassen / nemlich / das man an vnd vmb den Fichtelberg offt eine Kuh werffe mit eim Stein vnd Perlin verborgen ligen: Vnd wolt GOtt / das diese Zeit len anzeigen / das groß merchlich Guth vmb diesen Berg lige / Man hat auch in gemeltem Gebürg hin vnd wider Büchlein gefunden / Wahlisch / Frantzösisch / vnd auffs Niederlendisch Teudsch geschrieben / darinnen viel Ort beschrieben vnd anzeigt gewesen / an vnd bey welchen Bächlein man Goldt / ja auch Perlen vnd Edelgestein findet / Vnd ein solches Büchlein hab ich selbst gehabt / das gab nur auff eine Zeit (als ich den gantzen Fichtelberg vnd alle seine Ström auff meine Kosten durzoge) ein Priester / ist heutiges Tages noch Caplan auff Waldeck / in diesem Büchlein stunde viel seltzsames dinges / von der Cratza / von der Nab / von der Eger / vnd Meyn / vnd von andern Flüssen. Es waren auch sonsten viel Zeichen darinnen / denen man solte nachsuchen / so würde man die rechte Ort finden / an welchem gut gediegen Goldt /Item schöne Stein vnd Perlin verborgen ligen: Vnd wolt GOtt / das diese Zeit verhanden were / das GOtt diese große Schätz (so ohne zweiffel an diesen Orten in denen Adern / Klüfften vnd Gängen der Berg verborgen ligen) einsmals an den Tag brechte / vnd solches Glück den frommen Fürsten / so noch bey Leben sind / vnd gemeltem Berg / sampt den gantzen Land jnnen haben / vnd Christlichen regieren / gönnete. Ich hoff auch GOtt werde es thun / sie weren ja solches Glücks werht / köntens auch wol wider zu GOttes Ehren / förderung des heiligen Evangelij / der löblichen Künsten vnd Schulen / vnd zu erhaltung gemeines Nutzes / brauchen vnd anlegen. Davon jtzt genug / denn ich wider zum Fichtelberg eyle denselben zu absolvirn.

Die Königsheide im Fichtelgebirge

Ich mus auch hie nicht vergessen oder vnangezeiget lassen / das zwischen des Fichtelbergs Haupt vnd Weitenberg ein Städtlein der Edelleut von Künigsperg gegen Goltkronach einen Märcklein / Marggraffen Albrechts von Brandenburg ein fast großes vnd weites Feldt ist / welches man die Künigsheyd nennet / darumb das etwann alda ein König (des Namen man doch von Alters wegen nicht weiß) ein Schlacht sol gethan haben / welches auch bezeugen die Gebein Hirnschalen / alte rostige Degen / Schildt / Helm / vnd andere Kriegsrüstung / so heutiges Tags noch von dem Bawersvolck / hin vnd wider auff diesen Feldt außgegraben vnd gefunden werden.

Der Ochsenkopf

Über Bischoffgrün / wann man das Gesicht gegen Westen wendet / lieget zur lincken Hand gegen Süden der so entsetzlich hohe Ochsenkopff / welcher auch das Haupt und Hertz des gantzen Fichtelbergs ist / und vor das höchste Gebürg über alle die andern geachtet wird. Herr Bruschius hat seiner gar nicht erwehnet / worüber ich mich nicht genug verwundern kan. Herr M. Groß schreibet / daß auch der Schneeberg von ihm an der Höhe weit überstiegen werde. Was mich betrifft / so bin ich auf allen diesen Bergen gewesen / stehe aber im Zweiffel / ob der hochgelegene Schneeberg dem Ochsenkopff vieles bevor lassen solte: Von Bischoffgrün als dem nechsten Dorff daselbst / hat man eine gantze Stunde lang hinauf zu steigen / und ist der Weg zwar ziemlich beschwerlich wegen vieler Klippen / Gesträuch und Wildnüsse: auf der höchsten Höhe ist eigentlich der Felß / der den Nahmen des Ochsenkopffs führet / woher aber derselbe also benahmet werde / kan Niemand sagen / und werde ich dißfalls mich abermahl Hr. M. Großens Worte bedienen /welche also lauten: Es findet sich zwar auf der Spitzen des Bergs an dem höchsten Felßen die Gestalt eines Rinds oder Ochsenkopffs eingegraben / (allein ich habe ihn nicht dafür erkennen können / und ist gewißlich der Künstler / so ihn vor einen Ochsenkopff gemachet /

nicht gar weit mit seiner Hand-Arbeit kommen) aber (fähret er fort) nicht einmahl der Nahme / vielweniger die Ursache der Benennung von unserm Autore (Bruschio, welcher doch andere geringere Felßen und Berglein nahmentlich beschrieben) noch von einem neuern Scribenten mit einem Wort gedacht. Die Muthmaßung einiger Inwohner: ob solte nicht der Felßen allein / sondern die gantze Gegend / beede Berge / (nehmlichen Ochsenkopff und Schneeberg) als Hörner / die Blöße das Haupt / und darinnen die 2. Dörffer / Bischoffgrün und Birnstengel / so durch den Mayn-Fluß unterschieden werden / als Augen die Gestalt repräsentiren / will sich gar hart erzwingen / und schwerlich behaupten lassen: dann es würde darum auch nicht geschehen seyn / daß man den einigen zu rechten Hand liegenden (nehmlich von Bischoffgrün aus / das Gesicht gegen Osten kehrend) Berg und Felßen allein den Ochsenkopf nennen müste: vielmehr könte solcher Nahme ein Weid-Wort seyn / dadurch wie eine andere Gegend unweit davon das Hirschhorn / also dieser Berg zum Unterschied und Wahrzeichen der Ochsenkopff benennet worden / oder es könte geschehen seyn / daß bey denen im langwierigen teutschen Krieg auf diese Berge als in eine von der Natur erwachsene sichere und fast unüberwindliche Vestung genommen vielfältigen Flöhungen und dem unweit vom Felßen zur Auffenthalt des Viehes erbaueten Ochsen-Hause eine nachdenckliche Begebenheit Ursach und Gelegenheit zu dieser Benennung gegeben habe; daß dannenhero solches Bildnüß auf fast allen in hiesigen Glas-Hütten verfertigten Fichtelberger Gläsern wird zu sehen seyn: Biß hieher belobter Herr M. Groß. Bey diesem Felßen nun ist ein Loch / ungefehr 2. biß dritthalb Lachter tieff / daselbst habe ich mitten im August-Monath 1699. noch Schnee vom vergangenen Winter angetroffen / in der Tieffe dessen ist wieder ein Loch wie ein Stollen in die Strecke hinein getrieben / welches nach etlicher Meinung die Wahlen sollen gemachet haben / etliche aber wissen nicht / wer es gegraben; weil es etliche 100. Jahre also stehen soll. Man muß von oben hinunter auff einen abgehauenen Baum steigen / unten aber kan man nicht anders hineinkommen / man lege sich dann auff den Bauch / und krieche hinein: innen aber soll eine gar raumliche weite Höhle seyn. Vor ungefehr etlichen und 20. Jahren ist ein Bauer /

(der mir es bereits vor 14. Jahren selbst erzehlet) dahin gekommen / und in die Gruben hineingestiegen / daselbst fande er vor dem Stollen-Loch ein mit frembden Sprachen geschriebenes Büchlein / sambt einem Pistol und ein paar Handschuch / darauf legte er sich auf den Bauch / schauet hinein / und höret von weiten hauen und pochen / doch sahe er kein Licht / sondern es war alles finster / darauf nimmt er das gefundene alles zu sich / schießet das Pistol vor dem Loch loß / machet sich wieder auf den Weg / und überbringet besagte Stücke dem Amt: Muthmaßlich werden wohl Italiäner damahls drinnen gearbeitet haben. Ich muß allhier noch einer Begebenheit gedencken / von welcher mir ein alter Glasmacher zu Bischoffgrün folgendes erzehlete: Er sey / sprach er / noch ein junger Bube gewesen / als Ihro HochF. Durchl. Hr. Marggraf Christian zu Brandenburg Culmbach / Glorwürdigsten Andenckens (welcher öfters auf die Glaß-Hütte gekommen) auch einmahl dahin gereiset / da habe dessen Cammerdiener bey dem Glaßmahler einen Stein von etlichen wenigen Pfunden gesehen / welchen dieser bey dem Ochsenkopff von einem ungefehr viertels Centner schweren Stein abgeschlagen / und vor Streuglantz gehalten; der Cammerdiener nimmet solchen zu sich / und giebt ihn seinem Gnädigsten Fürsten / woraus hernach das feinste Gold geschmeltzet worden. Nachgehends muste der Mahler die Fürstl. Commissarios hinauf führen umb den übrigen Stein zu zeigen / allein er konte ihn nicht mehr finden / weswegen er fast zu großer Verantwortung gebracht worden. Ehebevor ich den Ochsenkopff gar verlaße / muß ich noch einer besondern Abentheuer gedencken / wie sie mir erzehlet worden / wie wahr sie aber sey / dafür stehe ich nicht / weil ich nicht dabey gewesen. Ein alter Fichtelberger erzehlte mir nehmlich / daß es an einem göldenen Sonntag einsmahls frühe geregnet / so habe der Aschenbrenner umb die Aschen zu retten / hinauf in den Wald geeilet; da man nun indessen unten im Dorff Bischoffgrün zusammen geschlagen / siehet er ungefehr in einer Felß-Wand eine Oeffnung / daselbst gehet er hinein / und siehet mit erstaunen einen Altar / von gediegenem Gold / worüber er sich entsetzet / heraus lauffet / den Ort bemercket / und will es seinen Cammeraden im Dorf sagen / höret aber zugleich ein entsetzliches Brechen hinter ihm her / und konte die Oeffnung nicht mehr finden. Dabey / spricht er / sey die gemeine Sage / daß / wann zu Bischoffgrün Kirche gehalten werde / so gehe diese Geister-Berg- und Wald-Kirche zugleich an / wie dann auch beede Dorff- und Berg-Geister-Kirchen gerade auf einander sehen und just gegen über stehen sollen. Eben dergleichen wunderbare Historie ist Herrn M. Großen mit etwas andern Umbständen seiner Beschreibung nach erzehlet worden. Ich will / schreibt Er / den vortrefflichen Gold- und Silber-Schatz dieses Bergs zu beweisen / nicht viel auf die gar gemeine Rede etlicher einfältiger Leuthe gründen / welche vorgeben / daß vor einiger Zeit ein Inwohner allhier (in Bischoffgrün) einige zum Aschen-brennen oder Glasmachen nöthiger Pot-Aschen anständige Bäume habe ausgesuchet / und unversehens in ein Gewölb / so einer Kirchen gleich gewesen / kommen sey / darinnen er Gold und Silber wie Eyßzapffen / Perlen und Edelgestein / wie Strenge Zwieffel herabhangend angetroffen. Als er aber heraus gegangen / und sein Weib habe herbey ruffen wollen / wäre ihm solcher Ort sambt dem Schatz vor den Augen wieder verschwunden. Es würde sich aber alle Jahre dieser Berg am S. Johannis-Tag vor aufgehender Sonn / an einem gewissen / doch gar selten zu finden stehenden Ort also eröffnen / und nachdem er seine Schätze gezeiget / bald wieder verschließen. Auff welche einfältige Tradition auch diejenige an den Fichtelberger Gläsern umb den Ochsenkopffs-Felßen gemachte göldene Kette / die mit einem starcken Schloß versperret ist / sich gründen mag. Allein unerachtet hiebey an dergleichen Begebenheit billich mag gezweiffelt werden / so kan doch solches / wofern es nur geschehen / vor nichts anders / als vor eine schädliche Verblendung des verführenden / und zu einer gefährlichen Nachforschung reitzenden Satans gehalten werden.

Der Weißenstädter Weiher

Nachdem nun also die Eger vom 2. Qvellen und einigen kleinen Bächlein schon ziemlich angewachsen / nimmet sie ihren Lauff gegen Osten nach Böheim zu / und kommet besagter maßen von Voitsumra und der Weißen Heyde / 2. Marggräfischen Dör-

ffern / nechst unter der Land-Straßen durch die erste nur von einem Bogen geschlossene steinerne Brücken / die wegen des sehr hoch erhobenen Landes vor die höchste in gantz Teutschland insgemein ausgeschriehen ist / und ziehet alsdann mitten durch den großen Weissenstädter Herrschafftlichen See eine Meile von ihrem Ursprung an Weißenstadt / einem Städtlein Hochfürstl. Brandenburgl. Culmbachischer Herrschafft: Dieser Weyher wird mehrentheils von der Eger angefüllet / und ist nebst dem grossen Brandenburger Weyher zu Bayreuth / einer von denen berühmtesten dieses Burggrafthums oberhalb Gebürgs / reichet biß über die Stadt hin / und hält in die 300. Tagwerck Landes in sich / wird mit mehr dann 100. Schock Fischen besetzet / und wegen der wohlgeschmacken Fische sehr gerühmet: In dessen Damm wegen des sandigen Bodens mehr Holtz / als in die Stadt selbst solle verbauet seyn.
Merckwürdig ist es / daß in diesem Weyher miteinander kein Frosch bleiben kan / weswegen dann auch das gantze Jahr keiner darinnen gehöret / noch gespüret wird / wovon die Weißenstädter insgemein diese Ursach zu geben pflegen / daß einsmahls (vielleicht noch vor der Reformation Lutheri) der Pfarrer allda / durch das heßliche Geschrey dieser Wasser-Thiere / bey nahe in der Predigt wäre irre gemachet / und dahero zum Eiffer bewogen worden / diese Thiere zu verfluchen / welches dann solchen Effect gethan / daß sie alle gleich stille worden und gestorben. Etliche geben vor / sie wären durch einen Landstreicher verbannet worden / mit welchem die Inwohner und der Pfarrer umb eine gewisse Summa Geldes tractiret. Theils geben vor / diese Verbannung sey durch Worte / andere / sie sey durch ein Bild / und wieder andere / sie wäre durch natürliche Mittel geschehen.

Das Zwergenloch bei Selbitz

Zwischen Selbitz und Marlsreuth / und zwar auf der Marlsreuther Güthern ist ein Loch im Gehöltz zu befinden / das insgemein das Zwerg-Loch genennet wird / weil ehedessen und vor mehr als 100. Jahren Zwärge allda gewohnet / und unter der Erden sich aufgehalten haben sollen / die da in Naila gewisse Inwohner an sich gewöhnt gehabt / daß sie ihnen ihre Nothdurfft zugetragen. Wie dann von zwey alten ehrlichen und glaubwürdigen Männern / nehmlich Albert Steffeln / seines Alters 70. der den 30. Junii 1680. zu Marlsreuth begraben / dann auch Hanßen Kohmann / aetatis 63. und den 6. Martii 1679. zu Marlsreuth begraben / etlichmahl berichtet worden / daß jetztgedachten Kohmanns Groß-Vater mit zwey Pferden nahe an diesem Loch auf seinem Acker (welches Guth und Feld noch ein Eneckel anjetzt Simon Kohmann besitzet) geackert / dem sein Weib ein neugebackenes Brod zum Frühstücke gebracht / und am Rain niedergelegt / in ein Tüchlein gebunden / und ihre Wege / Gras an der nechstgelegenen Wiesen mit nach Haus zunehmen / gegangen / seye bald ein Zwerg-Weiblein gegangen kommen / ihn den Ackermann umb sein Brod angesprochen / er wäre noch nicht hungrig / sie hätte aber ihr Brod im Backofen / ihre Kinder wären hungrig / und könnten nicht erwarten / biß daß es fertig würde / er solte ihrs vor ihre Kinder lassen / sie wolte auf den Mittag es ihm erstatten / welches gedachter alte Kohmann gerne gewilliget / und das Brod überlassen. Auf den Mittag aber ist sie wiederkommen / und hat ihm einen Kuchen von ihrem Brod noch warm gebracht / auf ein sehr weißes Tuch gelegt / und ihm Danck gesaget / mit vermeldten / er solte das Brod nach seiner Gelegenheit wegnehmen / und ohne Scheue genießen / ihr Tüchlein aber liegen laßen / sie wolte es schon abhohlen / welches auch also erfolget / worauf die Zwärgin gesagt: Es würden so viel Hammer-Wercke in der Gegend aufgerichtet / daß sie dadurch beunruhiget / müßten also weichen / und ihren beqvemen Sitz verlassen; auch vertriebe sie das Schweren und große Fluchen / das so gemein unter denen Leuten würde / wie auch die Sabbaths-Entheiligung / da ein jeder Haus-Vater frühe vor der Kirchen-Besuchung am Sonntag auf daß Feld lieffe / und seine Früchte beschauete / welches gantz sündlich wäre.

Vor etlich wenig Jahren hätten sich an einem Sonntag Nachmittag unterschiedliche junge Bauern Knechte von Marlsreuth zusammen gerottet / Schleisen-Spähne zu sich genommen / zum Loch gegangen / Licht gemachet / und dahinein gekrochen / umb solches zu besehen / da sie dann bald aufrechtes unter der Erden gehen können /

bald gebucket / bald gar kriechen müssen / weil der Gang in etwas verfallen. Als sie nun ein paar Ackerlänge gekommen, hätten sie einen weiten Platz angetroffen / aufs netteste mit Felßen ausgearbeitet / höher als Manns hoch und recht in viereckichter Forme / da auf jeder Seiten viel kleine Thürlein eingegangen / und gleich wie Kämmerlein gewesen / welche sie zum Theil besehen / und damit sie das rechte Loch nicht vergessen möchten / einen mit einem Licht in dem Eingang stehen lassen / darauf sie sämbtlich ein Grausen ankommen / und sie darauf wieder zurücke gegangen / und etliche Tage übel aufgewesen / doch habe es keinem nichts geschafet / und so viel hätte er / Pfarrer / aus der Relation der beeden alten und noch anderer / die am Leben / und zum Theil mit im Loch gewesen.

Das Zeitelmoos

Ehe ich das Gebürg gar verlasse / muß ich noch mit wenigem des Zeitelmooses gedencken / welches ein ziemlich großer Wald zwischen Wunsidel und Weißenstadt ist / darinnen ist ein feiner Teich / der Zeitelmoos-Weyher genannt / bey welchem sich öffters eine oder andere abentheuerliche Begebenheit von Geistern / der gemeinen Sage nach / zutragen soll. Ich will hier auf das unwissenden Volcks Reden mich nicht viel gründen / sondern nur dasjenige erzehlen / was einem sehr hochgelahrten und berühmten Mann / der sonsten eben nicht abergläubisch ist / begegnet. Als derselbe einsmahls bey später Abend-Zeit durch diesen Wald ritte / sahe er 2. Kinder am Wege / und / wo ich nicht irre / auf- oder bey einem Holtzstoß sitzen / diese redete er an / was sie bey so später Abend-Zeit allein hier im Walde machten / und weil er sie vor Bauern-Kinder hielte / ermahnete er sie / sie solten nach Hause gehen / damit sie von der instehenden Nacht nicht überfallen würden / worauf die Kinder überlaut an zu lachen fingen / indem er aber seinen Weg proseqvirte / traff er eben diese Kinder wieder vor sich / und / wo mir recht ist / abermahl lachend / am Wege sitzend an; woraus er wohl merckte / daß es etwas anders zu sagen hätte / ritte sie also vorbey ohne ein Wort mehr auf sie zu sprechen.

Ich selbsten bin vor etlichen Jahren tieff im Herbst bey Mondschein am späten Abend diesen Wald passirt / als ich nun über dem Teich bereits auf der Höhe war / und eben das Geist-erqvickende Lied: Himmel / Erde / Lufft und Meer / preisen ihres Schöpffers Ehr / etc. anstimmete / wurde ich gantz unvermuthet von einem sehr dicken und schwartzen Nebel umsetzet / wobey ein Geräusch war / als wann einige Reuter neben mir (der ich nur zu Fuß war /) herritten / als ich aber nach 3. oder 4. Minuten auf die Worte in dem Lied kam: Donner / Blitz / Dampff / Hagel / Wind seines Willens Diener sind / etc. und solche mit größter Vergnügung ohne einige Forcht und Entsetzen absange / wiche der Nebel hinter mich / und striche so schnell / als ein Pfeil über den Zeitelmoos-Weyher weg / ich aber kame GOtt Lob / frisch und gesund an Ort und Stelle.
Sonsten soll es / der gemeinen Sage nach / in diesem Holtz gar sehr zu Nacht-Zeiten jagen / so sich auch in der Buzenreuth einem Holtz zwischen Wunsiedl und Redwitz zutragen soll; welches man jedoch alles in seinem Werth und Unwerth beruhen lässet. Ob aber dergleichen Begebenheiten dem Satan allezeit zuzuschreiben / ist allhier unsers Orts nicht / solcher auszuführen.

Die Moosleute im Fichtelgebirge

Die Alten von Pfaffenreuth bei Wunsiedl im Fichtelgebirge wußten vieles vom Mosherla und Mosfräula, oder Mosweibla zu erzählen. Das Mosweibla jagte der wilde Jäger. Wenn ein Baum gefällt wurde, schlug man während des Fallens drei Kreuz in den Stock. Darauf konnte das Mosweiblein ausruhen und der wilde Jäger hatte keine Macht. Aber wenn jemand dem vorübergehenden wilden Heer zurief: »Gib mir auch was!« so hing des andern Tags ein Viertel des Mosweibels an seiner Thür. Wenn aber niemand dem wilden Jäger aus Vorwitz zuruft, so kann er das Mosweiblein nicht erreichen. Wenn beim Mahl an dem Rande der Schüssel durch Herausschöpfen Tropfen hängen bleiben und diese die Kinder oder auch Erwachsene mit dem Löffel abstreifen und verzehren wollten, sagten die Ältern: »Das dürft ihr nicht, das gehört dem Mosfräula!«

Die Gastwirte von Dörflas

In früher Zeit wohnte in dem Wirthshause der Wittwe Hauberstroh zu Dörflas, ein Dorf im Fichtelgebirg, bei dem Markte Redwitz, von welchem es durch die Kössein getrennt ist, ein Hagen, angeblich ein Gastwirth und Bierbrauer, welchem mehrere Sachen entwendet wurden, worüber er so sehr in Harnisch kam, daß er beschloß, dem Dieb das nächstemal den Tod anthun zu lassen. Bald darauf kam im Hause eine silberne Kette abhanden. Hagen ritt zum Klugen Mann, welcher den Tod anthun konnte. Dieser rieth im ab, aber er beharrte. Der Kluge Mann sagte ihm nun, wer ihm zuerst im Hofe begegnen werde, habe die silberne Kette. Wie er in seinen Hof hineinritt, kam ihm sein eigenes Kind entgegengelaufen, das sich auf die Ankunft seines Vaters gefreut und ihn erwartet hatte. Es erkrankte aber plötzlich, und als man es entkleidete und in sein Bettchen legte, fand man die silberne Kette, mit welcher es gespielt hatte, in seinem Täschchen. Hagen ritt nun eilig zum Klugen Mann zurück, um den Tod von seinem Kinde abzuwenden; aber das konnte der Kluge Mann nicht, und als er nach Hause kam, war es schon tod. Sein Nachfolger, auch ein Hagen, hatte zwölf Kinder, welche alle zwischen einem und fünf Jahren starben. Auf dem Platze, wo jetzt das Wirthshaus steht, war ein adelicher Hof. Das, behauptete die Erzählerin dieser Sage, Wittwe Haberstroh, sei gewiß; denn im Garten lagen noch zwei Särge in einer Gruft, einer von Kupfer, der andere von Zinn. Als sie und ihr Mann das Haus erworben hätten, habe man in der ganzen Gegend geglaubt, sie würden kein Kind am Leben erhalten; ihre Kinder seien aber bis jetzt alle gesund.

Auf dem Kirchhof zeigt man einen Grabstein, auf welchem ein Hagen mit seinen zwölf Kindern, von welchen fünf noch in Wikkeln sind, ausgehauen ist.

Der Schatz auf dem Waldstein

Der Schäfer eines Gutsherrn zu Stockenroth hütete alle Tage droben im Walde und kam hiebei auch immer an den Waldstein. Hier wurde er zum Öftern gewahr, daß sein Hund ihn auf eine Weile verließ und dann wohlgefüttert zurückkam. Da ging er ihm eines Tages nach. Er gerieth zwischen die Waldsteinfelsen und in einer Höhle sah er ein Mädchen im weißen Kleide vor sich. Das Mädchen bat den Schäfer um einen Kuß. Herzhaft erfüllte dieser den Wunsch. Da war die Jungfrau froh, sie führte den Schäfer in die Höhle und zeigte ihm einen großen Kasten, darauf ein schwarzer Hund lag, reichte ihm auch eine Lilie – nach andern eine Johannesblume – und sagte, dies sei der Schlüssel zu dem Kasten, er könne nun alle Tage wiederkommen und drei Griffe in die Schätze thun. – Der Schäfer merkte sich dies wohl. Sowie er in die Höhle trat, sprang der Hund vom Kasten und der Schäfer nahm dreimal von den Schätzen. Als er des Reichthums genug hatte, zog er nach Sachsen. Dort erzählte er einmal von dem, was sich auf dem Waldstein zugetragen, da verschwand alsbald die Blume.

Totenmesse in Gefrees

Zu Gefrees geht die Sage, daß während der Metten die Toden aus ihren Gräbern aufstehen und in der Kirche das Hochamt halten. Eine fromme Tochter, die ihre verstorbene Mutter gar sehr liebte, ging zu dieser Zeit in die Kirche, um ihre Mutter zu sehen. Sie setzte sich in ihren Stuhl. Da klopfte es ihr auf die Schulter; die Mutter stand hinter ihr und warnte sie, wenn sie aus der Kirche trete, solle sie ja nicht vergessen, ihr Tuch wegzuwerfen.
Am Morgen lag das Tuch in tausend Fetzen vor der Kirchenthüre zerrissen.

Das verlorne Ohr bei Gefrees

Nicht weit von Gefrees an der Landstraße nach Münchberg ist ein Holz, da hat sich einst ein Student erschossen. Das Geld war ihm ausgegangen – so ging er voll Verzweiflung in den Wald und legte Hand an sich. Der Schuß hatte ihm das Haupt zerrissen.

Als man ihn nun fand und auf den Wagen lud, da fehlte ihm das eine Ohr und konnte trotz allen Suchens doch nicht gefunden werden. So mußte man ihn ohne Ohr weiter schaffen. Seit dieser Zeit geht der Geist des Studenten im Holze herum und gar Mancher, der spät vorüberging hörte es drinnen jämmerlich klagen: »Mein Ohr! – mein Ohr!«

Brotfrevel in Gefrees

Es war ein Weib, dessen Kind sich verunreinigt hatte; die Frau, übermütig, reinigt es mit Brod. Da erschien ihr ein Engel von Gott gesendet, und strafte sie ob des Frevels, und er ging hinaus auf den Acker, wo die Ähren von der Erde auf wuchsen, und fing eine Strupfe der Ähren und begann von unten nach oben zu streifen.

Da fiel das Weib auf die Knie und bat den Engel um Schonung, wenn auch nicht für sie, möge er doch so viel am Halme stehen lassen, daß Hund und Katze davon bekommen könnten. Da erbarmte sich der selige Geist und hielt oben an der Spitze des Halmes inne, und seitdem wächst die Ähre nur oben am Halme.

Seitdem wird aber auch von dem ersten Brode der neuen Frucht das erste Stückchen dem Hunde und der Katze des Hauses gegeben.

Der Feilenhauer von Weißdorf

Einen besonderen Werth hatte auch die Nacht vor dem ersten Ostertage.

In der zwölften Stunde dieser Nacht schöpfte man Wasser, dessen Gebrauche viele Heilkräfte, vor allem eine Erhöhung der weiblichen Schönheit zugeschrieben wurde. Doch nur aus einem fließenden, in der Nähe zweier, sich kreuzender Wege befindlichen Wasser durfte geschöpft werden, auch durfte Niemand die geschäftige Person auf ihrem Gange ansprechen.

Der Feilenhauer mit seiner Gespensterjagd war zu dieser Zeit immer noch an der Tagesordnung. Nur schade, daß nicht zu ermitteln ist, ob er damals in der Wirklichkeit, oder nur der Sage nach noch hauste. Die Sage war indeß aus der Zeit, welcher dieses Urtheil gilt, auf die nächstfolgende mit einer solchen Frische übertragen worden, daß die Vermuthung Raum gewinnt, der Feilenhauer habe wirklich damals sein Wesen noch getrieben. Wir wollen aber hierüber keine Untersuchung anstellen, und blos die Sage selbst wiedergeben.

In Weißdorf, bei Münchberg, lebte ein Mann, welcher unter dem Namen »Feilenhauer« bei Alt und Jung im ganzen Fichtelgebirge bekannt, und in seinem Gewerbe ein Feilenhauer war, oder diesen Namen als Geschlechtsname führte. Derselbe stand in großem Ansehen, weil man allgemein annahm, daß er die Macht besitze, nicht allein Geister (ident. mit Gespenst) zu citiren, sondern auch zu vertragen und zu bannen. Er hatte eine so große Gewalt über die Geister, daß diese seinen Beschwörungen unbedingt folgen und diejenige körperliche Gestalt annehmen mußten, welche er ihnen bezeichnete. Um sie dann nun von dem Orte, an welchem sie rumorten, wegzuschaffen, durften sie des leichtern Transports wegen einen Körper mit nur geringem Umfange annehmen. Gewöhnlich mußten sie die Gestalt der Hühner und zwar von schwarzer Farbe annehmen, weil sie, als böse Geister, in einer andern Färbung gar nicht erscheinen konnten. In dieser Gestalt steckte er dieselben in einen haarigen Ranzen, den er zu diesem Zwecke stets mit sich trug, brachte sie in diesem Behälter an einen von Menschen nur selten besuchten Ort, und bannte sie hier fest. In die Felsenschluchten und dicht bewaldeten Höhen des Fichtelgebirges wanderten die meisten Geister. Bei der Unzahl von Geistern, die überall und fast in allen Winkeln der Häuser rumorten, hatte der Feilenhauer immer viel zu thun und man fühlte sich glücklich, wenn man Hülfe von ihm erhalten konnte.

Sagen der Stadt Hof

Die Pest von 1505 in Hof

Die Pestilenz regierte derzeit allhier heftig, welche zuvor viele Orte Deutschlands durchkrochen hatte; also, daß bei 1400 Personen zu Hof gestorben sind. Als Ursache dieser Pestilenz hat man damals gehalten, daß zwei Bürgerssöhne aus fremden Landen mit einer schweizerischen Tracht (da die ganze Kleidung am Leib die Länge herab in zwei unterschiedlichen Farben, als roth und gelb, oder gelb und blau, bis auf die Füße zertheilt gewesen) wieder anheimkamen, und also in der Stadt sich sehen ließen. Und diese zwei Bürgerssöhne haben hernach, durch die Geistlichkeit dazu gezwungen, wegen der übermäßigen Hoffart, wodurch sie eine solche Strafe der Stadt verursachet, öffentlich Buße thun müssen. Sie mußten, am obern Teile des Leibes entblößt, drei Sonntag nach einander während des hohen Amtes der Messe vor der Thüre der St. Michaelis-Kirche stehen, und ein jeder zwei Ruthen in den Armen haben, und von der Bürgerschaft, und von einem Jeglichen, wer da gewollt hat, einen Ruthenstreich dulden, Gottes Zorn auf diese Weise zu stillen.

Die Pest von 1519

Die Pestilenz regierte in diesem Jahre dahier heftig. Über elfhundert Personen fanden durch sie ihren Tod.

Vor diesem Sterben hatte sich bei Nacht ein großer, schwarzer, langer Mann in der Mordgasse sehen lassen, welcher mit seinen ausgebreiteten Schenkeln die zwei Seiten der Gasse betreten, und mit dem Kopfe hoch über die Häuser hinausgereicht hat.

Es waren aber im Papstthum und bei unserer Vorältern Gedenken solche Gespenste sehr häufig, und die Teufel so kirre und heimlich, daß sie nicht allein in den Häusern, als Schretelein und kleine Teufelein, sondern auch auf den Gassen ganz ungescheut sich sehen ließen, und den Leuten zu schaffen machten; vornämlich aber in der Mordgasse und bei den Fleischbänken.

Leichenschändung 1516

Ein abergläubisches, unbedächtiges Weib gieng an einem Tage früh Morgens hinaus zu dem Gericht, stieg inwendig im Galgen hinauf und verschnitt einen Dieb, welcher kurz zuvor gehenkt worden war, um diesen Abschnitt ins Bier zu hängen, damit die Leute destomehr zulaufen, und das Bier sehr holen sollten. Gott der Allmächtige strafte aber solches Vornehmen sichtlich. Denn der todte Körper fiel ihr mit den Füßen um den Hals und hielt sie so fest, daß sie um das Leben gekommen wäre, wenn nicht die Leute, die etwa in der Nähe schnitten, oder sonst vorübergingen, sie schreien und winseln gehört, und ihr geholfen hätten. Die Leute aber, welche zuliefen, haben die Füße des todten Körpers mit großer Mühe und Arbeit von einanderbringen, und die Frau ledig machen können.

Der Teufelsberg

Was der Satan für Gaukeleien und Teufeleien vor Alters bei dem Teufelsberg dahier getrieben, wo er, besonders bei Nacht, die Leute in die Saale geführt, oder durch seltsame Gesichte erschreckt hat, ist aus seinem Namen zu schließen, indem er noch heutiges Tages der Teufelsberg genannt wird. Auch ließ sich zu unserer Voraltern Zeit der böse Feind in unsäglich großer Gestalt daselbst sehen, indem er den einen Fuß auf dem Teufelsberge und den andern auf dem Eichelberge hatte; wovon auf dem Teufelsberge als Wahrzeichen noch ein Tritt zu sehen war, auch eine Vertiefung, des Teufels Schüssel genannt, gefunden wurden.
Den Spalt in dem Berge hieß man die Hölle.

Der Hofer Tuchmacher Hans Goditzer und der Teufel

Hans Goditzer, einen Bürger und Tuchmacher dahier, der bereits 4 Jahre Haus hielt, wollte im Verlauf dieses Jahres der Teufel leibhaftig holen und zu kleinen Stäublein, wie sie im Sonnenschein fliegen, zerreißen; hatte zum bestimmten Termin den Charfreitag, und zwar die Zeit vor Beendigung der Predigt, gesetzt. Daher Goditzer in große Traurigkeit gerathen, nichts anders meinend, er müsse auf bestimmte Zeit sein Leben mit einem

Der Teufel als Krämer. Holzschnitt von Hans Frank 1517

schrecklichen Ende beschließen. Durch göttliche Hülfe und Beistand, und durch fleißiges Seufzen und Beten des Pfarrers M. Kaspar Löner und seiner Diakonen, die stets bei dem Goditzer in seiner Traurigkeit gewesen, sowie der Verwandten und anderer Christen, die in der Kirche und daheim für ihn emsig zu Gott geschrien, ist er aber gnädigst errettet worden. Der Pfarrer M. Löner blieb am Charfreitag von Morgens an bis er auf die Kanzel steigen mußte, bei ihm, und bestellte hernach Leute, unter denen auch der

Vater des M. Widmann gewesen, die während seiner Abwesenheit bei ihm blieben, und ihm während der Predigt vorgebetet haben.
So wurde Hans Goditzer am Charfreitag um Mittag, als er vernommen, die Amtspredigt und der ganze Actus sei nunmehr vollendet, und der Teufel habe zum Lügner werden müssen, seiner Schwermüthigkeit erlediget, und blieb vom Teufel ferner unangefochten. Er sagte auch, als der angesetzte Termin verflossen war: nun will ich Gott trauen, und dem Teufel s. v. auf's Maul thun.
Es hatte aber Hans Goditzer in seiner Jugend, als er noch ein Knabe und ein ziemlich böser Bube gewesen, mit andern seines Gleichen »Kötlein« gespielt, und sich verwettet, er wolle des Teufels sein, wenn er nicht werfe, was er begehrt. Darauf hat ihm der Teufel in seinem männlichen Alter diesen leichtfertigen Schwur vorgehalten, und ihn mit schwerer Anfechtung geplagt.
Solches mag fürnehmlich der unbedächtigen Jugend, die den Teufel stets im Maul hat, und sich von ihm holen heißet, zur treuen Warnung dienen.

Spuk im Hofer Rathaus (1604)

Am 8. September kurz vor Mitternacht haben sich ungewöhnliche Lichter auf dem Rathhause, von einer Stube und Boden zum andern umschweifend, sehen lassen; ebenso geschah am Schnecken- oder Rathhausthurme auf- und niedergehend von unten bis auf das oberste Gemach, darinnen der Thürmer sonst wohnte. Es hat sich auch am untern Erker des Rathhauses ein Mann zum Fenster herausgelegt, als wollte er der Herrschaft Mandat verlesen und etwas verkündigen, hinter welchem ein helles Licht gestanden, so, daß man alles scheinlich sehen konnte; derselbe hat aber nichts geredet, und ist bald hernach verschwunden.

Eine Erscheinung in Hof 1694

Viel Gerede veranlaßte um diese Zeit ein Gespenst oder Geist. Im Monat May, hat sich ein Gesicht im Münster nicht weit vom Rosenbühl sehen lassen; ist Simon Schleicher ein Jungen und

Viehhirdten von 13½ Jahr zu unterschiedenen mahlen erschienen; ist gestalt gewesen als ein Klein Kind, mit einem weißen Hemd und Schürzlein angethan, auf den Kopf ein weiß und schlechtes Häublein, und auf denselben 3 Kränzlein, so über einander gestandten, habend, welche einen solchen Glantz gehabt, als wenn man in die Sonne siehet, auf den Rücken hat es gehabt das Leiden Christi, und ein schwarzes Creutzlein in beeden Händlein haltend. Da nun der Junge das Kindlein fragte: wo es herkäme, oder wer es sey, wurde ihm zur Antwort gegeben: Es wäre von Gott geschickt, und würde eine große Strafe über die Menschen ergehen, denn das Schinden der Armen ließe sonst nicht nach, und wenn die Leute nicht Buße und Besserung thäten, so würde Gott eine große Ruthe über das gantze Land schicken. Worauf bei wiedermahliger Erscheinung der Jung gefragt: ob die Theuerung noch lang weren würde, es zur Antwort geben: Es würde Getraid genug werden, aber die Theuerung würde noch eine Weil anhalten, und wann die Leute nicht Buß thäten, so würde ein Sterb kommen.

Alß nun dasselbe wieder erschienen, hat der Jung zu ihm gesaget: Alle Gute Geister loben Gott den Herrn, hat es sich geneiget.

Alß nun der Jung deswegen examiniret, ist befunden worden, daß dieses Kein Guter, sondern ein Böser Geist, ja gar der leidige Teuffel seye, deswegen auch die Leuthe von den Kanzeln durch die Hrn. Geistlichen öffentlich vermahnet worden, darbey auch angezeiget, daß es nichts anders denn der Teuffel seyn könne.

Da aber nachgehends solch' Gesicht den Jungen wieder erschienen, und Er angefangen zu bethen: Gott der Vater wohn Uns bey, und auf diese Worte kommen: für dem Teuffel uns bewahr, hat es angefangen: für den Teuffel uns bewahr, und das Lied ausgebethet. Alß Er den Glauben zu bethen angefangen, hat es nicht mit gebethet, hat es aber nachgehends im Gebüsche bethen gehört, es aber nicht gesehen. Wie es aber wiedermahls sich sehen lassen, hat der Jung gefragt: was bist Du denn? Worauf es zur Antwort geben: Ich bin ein Engel. Alß der Jung hierauf gesagt: Von Gott, es wieder geantwortet: vor Gott; denn von Gott seye der Teuffel. Hat darauf sehr angefangen zu weinen, weil man es vor einen Teuffel halten thäte. Gegen Johanni ist es wieder kommen, und ein Stücklein Brod von Jungen begehret, weil Er aber selber wohl kein frisch Brod mitgenommen, sondern nur ein überbliebenes Rindlein bey sich gehabt, hat er ihm solches geben; Alß es nun dieses sehr wohl betrachtet, damit ins Holz gelauffen und weiter nichts gesagt. Was bey diesen Gesicht weiter vorgangen und vor Worte gefallen, wird man am besten wissen, da der Jung examiniret worden, habe dieses nur kürzlich, wie insgemein erzählet worden, anmerken wollen.

7. Fränkische Reichsstädte, Residenzen und Bischofssitze

Der Werwolf von Ansbach

Es war von drey viertel Jahren her / in dem gantzen hochlöbl. Fränckischen / ja sogar in benachbarten anderen vornehmen Craisen der allgemeine Ruff erschollen / was maßen in dem Bezirck etlicher / dem Fürstenthumbe Onoltzbach angehörigen Oerter und Flecken / ein erschrecklicher und grausamer Wolff sich sehen lassen / welcher verschiedene Mordthaten gewaltthätiger weiß verübet hätte / bey welcher Begebenheit bald dieser dieses / bald jener ein anderes seinem eigenen Belieben nach vorgebracht: Dieses thut wahr sich befinden / daß im vergangenen Monat Julio des verwichenen 1685. Jahrs und in folgenden Monaten verschiedene Kinder weggetragen / und mit ihrer Eltern und Anverwandten größtem Leydwesen von einem grimmigen Wolff den so bald in diesem / bald in einem andern Ort man gesehen / aufgefressen worden. Die Straßen und offentliche Wege wurden von den Reysenden sehr unsicher gemacht / und wer solchen Weg ziehen solte / da dieser Wolff sich auffgehalten / derselbe nahm sich wohl in acht / und beflisse sich / in guter Gesellschaft fortzuwandern. Die Schnitter auff dem Felde / in wärender Erndte / sahen sich wol vor / in dem der Wolff denselbigen sonderlich auf ätzig war / wie er denn unterschiedlichen Weibspersonen sehr gehässig sich erwiesen / die doch zum öfftern mit großem Nachdrucke sich ihme Wolffen widersetzet. Da dieser in etlichen Territoriis grausame Schand und Mordthaten außgeübet / ward solcher endlich würcklich herbey gerucket. Es war angebrochen der 9. Octob. des vorged. 1685. Jahrs / da hatte sich ermelt-feindseliges

Wolffs-Thier nach Neuses / nicht weit von Eschenbach gelegen / begeben / umb allda den hungerigen Wolffs-Magen mit einer vorkommenden Speiß zu sättigen und zu füllen. Der lausterende Wolff hörete in gedachtem Neuses ohngefehr einen wachenden Gallum gallinaceum oder Haußhanen laut ruffen / solchen nahete er sich bald / umb an ihme ein angenehme Morgen Suppen zu geniessen / allwo vor dessen Hahnen Gesang und Geschrey er Wolff nicht erschrocken / wie sonst von dem beherzten Löwen geschrieben wird / daß wann er einen Haußhahnen krähen hören / vor ihme er zu fliehen pflege. Der krähende Hahn merckte bald bey Ankunft des Wolffs / das es ihme gemeint und nicht umb seine ruffende Stimm / sondern umb sein Leben zu thun wäre / flatterte dannenhero ohnversehens übe einen bedeckten niedrigen Brunnen / damit er sein Leben retten mögte. Der begirige Wolff folgte eiferig nach / nit beobachtende / daß daselbsten ein heimlicher Brunnen verborgen wäre. Der nun bißhero manches Blut vergossen / muste nunmehr auch ein rachgiriges Blut außspeyen. Da der Wolff unten im Brunnen lag / seynd die benachbarten Inwohner mit Prügeln / mit Hauen / mit Steinen / und andern Instrumenten zugelauffen / umb mit aller Macht zu verwehren / daß der Wolff auß dem Brunnen nicht mehr herauß steigen mögte. Hier hatte es an abwerffenden Steinen nit gemangelt / und haben die Inwohner an ihrer Gegenwehr nichts ermangeln lassen / der also in keiner auffgestelten Wolffsgruben gefangen / und der von keinem fleißig aufstellenden Jäger mit Kugeln konte geschossen und erlegt werden der muste in einem Brunnen sein Leben endigen. Da der Wolff auf diese Weiß in dem Brunnen erwürget war / zog man diß verfluchte Aaaß herauß: Jederman lieffe zu und erfreuete sich / daß diese Furien endlich ohn fernere vergießung Menschen Bluts / erleget worden. Die Höhe seiner Wolffsgestaltung sol ein und ein halb Elen hoch gewesen seyn. Die Haut wurde ihme abgenommen / und damit das furchtsame Landvolck einsten versichert wäre / daß ihr und ihrer Kinder / auch ihres Gesindes ärgster Feind der grimmige Wolff lebloß gemacht / und erwürget worden wäre / hat man solch erwürgten Wolff an einen offentlichen Galgen auffgehencket nach derjenigen Lands-Art / so in gleichem in denen Hessischen und Mecklenburgischen Landen gebräuchlich / allwo wann ein Wolff erschlagen / und

Der Werwolf von Ansbach 1685.
Kupfer von Georg Jacob Schneider. Nürnberg, German. Nationalmuseum

ertödet wird / pflegt man zum Trost des in Forcht gelebten Landvolcks solchen ingleichem an den liechten Galgen zu hencken / damit jedermann erkennen möge / daß ein solch grausames Unthier glücklich erleget worden / und damit die Abscheulichkeit dieses gehenckten Wolfes / nicht allzu erschröcklich denen vorbey Reysenden vorkäme / hat man ihm die Wolffs-Schnautze biß an die Augen abgehauen / und ihm vor sein Wolffs-Gesicht ein Schembart / oder so gemachtes Menschen Gesicht angefüget / umb welches Spectacul zu sehen weit und breit die Leut herbey kommen / welche diese Begebenheit genau betrachtet / worbey bald dieser / bald jener allerhand Concepten ihme in seinem Cerebell gemacht. Von den Affen ist bekand wann sie in Africa gezämet / und von ihnen etwas Böses begangen wird / sie an einen Galgen / mit einem sonderbahren Kleid / von sonderbahren Farben / als ob ein Mensch dahienge / auffgehencket werden. / Ist also dieses in diesem / und jenes in jenem Land sittlich und üblich / und weilen damals im gantzen Franckenland und allen benachbarten Orten viel redens / und discurirens von diesem Wolff / und seiner Begebenheit gewesen.

Kaiser Karl auf dem Prezenberg bei Ansbach

Daß Carolus M. öffters in dieser Gegend sich aufgehalten und mit der Jagd belustiget, auch auf dem allernächst der Stadt, gegen Norden, liegenden so genannten Prezen-Berg ein besonderes Castrum forestale oder Jagd-Hauß gehabt habe, lässet sich nicht undeutlich aus denen von solchem allda noch vorhandenen Spuren, nemlich einem starck in ein Viereck lauffenden steinernen Grund von 30. Schuhen in die Länge, und einem herum gehenden Graben, muthmaßen, wie eine von einem dasigen seit deme verstorbenen Gelehrten von dieser Stadt und Stifft gefertigte sichere Nachricht meldet. Wobenebst noch, nach einer in dasigen Gegenden bekandten allgemeinen Tradition, ersagter Kayser, als er einstens dort herum gejaget und sich dabey sehr erhitzet, zu Löschung seines Dursts aber nirgend Wasser finden können, endlich eine Taube aus einer Quelle an der Nähe trincken gesehen, und darauf seinen Durst gleicher gestalt gestillet habe. Welche Quelle noch der Zeit ohnfern des Decanat-Hofs befindlich, und das Tauben-Brünnlein genennet wird, auch mit gehauenen Quader-Steinen eingefasset und bedecket ist. Worauf der Kayser zur Danckbarkeit gegen GOtt ein Closter dahin zu stifften entschlossen und auch bewerckstelliget habe.

Die blinde Jungfrau von Bamberg

Heut hat sich die blinde Jungfrau sehen lassen«, oder auch: »Heut hat sich die blinde Gerechtigkeit wieder sehen lassen«, hört man oft sagen. »Ist denn wieder das Buch herabgefallen?« fragt man dann, und die Antwort ist: »Es muß wohl so sein.« Die Geschichte ist folgende: Am alten Dom zu Bamberg, bei dem Prachtthor, oben steht eine Jungfrau von Sandstein ausgehauen. In ihrer Rechten hält sie einen Stab, der ist zerbrochen, in ihrer linken Hand zehn Ziegel. Ihre steinernen Augen aber sind verbunden mit einem Tuche, wie 's der Weber macht. Die Figur aber stellt eine Jungfrau vor, die einst öffentlicher Unzucht angeklagt, und als schuldig erkannt wurde. Vergebens beteuerte sie ihre Unschuld; wohl mehr als zehnmal fiel sie nieder auf die Knie, rief Pfaff und Laie an, sie doch nicht schmachvoll sterben zu lassen durch Henkerhand; vergebens, man riß sie auf, und schleppte sie halbtod weiter. Als sie an den Dom gekommen war und zum alten Schloß, raffte sie sich noch mal auf, und rief, die Blicke gen Himmel: »Der Mensch hat kein Erbarmen mit meiner Unschuld, ihr Ziegel auf dem Dache habt's noch eher, so erbarmt ihr euch!« Kaum hatte sie das gesprochen, fielen zehn Ziegel vom Dache und schlugen sie tod. Volk und Richter nahmen es als ein Himmelszeichen, und der Jungfrau Bildniß prangt an dem Orte, wo das Wunder geschehen ist. Der Bildhauer, der die Augenbinde vergaß, die das blinde Urtheil sollte bedeuten, verband die Augen mit einem rechten Tuche, und so oft es durch das Wetter zu faulen anfängt, geht die Jungfrau wandeln. Um Mitternacht schwebt sie auf dem Domberg auf und nieder, und die Wachtposten haben nicht den Muth sie anzurufen; sie schwebt dann weiter, und pocht an alle Domherrnwohnungen, jede Nacht es wiederholend, bis ihre Augen ein frisches Tuch bedeckt.

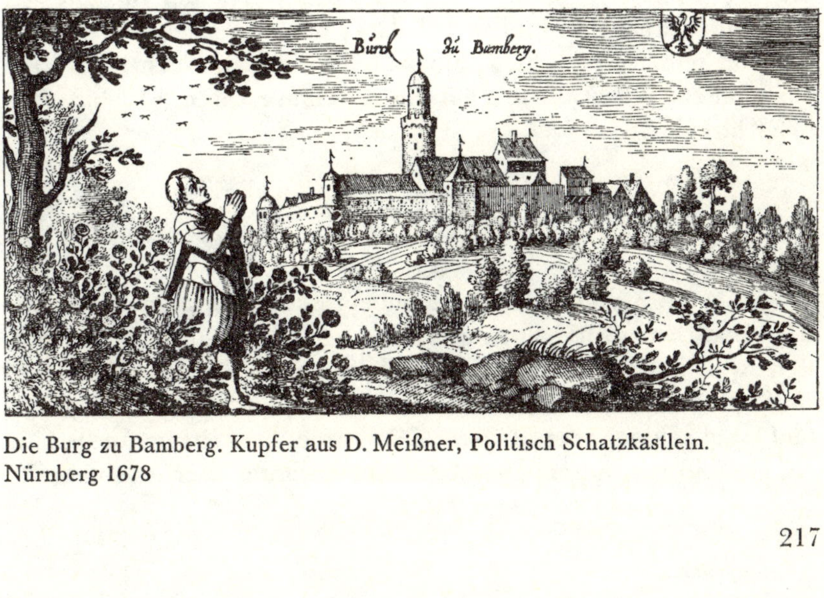

Die Burg zu Bamberg. Kupfer aus D. Meißner, Politisch Schatzkästlein. Nürnberg 1678

Das Grab Kaiser Heinrichs in Bamberg

Zu Bamberg ist Keiser Henrichs grab / auff welchem ein Grabstein gehawen ist ein Bild / das bedeutet die Gerechtigkeit / denn das bild hat ein Wag in der hand. Nun ist die Wag jetzt also / daß das Zünglein nicht gleich inne stehet / sondern schlecht auff der einen seiten auß / Davon haben die Alten gesagt: Wenn die Zunge gleich werde einstehen / als dann werde die Statt vntergehen.

Der Bamberger Wetterhahn

Ein altes Weib hatte ein junges Töchterlein; das war überall bekannt, und genannt: ›die schöne Jungfer Kläre‹. Ihr schwur ein junger Edelmann ewige Liebe und Treue. Er wußte so treulich zu schwatzen und lieblich zu kosen, bis man sie nicht mehr ›die schöne Jungfer Kläre‹, sondern nur ›die schöne Kläre‹ nannte. Auf diese Weise gefiel's aber dem jungen Edelmann auch nicht lange, und er suchte sich ein anderes Dirnlein zum Zeitvertreib. Schön Klärlein aber härmte sich zu Tod. Auf dem Friedhofe zu S. Getreu in Bamberg liegt sie begraben. Drob erboßte die Alte, die eine Hexe war, und verwünschte den Edelmann in die Nähe seines Liebchens. Hoch oben auf dem Dache ist er als Wetterhahn und ruft seinen Treuschwur hinaus in die finstere Nacht. Ich selbst hörte oft zur Nachtzeit mit karzender Stimme rufen: »Lieb Klärla, lieb Klärla bin treu!«

Das Pöpelgäßchen in Bamberg

Ein abgelegnes Gäßchen in Bamberg führt den Namen das Pöpelgäßchen. Dort gehen die Pöpel zu jeder Zeit, doch am liebsten zwölf Uhr mittags, und zwölf Uhr nachts. Oft sahen die Leute weißgraue Gestalten hin und her schweben, auf den Steinen sitzen, und Geld zählen, oder Haasen und Hunde, gar seltsam anzuschauen, hin und her laufen. Die Seltsamste darunter aber ist eine graue

Gestalt, der es eingefallen, mit ihrem eigenen Kopfe zu hadern. Da kommt sie das Berglein abwärts, ihren Kopf, der immer bergauf will, gewaltsam mit den Füßen hinabstoßend. Nur mit der größten Anstrengung gelingt ihr das Vorhaben, bis dann gegen Ende des Gäßleins, Gestalt und Kopf allmählich Nebelform annimmt und endlich in Nichts sich auflöst. Niemand aber weiß zu sagen, was des Haders Ursache sei, den der Rumpf so siegreich mit dem Kopf beendigt.

Der Teufelsweber von Bamberg

In Bamberg lebte ein frommer alter Mann, seines Handwerks ein Weber; der hatte einen gar wilden Gesellen; er war ein Säufer, Spieler, und Raufer. Ganze Tage und Nächte lag er im Wirthshause, und wenn man zu mittags oder abends den Segen sprach, so zählte er sein Geld, sah zum Fenster hinaus, oder spielte mit der großen grauen Katze, die es besonders gut mit ihm konnte. Trotz dem, wenn die Woche vorüber war, hatte er mehr geschaffen als der Meister, der sich rührte und regte vom frühen Morgen bis in die späte Nacht. Oft schon wollte er ihm Feierabend geben, allein es gab der Arbeit so viele, und der Gesellen so wenige. Einst träumte dem alten Weber, in seiner Werkstätte hinten im Garten sey die große graue Katze, und zerreiße ihm den neu angelegten Zettel. Der Traum ist so lebhaft, daß er davon erwacht. Er schläft wieder, und wieder träumt ihm dasselbe, und als er nochmals geschlafen und abermals geträumt, da läßt's ihn nicht länger ruhen. Er geht zur Werkstätte, die Thür ist aber verschlossen, allein deutlich hört er den Webstuhl rasseln, aber mit außerordentlicher Schnelligkeit. Ein schwacher Lichtschimmer machte ihn auf eine kleine Öffnung aufmerksam. Zu dieser emporklimmend sah er in die Stube; sie ist erleuchtet durch eine halberloschene Lampe, am Webstuhl sitzt seine große Katze, mit ihren grauen Pfoten das Schifflein rasend hin und her werfend. Neben ihr saß mit stieren Augen, den Kopf in beide Hände gelegt, und mit den Ellenbogen sich auf die Schenkel lümmelnd, sein wilder Geselle. Mit einem Blicke übersah er das Ganze, dann fing der Webstuhl an leiser und leiser zu gehen, bis er still stand. Die Katze brach in klägliches Angstgeschrei aus, drehte sich plötzlich um, und warf dem erschreckten Weber das Schifflein nach den Kopf. Dieser fiel rücklings herab, und als er morgens zu sich kam, war Geselle und Katze verschwunden. Als die Geschichte ruchbar ward, nannte das Volk den alten frommen Mann den Teufelsweber.

Der Klapperer von Bamberg

Bauerndirnen saßen abends am Spanfeuer beim Rocken und schwatzten. Später spielten sie Pfänder. Einer, die man als keck kannte, wurde zur Lösung gegeben, den Klapperer im nahen Beinhause zu holen. Der Klapperer aber war ein Geripp, das seit einigen Jahren darin stand, so wie man es ausgegraben hatte, und noch hingen alle Knochen in ihren Gelenken zusammen; wenn dann der Wind durch das Fensterlein pfiff, schlugen sie aneinander und klapperten, daher der Name. Doch die Dirne löste ihre Aufgabe, und stellte das Geripp in die Ecke. Eine zweite bekam zur Aufgabe, dem Klapperer die Hand zu geben; sie wollte nicht, aber sie mußte. Langsam trat sie hin, und faßte schaudernd seine Hand. Da stürzte mit einem Male der Klapperer mit fürchterlichem Gerassel zusammen, und alle Knochen auseinander. Am zweiten Tage war sie tod. Der Klapperer war ihr früherer Geliebter, dem sie die Treue gebrochen, und der sich nun sein Liebchen heim geholt.

Freierschau in Coburg

Gottlose Leute erkündigen ihre künfftige Liebhaber also: Nemblich sie schneiden neunerley Holtz an dem Tage / so vor dem Weyhnachtabend vorhergehet / ab: davon machen sie in der Mitternacht ein Feuer in einem Gemache oder Stuben / aber gantz nackigt also / daß sie ihre Hembden vorher zum Gemache hinaus werffen vor der Thüre / und drauff bey dem Feuer sitzend sprechen: Hier sitze ich splitter faser nackigt und bloß; wenn doch mein liebster käme / und würffe mir mein Hembde in den Schoß. Solches sollen zu Coburg etliche Mägdigen getrieben haben: deren die eine davon ihr Hemde eintzeln und besondern zur Thür hinaus geworffen gehabt: welch ihr also hernach war richtig wieder hinein geworffen worden: da sie denn auch das Gesichte gemercket / welch hernache mit deme über eingekommen / den sie zu freyen bekommen. Die andern Struntzen hatten aber ihre Hembden alle über einen Klumpff zusammen gewickelt gehabt / und also zur Thür hinaus geworffen: Derentwegen hatten sich gleichsam die Geister nicht drinnen finden können; sondern einen großen Tumult und Gepolter darüber ongefangen dergestalt / daß den Mägdigen drinnen gegrauset / und flugs ihr Feuer ausgegossen und sich zu Bette verkrochen haben biß früe / da ihre Hembden vor der Thüre in etliche tausend kleine Stücklein zerrissen gewesen.

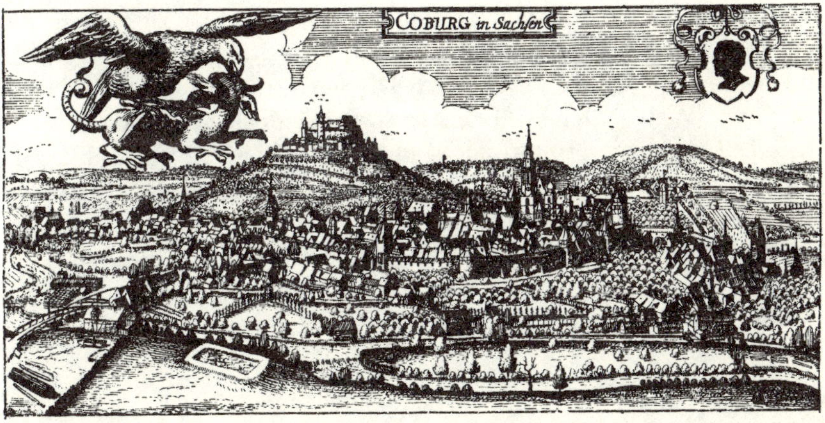

Coburg. Kupfer aus D. Meißner, Politisch Schatzkästlein. Nürnberg 1678

Das Gespenst als Eheweib

Herzog Johann Kasimir hatte einen adeligen Stallmeister; mit dem trug sich das Sonderbare zu, daß ein Gespenst in Gestalt seiner noch lebenden Ehefrau ihm zum öftern erschien und ihn äußerst beunruhigte. Wie sich die Ehefrau in Kleidern trug, so trug sich das Gespenst, und erschien regelmäßig in der Mittagsstunde von 11 bis 12 Uhr. Die Frau ging deshalb, um sich von dem lästigen Geist unterscheiden zu lassen, nie ohne Begleitung, doch bei Tische wußte der Stallmeister manchesmal doch nicht recht, welches seine Frau war. War ein Geistlicher zugegen, so blieb das Gespenst weg. Eines Tags war der Beichtvater der Familie, Johann Brüscher, eingeladen, und der Edelmann begleitete ihn beim Abschied mit seiner Frau und seiner Schwester bis zur Treppe; da stieg der Geist von unten die Treppe herauf und faßte durch ein hölzernes Gitter das Fräulein an der Schürze, daß es laut schrie, worauf das Gespenst verschwand. Einmal lag es mit dem Arm auf der Küchenschwelle, da fragte die Köchin: Was willst Du? worauf es antwortete: Deine Frau will ich. Doch that es der Frau keinen Schaden. Dem Stallmeister ward von seiner Frau angerathen, die Wohnung zu wechseln, die in der Spitalgasse war, und in das Haus, welches nachher Dr. Frommann bewohnt hat, zu ziehen; da wurde der Geist sichtbar und laut und sprach: »Du ziehest gleich hin, wohin Du willst, so ziehe ich Dir nach, und wenn auch durch die ganze Welt.« Der Stallmeister zog aber doch aus, und da wurde die Thüre des Hinterhauses mit großer Gewalt zugeschlagen, und in dem verlassenen Hause der Geist nicht wieder gesehen, desto mehr in dem neubezogenen. Dann zog der Stallmeister in ein anderes großes Haus in einer Vorstadt nach der Rosenau zu, und endlich in das Schloß, die Ehrenburg, weil er Schloßhauptmann wurde. Dort endlich hat sich das Gespenst verloren.

Der Engländer und sein Diener

Zu einem reichen Engländer, welcher immer an den heftigsten Zahnschmerzen zu leiden hatte, sprach einst ein altes Weib: »Wenn du von deinen Schmerzen befreit sein willst, so verschaffe dir von Luthers Bett, welches sich auf der Veste Coburg befindet, einen Span und stochere damit deine Zähne!«

Kaum hatte der Engländer diesen Rat des Weibes vernommen, so gab er seinem treusten Diener Paddy den Befehl, sofort nach Co-

Kloster Banz. Kupfer aus D. Meißner, Politisch Schatzkästlein. Nürnberg 1678

burg zu reisen und einen Span von Luthers Bett zur Beseitigung seiner Schmerzen zu holen. Nach langer, mühseliger Reise gelangte Paddy auch an einem heißen Sommertage in Coburg an. Da er großen Durst verspürte, so kehrte er in dem Ratskeller ein, wo er dem schäumenden Zollhofsbier so wacker zusprach, daß sich sein Körper vor lauter Wonne und Wohlbehagen über diesen Zaubertrank in Nichts auflöste. Als nun in mitternächtiger Stunde der Geist Paddys ohne Span vor seinem Herrn erschien, so fuhr dieser aus der Haut. Zur Strafe für diese Frevelthaten wurden beide vom Schicksal nach der Coburger Veste verbannt, wo sie sich von Zeit zu Zeit zur Mitternacht als Gespenster bis auf den heutigen Tag sehen lassen.

Judenfrevel in Coburg

Vor alten Zeiten begab sich's, daß ein Weib einem Juden eine große Summe Geldes schuldete. Da sie nicht zahlen konnte, sprach zu ihr der Hebräer, er wolle ihr die Schuld erlassen, aber sie solle ihm geben etwas von ihrer Milch, da sie gerade ein zu stillendes Kind hatte. Das Weib versprach's zu thun. Als aber der Jude fort war, ward sie nachdenklich über sein Begehren, ging zum Stall und molk ein Mutterschwein, von dessen Milch gab sie dem

Juden, als er am andern Morgen wiederkam. Da es nun Abend worden, ging der Jude mit noch einem Gesellen zum Galgen, hieß jenen die Leiter hinaufsteigen, und die Milch in die Hirnschale eines Gehenkten eingießen, und wohl umrütteln. Der Gefährte that's und der Jude fragte: »Was siehst Du?« – »Nichts!« antwortete jener. So fragte der Jude noch einmal und auch zum dritten Mal, und beim dritten Male sagte der Geselle auf der Leiter: »Ich sehe eine große Herde Schweine!« – »Waih!« schrie der Jude, »so hat mich betrogen das vermaledeite Weib, und es wird kommen ein Sterb unter die Schweine, und nicht unter die Christen.« Und als nun eine große Krankheit unter die Schweine kam, daran des Weibes Mutterschwein auch drauf ging, merkte diese den Frevel, machte Anzeige, und es wurde nicht nur der Jude an dem Galgen gehenkt, sondern auch alle andern wurden aus der Stadt vertrieben.

Die Entstehung der Stadt Dinkelsbühl

Der Sage nach stand da, wo jetzt das Karmeliterkloster sich erhebt, vor Zeiten ein Bauernhof, dessen Besitzer sich hauptsächlich auf den Bau des Dinkels verlegte und deswegen der Dinkelbauer genannt wurde. Dieser Dinkelbauer pflegte die öfters durchreisenden Mönche und Wallfahrer gastfreundlich aufzunehmen, erbaute zur Befriedigung der religiösen Bedürfnisse nach der Sitte der alten Zeit neben seinem Anwesen eine kleine Kapelle und schenkte schließlich sein ganzes Besitztum den frommen Vätern, welche an der Stelle des Hofes ein Kloster errichteten. Bald hatten sich um dieses Kloster zahlreiche Landleute aus der Umgebung angesiedelt, und von der Lage dieser Ansiedlung auf einer Höhe (puhil, buhil, buhel, bühel, Bühl) und von der Art des vorzugsweise betriebenen Getreidebaues (thinkil, dinkil, dinchil, dinchel, Dinkel) wurde der neue Ort Thinkilespuhil, Dinkilesbuhil, d. i. Dinkelsbühl genannt.

Nun ist es ja höchst wahrscheinlich, daß der Name ›Dinkelsbühl‹ soviel als Dinkelhügel bedeutet und auf die Ortslage der ersten

11 Am Tiergärtner Tor zu Nürnberg. Kupfer von J. A. Delsenbach um 1720. Nürnberg, German. Nationalmuseum

12 Bamberg. Ausschnitt eines Altarbildes um 1487. Bamberg, Museum de Alten Hofhaltung

Niederlassung und ihre Haupterwerbsquelle bezug hat, wenn sich auch eine andere Erklärung, nach welcher ›Dinkelsbühl‹ von Dingspill (ding = Gericht, spillon = verkündigen) abzuleiten wäre und also soviel als Mahlstatt, Gerichtsstätte bezeichne, nicht so ohne weiteres von der Hand weisen läßt. Aber vollständig unrichtig ist es, das Karmelitenkloster als den Anfang und den Ausgangspunkt von Dinkelsbühl zu betrachten. Es ist vielmehr unzweifelhaft, daß die Stadt bedeutend älter ist, als das Kloster, und daß also die anmutige Erzählung von dem Dinkelbauern nichts anderes ist, als ein hübscher Versuch, das Dunkel, das über der Urzeit unserer Stadt ausgebreitet liegt, zu erhellen und uns den Ursprung derselben und ihren Namen auf einleuchtende Weise zu erklären.

Eine Orgel in der Kirche von Dinkelsbühl

In der Kirche zu Dinkelsbühl ist da, wo sich das Schiff mit dem Chor verbindet, linker Hand hoch oben am Gewölbe in schwindelnder Höhe eine Art Nische mit einer Orgel, welche aber seit undenklicher Zeit nicht mehr gespielt wurde, weil, wie die Dinkelsbühler fest behaupten, es dabei nicht ganz geheuer ist. Jeder, der es wagt, die schmale Treppe zu dieser Orgel hinaufzusteigen, wird mit einer solchen Tracht Ohrfeigen von unsichtbarer Hand bewillkommt, daß er gerne das Orgelspielen bleiben läßt.

Die Eichstätter Judenverfolgung

Die Regierung des XXXVIIten Fürstbischofes von Eichstätt Konrad II., eines Edlen von Pfeffenhausen, welcher vom Jahre 1297. bis zum 17ten Mai 1305. den bischöflichen Stuhl inne hatte, zeichnete sich in Hinsicht der Stadt Eichstätt hauptsächlich durch folgendes tragische Ereigniß aus:

Es entstand nemlich gegen die Juden durch einen gewißen schwärmerischen Bauern Namens Rindfleisch, und durch eine erdichtete Nachricht, als ob einige Juden eine konsekrirte Hostie beschimpft

hätten, angefacht, eine solche Wuth in Franken, daß in Nürnberg, Würzburg, Eichstätt, Berching, Rottenburg, Minsberg, Mergentheim und anderen Orten alle Juden verbrannt wurden.
Hiebei verdienet die Standhaftigkeit dieser Unglücklichen besonders bemerkt zu werden, welche aus Furcht ihre Kinder möchten durch die Qual des Feuers erschreckt, den christlichen Glauben annehmen, ihre Kinder selbst, dann ihre Waffen und ihr Geld, und endlich sich selbst in die Flamme warfen.

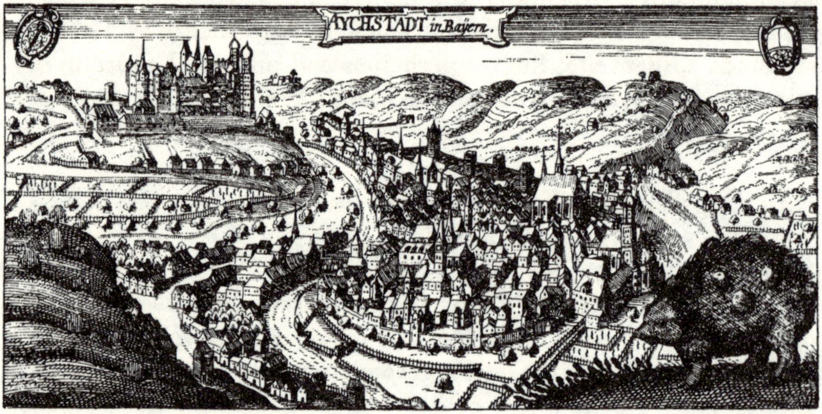

Eichstätt. Kupfer aus D. Meißner, Politisch Schatzkästlein. Nürnberg 1678

Der Brand im Eichstätter Gymnasium

Von der Verbrennung des Gymnasiums erzählet eine alte unverbürgte Sage, daß ein sächsischer Reiter, welcher früher auf dem Gymnasium studirt haben, und von den Jesuiten aus der Zahl der Studierenden ausgeschlossen worden seyn soll, aus Rachsucht die Treppe des Gebäudes in Brand habe stecken wollen, jedoch weil dieselbe nicht geschwinde genug Feuer fieng, auf den Boden unter das Dach gestiegen sey, und dort Brand angelegt habe, daß aber während dieser Operation die Treppe in volle Flammen gerathen sey, und so dem Mordbrenner den Rückweg versperret habe, daß er selbst in dem von ihm gemachten Feuer elend umkommen mußte.

Wenn diese Nachricht mehr als leere Sage ist, so hat der elende Mordbrenner sein Schicksal wohl verdient.

Die Willibaldsburg bei Eichstätt

Südlich von Eichstädt liegt die Willibaldsburg, früher Wohnsitz der Fürstbischöfe, zur Zeit Militairspital. Dort werden unter dem langen Bogen des Hauptthores Ohrfeigen ausgetheilt, ohne daß man je die Hand hätte greifen können, von der sie stammen. In derselben Burg sollen ganze Tonnen Goldes, wie auch im nahegelegenen Kloster Rebdorf vergraben sein. Man nennt sogar in der Stadt eine Frau, die einst in einem Keller des Schlosses einen Korb mit Eiern fand, welche sich später in reines Gold verwandelten.

Sage vom Weingasteig

Schlimm ergeht es den Fuhrleuten, die zur Nachtzeit von Eichstädt nach Ingolstadt oder Neuburg fahren, und das Weingasteig zu passiren haben. Erzähler hörte selbst einen nun verstorbenen Fuhrmann davon berichten. Er fuhr einmal jenes Gasteig hinauf; da rollten ihm gewaltige Fässer, höher als sein beladener Wagen, entgegen. Die Pferde schäumten und wollten abseits springen. Mit großer Mühe erhielt er sie im Geleise und bemerkte dabei mit Erstaunen, wie die Fässer durch ihn, seine Pferde und seinen Wagen hindurchliefen, ohne irgend eine Beschädigung zu verursachen. Derselbe Mann erzählte auch, daß mehrere Male im Hinunterfahren an jener Stelle sich ein geheimnißvoller Geselle zu ihm that, und dem Wagen hinten aufsaß. Geschah dies, so konnten die Pferde selbst das leere Fuhrwerk nur mit großer Anstrengung den Berg hinabbringen.

Reiter ohne Kopf in Eichstätt

Durch das Buchthalthor herein, die Webergasse hindurch bis zum Amtshaus, von da den Berg hinab in die Plenaglgasse, an der Dominikanerkirche vorüber und wieder dem genannten Thore zu, reitet in der ihm gesetzten Zeit auf weißem Rosse ein Mann, der nach der Sage ein schwedischer Kriegsmann, nach Andern ein Postillon ist. Er hat keinen Kopf, jedoch will man ihn schon blasen gehört haben.

Das Eichstätter Gießweibchen

Seitwärts von der sogenannten Westermühle und der Schleife ist eine Wehr, durch die das Wasser, welches die Mühlwerke nicht nöthig haben, abfließt. Man nennt sie die Gieß. Dort wohnt zwischen den Wasserbauten in den Wellen das Gießweibchen. Dieses verläßt manchmal seine traurige Behausung und zieht durch die Westervorstadt auf den Kappellenbuck, und von da zwischen zwei Paaren hintereinander gelegener Mühlen hindurch auf die Hauptstraße, auf welcher es wieder zurückkehrt. Auf ihrer Wanderschaft klagt und heult das Weiblein so, daß Alle, die sie hören, darob vor Furcht erstarren. Sie soll eine Müllerin gewesen sein, die das siebente Gebot nicht beachtete. Ein Freund des Erzählers, sonst kein Mann von übermäßiger Gläubigkeit, betheuert heilig, das grauenhafte Weib selbst gehört zu haben.

Der Ordelbach zu Eichstätt

Hinter dem Kloster der heiligen Walburga zu Eichstädt durchbricht den nördlichen Theil der um die Stadt sich ziehenden Mauer, die hier am Abhange des Berges sich hinzieht, ein weitvorspringender Fels, dessen dem Kloster zugekehrte Seite eine senkrechte, etwa achtzig Schuh hohe und zwanzig Schuh breite Wand bildet. In Mitte dieser Wand, in einer Höhe von ungefähr dreißig Schuhen, befindet sich eine Öffnung von ungefähr zehn Schuh Höhe und drei Schuh Breite. Durch diesen Riß drängen, wenn es einige Zeit geregnet hat oder wenn die auf der nördlichen Bergebene gelegenen Schneemassen im Frühlinge schmelzen, gewaltige Wassermassen heraus, die sich oft so sehr vergrößern, daß man befürchten möchte, sie zersprengen den Fels. Der Wasserstrom stürzt in die Tiefe, läuft unter dem Kloster in einen künstlichen Kanal ab und fließt in die Altmühl. Das Getöse des stürzenden Wassers wird weithin gehört. Es ist ein großartiges Schauspiel, das auch stets viele Zuschauer herbeizieht. Dieser Wasserfall heißt der Ordelbach. Von ihm geht nun in der Stadt die Sage, daß er einst sein Bekken und sein Thor sprengen und in solcher Wucht herausströmen werde, daß er Kloster und Stadt vernichten würde. Diese Katastrophe kann nur dadurch verzögert (nach einer anderen Überlieferung für immer verhindert) werden, daß an einem bestimmten Tage des Jahres von den Klosterfrauen heiliges Öl, das aus den Gebeinen der heiligen Walburga fließt, in die Öffnung der Felswand gegossen wird.

Die Entstehung des Klosters in Feuchtwangen

Die Volkssage erzählt die Entstehung des Klosters Feuchtwangen also. An den Abhängen des Sulzbachthales, in dichten Fichtenwäldern, soll Kaiser Karl der Große einstmals Jagd gehalten haben. Vom Fieber überfallen habe er sich matt und müde auf einen Fichtenstock gesetzt. Durstig zum Sterben konnte er kein Waßer bekommen, wie sehr es sich seine Jagdgenossen und die ausgesendeten Boten angelegen sein ließen. Sieh da! sei eine Wildtaube aus dem Gesträuch aufgeflogen. Sie suchten den Ort auf und fanden da reines frisches Quellwasser im Busche aus verborgenem Gestein herausfließen. Dem müden kranken Kaiser war geholfen: er trank nach Herzenslust und wurde heil und munter. Zum Danke habe er eine Kirche und ein Kloster da zu bauen gelobt. So entstand im feuchten Gelände der Sulzach Feuchtwangen. Noch immer hat das Taubenbrünnlein am Fuße des Klosterberges klares Wasser und nach der Volksmeinung ligt auch der Fichtenstock, auf dem der Kaiser saß, vom Alter versteinert, unter dem Hochaltar der Stiftskirche zu Feuchtwangen. Eine neuere Steinplatte bei dem Brunnen enthält diese Sage in wenigen Zeilen eingemaiselt.

Geistermesse in Nürnberg

So hat sich auch ein wunderbarliche, doch wahrhaftige geschicht in der Lorentz kirchen und uf deßelben kirchhof zugetragen. Als ein andechtige alte fromme matron ihrer gewohnheit nach eins mahls frue morgens vor tags hinaus gen s. Lorentz in die engelmeß gehen wollen, in meinung, es sei rechte zeit, und umb mitternacht fur das öber thor kombt, findet sie dasselbe offen und gehet also hinaus in die kirchen, do sie dann einen alten unbekannten pfafen die meß vor dem altar verrichten sihet; viel leut, mehrers theils unbekannte, sitzen hin und wieder in den stuelen zu beden seiten, auch eins theils ohne köpf, und unter denselben ettliche, die unlangst gestorben waren, die sie in ihrem leben wol gekant hatte. Das weib setzet sich mit großer furcht und schrecken in der stuel einen, und weil sie nichts dann verstorbene leut sihet, bekannte und unbekannte, vermeinent, es weren der verstorbenen seelen, auch nicht weiß, ob sie wieder aus der kirchen gehet oder drinnen bleiben sollen, weil sie viel zu fruhe kommen war, ihr auch haut und haar gen berg gestanden. Da gehet eine aus dem haufen, welche bei leben (wie sie meinete) ihr gefatterin gewesen und vor dreien wochen gestorben, ohne zweifel ein guter engel gottes, hin zu ihr, zupfet sie bei der kurßen, beut ihr einen guten morgen und spricht: ey, liebe gefatterin, behut uns der allmechtig gott, wie kombt ihr daher? Ich bitt euch umb gottes und seiner lieben mutter willen, habt eben acht uf mich, wann der priester wandelt oder consecrirt, so lauft weil ihr laufen könnt und sehet euch nur nicht umb, es costet euch sönst ewer leben. Darauf sie, als der priester wandeln will, aus der kirchen geeilet, so sehr sie gekunt, und hat hinder ihr ein gewaltig geprasel, als wann die ganze kirch einfiel, gehöret; ist ihr auch alles gespenst aus der kirchen nachgelaufen und hat sie noch uf dem kirchhof erwischet, ihr auch die kurßen (wie die weiber damals getragen) vom hals gerißen, welche sie dann hinder sich gelaßen und also unversehret davon kommen und entrunnen ist. Hat auch so balt sie vom kirchhof heraus kommen, nichts fernes vermerkt. Do sie nun wiederumb zum öbern thor kombt und herein in die stadt gehen will, findet sie das thor verschloßen, dann es etwa umb ein uhr nach mitternacht gewesen;

mus derowegen wol 3 stund in einem haus verharren, bis das thor geöffnet wurd, und kan hieraus vermerken, daß kein guter geist ihr zuvor durch das thor geholfen hab und daß die schwein (die sie anfangs vor dem thor gesehen und gehört, als wann es zeit war das vieh auszutreiben) nichts anders dann der leidige teufel gewesen; doch weil es ein behertztes weib ohne das gewesen und sie dem unglück entgangen, hat sie sich des dings so heftig nicht mehr angenommen, sondern ist zu haus gangen und am leben unbeschedigt blieben, obwol sie wegen des eingenommenen schreckens 2 tag zu beth hat liegen mußen. Denselben morgen aber, da ihr solches zu handen gestoßen, hat sie, als es nun tag worden, uf den kirchhof hinaus geschickt und nach ihrer kurßen, ob dieselbe noch vorhanden, umbsehen und suchen laßen: da ist dieselbe zu kleinen stucken zurißen gefunden worden, also daß uf einem ieden grab ein kleines flecklein gelegen, darob sich die leut, die haufenweis derohalben hieraus uf den kirchhof liefen, nit wenig verwunderten. Diese geschicht ist unsern eldern sehr wol bekant gewesen, da man nit allein hie in der stadt, sondern auch auf dem land in den benachbarten ort und flecken davon zu sagen gewust, wie dann noch heutigs tags leut gefunden werden, die es vor der zeit von ihren eldern gehöret und vernommen haben.

Drei Wiedergänger zu Wöhrd

Sonsten (1670) aber passirte, daß zu Wöhrd drey verstorbene, eine Manns und zwo Weibs Personen bey Nacht Zeiten die Leut sehr ängsteten und erschröckten, welche sich vielen präsentirt in Häusern und auf den Gaßen, diese wurden durch einen Beschwörer hinweg getrieben, wovon unterschiedliche Judicia ergangen, allein Gott verhänget zu Zeiten dem Sathan, daß wo er den Menschen im Leben nicht zu kan, er denselben nach dem Tod einen Schandfleck anzuhengen vermeynet, H. Pfarr: alda M. Echenbach hat sich der Sachen hefftig angenommen, sonderlichen der einen Weibs Person Fr. Weberinn (welche, allem Ansehen nach, eine Christliche, Gottselige Matron gewest, und sich also verhalten, daß sie ein unsterblich Lob hinter ihr gelassen, den Armen und Dürfftigen viel Guts erzeiget, auch sonsten in allen Christlichen Tugenden sich erwiesen, derowegen über solchem Vorgehen große Verwunderung geschehen) dieselben vertheidiget, darnebst, der andern Frauen, welch eine Beckin bey dem Weinstock gewest, wie auch des Mannes, den so genanten Függesen gedacht, dieser aber hat nicht allein die Bewohner seines Hauses sehr geplaget, sondern auch die auf den Gaßen gehende, ungeacht deßen allen, bracht Herr Pfarr: so viel zu weg, daß man den Werckmeister (welcher eines Henckers Sohn, und derer Zeit bestellter Scharffrichter naher befreundter) in die Lochgefängnus geleget, wie er sich aber aus der Sachen gewickelt, ist nicht allen khuntbar worden, hat sich sonsten seiner Kunst gerühmet und sich vernehmen laßen, wer deßen in Abred seyn wolle, und solches nit glauben, dem wolle er ob benamten Függesen wie er im Leben in leiblicher Gestalt, iedoch wie er sich anietzo in abscheulicher Form präsentirete, erkändtlich fürstellig machen.

Geist in Nürnberg

Eine 30.jährige Goldschmieds-Frau hatte offt mit einem Geist zu schaffen / welcher / was ihr zufallen werde / vorher zu sagen pflegte; Er hatte die Gestalt eines mit einem weißen langen Rock bekleideten / und in der rechten eine Sanduhr haltenden Kindes. In dieser Gestalt redete er sie mit folgenden Worten an: du wärest verlohren gegangen / wo nicht ein Sand-Körnlein / welches das Loch in diesem Glaß verstopffet / verhindert hätte / daß du von dieser Welt geschieden wärest. Es hat auch dieser Rede an keinem Erfolg gemangelt; dann die folgende Woche darauf / welche er zuvor gesagt / lag sie an einer fast tödtlichen Kranckheit darnieder / von welcher sie doch wiederum durch Göttliche Hülff genesen. Zu einer anderen Zeit vermahnete er sie / sich des andern Tages / so sie anderst außer Gefahr seyn wolte / nicht aus dem Hauß zu begeben. Die Frau entschlosse sich dieser Vermahnung statt zu geben / aber aus dringender Noth ihrer Haußgeschäfften sich hinauß machende / könte sie dem gefährlichen Zufall nicht entfliehen. Dieselbige Nacht wechselte sie mit dem Geist vielerley Reden / singt schöne Gesänge / dergleichen ihr Mann bey Tag zuvor niemals gehöret / er erkennet und versteht allein die Stimm seines Weibes / siehet oder höret aber nichts weiters. Als sie auf eine Zeit den Geist zu sehen verlangte / und mit öffterer Nennung wünschte / daß er sich ihr zeigete / versprach er es nicht ohne Bedrohung einer spaten darauf erfolgenden Reue. Als sie etliche Tag hernach in ihrer Schlaff-Kammer beschäfftiget war / wird sie / etwas anders verrichtende / gleichsam in einem Schatten eines Kindleins / obbemeldeter Gestalt an der Wand gewahr / welches in kurtzem wieder verschwunden. Bald darauf erfolgte eine hefftige Kranckheit / welche der Frau sehr zusetzte / und der Geist verliesse die Frau eine Zeitlang.

Die Tötung der Nürnberger Burggrafen

Nicht weit vom deutschen Hause, auf dem sogenannten Moos, sieht man noch in dem Wirthshause zum Mondscheine, hinten im Hofe das Denkmaal einer traurigen Begebenheit.

Als zwischen 1251 und 1262 zween junge Burggrafen aus ihrem Jagdhause, (damals vor der Stadt gelegen) das noch jetzt das Schlößlein heißt, und am Ecke der Engelhardsgasse hinter dem Bräuhause zu sehen ist, um Michaelis frühe morgens auf die Jagd reuten wollten, ergriffen die Jagdhunde eines Sensenschmides Kind, und riesen es in Stücken. Diese rottirten sich zusammen, fielen über die beeden Prinzen her, schlugen den einen mit seinem Pferde sogleich todt, den andern tödteten sie hinter dem deutschen Hause in einer Lache. Die Prinzen wurden nachher in St. Jakobskirche, unter dem Altare in der Kapelle zur rechten Hand begraben. Die Sensenschmide, welche in dieser Gegend wohnten, flohen hierauf nach Donauwerth, und brachten den damals großen Sensen- und Sichelhandel mit sich aus der Stadt. Der Burggraf legte mit Genehmhaltung des Raths, allen Bürgern und Bürgerinnen in der Vorstadt um Michaelis sieben Heller von jedem Hause zu bezahlen auf. Dieses Opfergeld hat Burggraf Friedrich V. 1386 der Stadt Nürnberg wieder zu lösen gegeben.

Daß diese Geschichte keine Fabel sey, beweiset das im Hofe des gedachten Wirthshauses zum Mondscheine befindliche dreyfache Gemälde auf nassem Kalk, in drey Nischen, welche vor etwa 50 Jahren wieder renoviret wurden. In der Mitte reuten die beeden Prinzen mit ihrem Gefolge auf die Jagd. In dem Gemälde zur rechten zerreiset ein Jagdhund das Sensenschmidskind. In dem zur linken wird der eine Prinz umgebracht. Unten stehet eine sogenannte Martersäule, in deren Nische oben der Heiland am Kreuze auf Kupfer gemalet ist. Wenn man solche Denkmäler, die von Zeit zu Zeit erneuert worden sind, nicht will gelten lassen, so glaube ich, daß man Dummheit und Eigensinn, als Wahrheitsliebe, verräth.

Ein Prophet in Nürnberg

Anno 1562 kam ein seltsamer Prophet Hanns Vetter genannt, gen Nürnberg vor das Laufer Thor mit gebunden Händen uf den Rüken und vermahnt das Volk zu der Bus und gab für, der böse Feind hett ihn also gebunden und kniet oft nieder und bat Gott um Entledigung von des Satans Banden. Aber es war nur lauter Betrug mit ihm und den 9 May wurd er eine halbe Stunde an den Pranger gestellt, mit Ruthen ausgestrichen und ihm die Stadt verboten.

Dieser Hans Vetter war von Möllingen gebürtig und wußte durch einen besondern Vortheil mit gewissen dazu verfertigten Bändern die Hände sich selbst so fest auf den Rüken zu binden, daß sie von niemand aufgelößt werden konnten ohne sie zu zerschneiden. Er gab vor daß ihn der Teufel schon einmal weggeführt habe, daß er auf eine wunderbare Weise befreit worden sey, und nun vom Satan durch Gottes Zulassung so gebunden und geplagt wurde. Als er eine Zeitlang in Nürnberg gewesen war, verlangte er mit den Geistlichen zu reden, die sich auch mit einigen Rathsherren zu ihm begaben. Diesen eröfnete er denn gleichfalls mit gar wehmüthigen Gebärden, wie grausam er vom Teufel geplagt werde, und daß er von Gott gesandt sey um einigen Städten Buße zu predigen. Der Magistrat zu Nürnberg, der gewohnt war, ganz andre Gesandte zu

Nürnberger Bauer, der Gänse zum Verkauf ausruft.
Kupfer von A. Gabler 1790. Nürnberg, Stadtbibliothek

empfangen, und die Geistlichkeit, die überzeugt war, daß sie es selbst nicht am Predigen und Ermahnen zur Buße fehlen lasse, nahmen die Sache etwas genauer, als es an andern Orten geschehen war. Man lies dem Herrn Gesandten die Satansbande abnehmen und ihn in seiner Herberge mehrere Tage lang so genau beobachten, daß er nicht die mindeste Gelegenheit hatte, sich neue Bänder zu verschaffen. Vetter versicherte nun, daß der Satan ihn an jedem Orte nicht mehr als einmal binde und daß überdies die Stadt wegen des ihm zugefügten Unrechts nicht werth sey, das Wunder anzusehen.

Ein Bürger in Nürnberg, seiner Profession ein Rothschmidt machte der Untersuchung ein Ende. Dieser hatte die Kunst, sich die Hände à la Vetter auf den Rüken zu binden auf seiner Wanderschaft von einem geschikten Kuhhirten erlernt – zeigte dies dem Magistrat an, und machte in Gegenwart der Gerichte und des Propheten davon verschiedene Proben. Vetter wurde nun ernstlicher angegriffen und bekannte die ganze Spitzbüberey.

Nach seiner Relegation aus Nürnberg zog er noch an verschiedenen Orten in Sachsen herum, und wurde endlich in Waimar enthauptet.

Der Magistrat zu Nürnberg machte die Untersuchungsgeschichte im Druk bekannt.

Ein Riese

Im Jahre 1575 am Samstag den 7 September ist zu Nürnberg ein gar langer Mann gewesen, mit Namen Antoni Frank von Gellern gebürtig; der hat dem Bischof von Trier zugehört. Seine Läng ist 3½ Ellen gewesen; wie er dann bey dem Pitterholz in seiner Leng und in seiner Kleidung ist abgemalet worden; so er damals getragen hat.

Die Schwedenwacht

Zwischen dem Spittlerthor und dem Hallerthörchen in Nürnberg hat man oftmals um Mitternacht einen schwarzen Hund, hinter diesem einen Kriegsmann in Schwedentracht gesehen, der einen Kanonenlauf auf den Schultern trug. Die Wachtposten kannten und fürchteten ihn, weil er allezeit Lärmen schlug, wann er eine Wache schlafend betroffen. Da ist es dann geschehen, daß der Geist das Schilderhaus mit Koth beworfen oder gar umgeworfen; einmal soll er sogar das Schilderhaus mit sammt dem schlafenden Soldaten tief unten in den Stadtgraben hingestellt haben. Dieser Geist soll ein schwedischer Kanonier gewesen sein, der auf seinem Posten bei der Kanone geschlafen und also großes Unglück über seine Landsleute gebracht habe.

Wie ein Hausgeist frei wird

Es ist in Nürnberg Sitte, jährlich wenigstens einmal das ganze Haus von oben bis unten zu reinigen, ›stöbern‹, wie die Nürnberger sagen. Das sollte nun auch in einem Hause der Laufergasse geschehen, während der Herr und die Frau auf einer Reise abwesend waren. Vorher hatten sie der Magd den Auftrag gegeben, Alles fleißig zu stöbern bis auf eine Kammer unter der Stiege, die sollte verschlossen bleiben. Wie nun die Leute fort waren, plagte die Magd der Vorwitz, was denn wohl in der Kammer sein könnte, die sie nicht aufschließen sollte. Abends, da sie mit Stöbern fertig war, gedachte sie ihre Neugierde zu befriedigen. An der Kammerthür hing ein großes altes Schloß, auf welchem drei weiße Kreuze mit Ölfarbe gemalt waren. Die Magd probirte nun alle Schlüssel, keiner wollte passen; endlich fand sich noch ein ganz verrosteter, der die Thüre öffnete. Es war eine finstere Kammer voll Staub und Moder, so daß sich die Magd gar nicht hinein getraute. In der Mitte lag ein großer Pelz auf dem Boden, der fing an sich zu regen und zu rühren und wuchs immer größer und größer, also daß die Dirne vor Entsetzen davonlief. Da ertönte hinter ihr ein schallendes Gelächter, es fuhr der Zitternden in alle Glieder. Als die Herrschaft nach Hause kam, erzählte sie mit ängstlicher Stimme, was vorgefallen. Da wurde der Herr zornig und jagte die Dirne vom Dienst, denn sie hatte einem Geist die Freiheit gegeben, welcher vormals das Haus beunruhigt hatte, und durch einen Geistlichen in die Kammer gebannt worden war. Nun trieb der Geist auf's Neue sein Unwesen im Hause und gab seine Schadenfreude allenthalben durch schallendes Gelächter zu erkennen.

Marktplatz von Fürth im 18. Jahrhundert. Kupfer. München, Kupferstichkabinett

Der Teufel als Liebhaber

In einem Dorfe in der Nähe Nürnbergs war mal eine Bauernmagd, die liebte einen Jäger. Wenn die Dirne in's Gras ging, kam er immer aus dem Walde heraus zu ihr, und ging mit ihr auf die Wiese. Wenn sie nun an 's Heuen wollte, sprach er: »Laß nur gut seyn, liebs Mäd'l!« zog sie nieder in's Gras, lachte, schäckerte und liebelte mit ihr, und wenn's dann Zeit zum Hausgehen war, hatte die Magd nichts mehr zu thun, als das Heu einzuraffen; geschnitten war's schon. Das hatte sie einen ganzen Frühling und Sommer getrieben, als sie's mal, in lustiger Laune, ihrer Bäuerin erzählte; »Ich arbeit nichts«, sagte sie, »und doch ist's Heu immer geschnitten«. Die Bäuerin schüttelte den Kopf, denkt es kann nicht mit rechten Dingen zugehen, und erzählte es dem Pfarrer. Dieser befahl der Dirne, sie solle, wie zum Spaß, dem Jäger den linken Stiefel ausziehen. Das that sie, und gewahrte mit Schrecken einen Bocksfuß. Der Jäger, ihr Geliebter, war der – Gott sey bei uns. Als dies der Pfarrer erfuhr, gab er ihr zwei Kräuter, die mußte sie, so ihr ihr Leben lieb war, auf dem Herzen tragen. Der Jäger ließ sich nie wieder sehen, wenn die Dirne zum Heuen ging; um Mitternacht aber sah man ihn oft um das Haus der Dirne schleichen, wo er jammerte: »Weireutla und Mireutla bringt mich um mei schön's Bräutla!«

Der unheimliche Geselle des Nagelschmieds

Mal kam ein fremder Gesell zu einem Nagelschmid in Nürnberg und bat um Arbeit, stellte aber gleich die Bedingung, nur zwei Stunden des Tags arbeiten und die übrige Zeit für sich benützen zu wollen. Das befremdete den Meister; er ging aber doch auf die Bedingung ein, mehr aus Neugierde, was an dem Menschen sei, als aus Hoffnung auf Gewinn. Nachdem er dem Gesellen aufgetragen hatte, mit welcher Sorte von Nägeln er zu beginnen habe, machte sich dieser schon früh drei Uhr an die Arbeit. Mit jedem Schlag flog ein Nagel vom Ambos, und schon nach einer halben Stunde lag ein großer Haufe Nägel da. Staunend sah ihm sein Nebengesell zu; es wurde ihm ganz unheimlich zu Muth und er weckte den Meister, sagend: »Wenn der Fremde noch eine Stunde arbeitet, ist aller Vorrath des Eisens verschmiedet.« Neugierde trieb den Meister aus dem Bett und er fand alles, wie ihm jener berichtete. Der Nagelschmid hatte immer einen ordentlichen Lebenswandel geführt, und in Erwägung dessen, so wie des Gewinnes, beschwichtigte er sein Gewissen, sollte es auch bei dem Gesellen nicht mit rechten Dingen zugehen. Mit dem Schlag fünf Uhr warf dieser den Hammer weg, reinigte und bekleidete sich und war dann den ganzen Tag nicht mehr zu sehen. So gings mehrere Wochen hindurch, und der Meister befand sich ganz gut dabei, eines Abends traf er seinen Gesellen in einem Wirthshause vor dem Thor. Beide zechten munter mit einander, denn der Geselle hatte viel Geld und ließ wacker einschenken. Als es dunkel ward und der Meister nach Hause gehen wollte, lud ihn der Gesell ein, eines seiner beiden im Hofe stehenden Pferde zu besteigen und mit ihm nach Hause zu reiten. Das ließ sich der Meister gefallen. Kaum aber hatten sie die Pferde bestiegen, es war ein Schimmel und ein Rapp, gings in Sturmesschnelle über Berg und Thal, über Wald und Wasser, daß dem Meister hören und sehen verging. Des andern Tages lag er unverletzt auf dem Gipfel des fünf Stunden von Nürnberg entfernten Rothenberges; der Gesell aber ließ sich nie wieder sehen.

Die »Verfluchte Jungfer« in Nürnberg

Die Pegnitz bildet mit dem Mühlwasser die Insel Wöhr in Nürnberg. Eine Gasse auf dem Wöhr heißt: die Verfluchte Jungfer (Va'floucht Jungfer). Es lebte da eine Frau mit ihrer Tochter, welche aber ihre Mutter schlecht behandelte. Einst stieß die tief gekränkte Mutter den Fluch aus: »Dir wird die Hand aus dem Grab wachsen!« Die Tochter starb noch vor der Mutter. Eines Tags liefen die Kinder nach Haus und sagten: Aus einem Grabe auf dem Kirchhof ragen zwei Hände. Die Leute eilten dahin und fanden eine Leiche, welche die beiden Hände aus dem Grabe streckte.

In der Va'flouchten Jungfer ereignete sich einst folgendes: eine scheintode Frau wurde in den Sarg gelegt und in's Grab gesenkt; sie erwachte, schob den Sargdeckel weg, lehnte ihn an des Grabes Wand, stieg heraus und ging, es war Mitternacht, nach Hause. Sie klopfte an die Hausthüre; sah die Magd vom Fenster herab und meldete voll Schrecken: »Herr! die Frau ist unten im Hof.« Dieser glaubte es nicht, und sagte: »Eher könnten meine zwei Pferde im Stall auf der Stiege nach den Speicherboden gehen und zur Dachlucke herausschauen.« Da ward auf der Speichertreppe Pferdegetrappel gehört, und zwei Pferde streckten die Köpfe zur Dachlucke heraus. Sonst waren, zum Wahrzeichen, die zwei Pferdeköpfe an dem Laden gemahlt.

Die arme Seele in Rothenburg ob der Tauber

Die Rothenburger hatten niemals viel vom Teufel gehalten, weil er sich damals von einem alten Weib überlisten ließ. Wie er aber seinen Weg längst hieher gefunden hatte und diese Verachtung merkte, wollte er seine Macht glänzend darthun. Als einmal ein Bäuerlein am heiligen Tage durch den Thorweg unter der Hauptkirche fuhr und dabei gräulich fluchte, fuhr der Böse plötzlich aus der kleinen Thür im Thorweg heraus und warf den Mann hoch an die Mauer. Der Leichnam fiel zwar herunter, aber die arme Seele blieb an der Wand hängen, wo sie bis auf den heutigen Tag noch kenntlich ist. Sie sieht braun aus, etwas mit schwarzen Flecken versetzt.

Das Steinkreuz

Bei Horabach oben im dichten Holze liegt ein einsames Grab mit einem halbversunkenen Steinkreuz. Dort spielten einst Knaben und ahmten das hochnothpeinliche Halsgericht in der Stadt nach. Als nun der Kläger und die Zeugen vernommen waren, die Schöppen abgestimmt hatten, brach der Richter den Stab und hieß seinen Schergen, den jüngsten Knaben, welcher den Dieb vorstellte, (wahrscheinlich nur provisorisch) an eine alte Eiche henken. Kaum aber war dieses geschehen, so brach eine gehetzte Bache durch das Gesträuch und die Spielgefährten entflohen: denn sie glaubten, der Böse wolle sie für ihren Frevel bestrafen. Das erwürgte Kind aber liegt unter dem kleinen Hügel.

Der Schlingenbach

Unter dem Berge, worauf einst das Schloß Entsee stand, liegt ein kleines, wildes Gehölz: der Schlingenbach. Dort ist vor Zeiten manche Unthat geschehen, wie denn auch der bekannte Gelehrte und gekrönte Dichter Bruschius daselbst von Räubern ermordet wurde. Furchtbarer aber ward der Wald für das Landvolk dadurch, daß er den verwünschten Seelen der Rothenburger Herrn angewiesen war. Denn wenn sich sonst in der Stadt so eine arme Seele als »Schlarfer« oder »Klopfer« oder als ein Spuck anderer Art bemerkbar machte, da ließen die Verwandten heimlich den klugen Mann kommen, den man insgemein »den Pöpelträger« nannte. Der bannte sofort den schlimmen Geist in einen Sack und trug ihn fein säuberlich nach dem Schlingenbach, wo er volle Freiheit hatte sein Unwesen zu treiben.

Die verfluchte Hofstätt

Im Bauernkrieg waren die verschwornen Bürger und Bauern in dem Hause des Tuchmachers Eschlich heimlich zusammengekommen. Nach der Beendigung des Aufruhrs ließ der Rath dieses Haus niederreißen, die Stätte feierlich verfluchen und mit Salz bestreuen. So blieb sie wohl über hundert Jahre öde liegen von allem Volk vermieden und gefürchtet. Endlich entschloß sich ein muthiger Mann, die Stätte zu kaufen und daselbst ein Haus zu erbauen. Vergebens mahnten ihn Verwandte und Freunde ab, und drohten mit dem Spuck von Gespenstern und bösen Geistern auf der verwünschten Stätte. Das Haus stieg munter in die Höhe und der Mann blieb unberuhigt. Da meinte die Menge: der Teufel müßte sehr in das Abnehmen gekommen seyn, weil er sich ungestraft Hohn sprechen ließ.

Die Heirat des Teufels in Rothenburg

Als dem Teufel es nicht mehr länger im Junggesellenstande behagte und er sich nach einem ehrlichen Weibe umsah, da gefiel ihm keine, als eine Rothenburgerinn. Eines Abends kam er daher mit zwei Dienern gar stattlich und trefflich ausgerüstet, als wie der reichste Edelmann zu dem Haus eines ehrsamen Bürgers und begehrte dessen Tochter zur Ehe. Die Jungfrau war von so ausnehmender Schönheit und dabei so züchtig und wohlerzogen, daß es nicht wundersam erschien, wenn ein fremder, noch so vornehmer Herr um sie warb. Da nun die Mutter von dem Adel und der großen Pracht des Brautwerbers sogleich bezwungen und eingenommen war, durfte der Hausvater auch nicht »nein« sagen. Eine Gasterei ward angestellt und die Verwandten wurden berufen. Der Bräutigam war unmäßig fröhlich, tanzte und banquetirte; seine beiden Diener, von denen der eine auf der Sackpfeife, der andere aber auf der Geige zu spielen verstand, machten eine so tolle Musik, daß Alles von größter Lust war. Nur dem frommen Hauswirth wollte es ein Betrug bedäuchten und er ahnete, daß es nicht mit rechten Dingen zugehe. Deßhalb berief er heimlich einen ehrwürdigen Geistlichen zu sich, und ehe noch der Handstreich, wie man sagt, vor sich ging, hub jener ein erbauliches Gespräch aus der heiligen Schrift an. Das verdrießt den Gast und er spricht: »Wenn man wolle fröhlich seyn, so solle man von andern Dingen reden.« Da bricht der Wirth heraus: »Euch, ihr bösen Feinde, kenne ich wohl, wir sind aber auf den Herrn getauft und gedenken uns wider List und Macht wohl zu schützen.« Zur Stunden fahren die fremden Gäste davon, lassen aber einen bösen, unleidentlichen Gestank hinter sich; auch bleiben drei Leichname, die vorher an einem benachbarten Galgen gehenkt, in der Stube liegen. – Also wurde es in manchem alten Buch erzählt.

Rothenburg ob der Tauber. Kupfer aus D. Meißner, Politisch Schatzkästlein. Nürnberg 1678

Der Gemeindewald von Bad Windsheim

Vom Schussbacherwald nach Herroth in Mittelfranken soll ein unterirdischer Gang ziehen. Dieser Wald ist gegen 800 Morgen groß und hat sehr schöne Bäume. Er gehört den Bürgern von Windsheim; arm, oder reich, alle haben den gleichen Antheil. Das kommt daher, weil einst drei Jungfrauen, welche sich in dem Walde verirrt hatten, den Tönen der Glocke in Windsheim folgend, aus ihrer Noth errettet wurden und aus Dankbarkeit dieser Gemeinde den Wald schenkten. Der Fiscus, fuhr der Erzähler fort, wollte der Gemeinde den Besitz des Waldes streitig machen, allein die Geschichte von den drei Jungfrauen hat zu Gunsten der Gemeinde entschieden.

8. Rhön und Spessart

Rhön

Das Rote und das Schwarze Moor in der Rhön

Auf dem Rücken der hohen Rhön, da wo jetzt das Rothe und das Schwarze Moor ihre weiten und grundlosen Sumpfstrekken breiten, standen vor alten Zeiten zwei Dörfer. Das auf dem Rothen Moor hieß Poppenrode, und versank in Folge lasterhaften Lebens seiner Bewohner, oder eines über diese ausgesprochenen Fluches; das auf dem Schwarzen Moor hieß Moor, ging auf ähnliche Weise unter, und nichts ist mehr davon übrig, als eine Art basaltischen Pflasters, das die Rhönbewohner unter dem Namen der Steinernen Brücke kennen, und die altermorsche Moorlinde, die man als die Dorflinde des versunkenen Dorfes betrachtet.

Früher, häufiger als jetzt, zeigten sich auf beiden Mooren die Moorjungfrauen des Nachts in Gestalt glänzender Lichterscheinungen; sie schweben und flattern über die Stätte ihres ehemaligen Wohnplatzes. Oft kamen auch ihrer zwei oder drei nach Wüstensachsen, und mischten sich unter die Kirchweihtänze, sangen auch wohl gar lieblich, blieben aber nie über die zwölfte Stunde, sondern wenn die Zeit ihres Bleibens herum war, so kam jedesmal eine weiße Taube geflogen, der sie folgten; sie wandelten singend zum nächsten Berg hinein, und entschwanden so den Augen der Nachblickenden, oder neugierig Nachfolgenden.

Aus dem versunkenen Dorf Poppenrode, weiß eine andere Sage, waren nur zwei tugendhafte Mädchen übrig geblieben, die Gottes Strafgericht verschonte. Einst aber gingen sie zum Tanze, ließen sich allzusehr vom Vergnügen verlocken, und darauf sind sie auch

plötzlich hinweggekommen. Sie wurden eifrig gesucht, man konnte sie aber durchaus nicht finden, bis auf einmal den Suchenden ein Engel erschien, der ihnen offenbarte, daß ihr Suchen vergebens wäre, sie sollten vielmehr eine Ruthe nehmen, und in das Rothe Moor mit derselben schlagen; wenn sich Blut an ihr zeigte, so wäre alles Suchen vergebens. Und siehe! es zeigte sich Blut. Die Jungfrauen wurden nie wieder gesehen.
Bei dem Schwarzen Moor liegen die Dörfer Seiferts, Eckweisbach, und, etwa eine viertel Stunde entfernt, der Höllische Brunn. Die Leute der Gegend behaupten, das Schwarze Moor habe seinen Abfluß in der Quelle, welche unter der Kirche in Urspringen stark hervorquillt; um das zu erproben seyen einst Knoten (Fruchtäpfel des Flachses) in das Schwarze Moor geworfen worden, welche die Quelle in Urspringen wieder ausgestossen habe. Es herrschte früher in der Umgegend der Glaube, das Schwarze Moor könnte ausbrechen, und den ganzen Streugrund überfluthen. Dieser Glaube, berichtet der Erzähler, ist jetzt noch so allgemein, daß die Einwohner von Urspringen zur Sühne des Schwarzen Moores in irgend einer katholischen Kirche jährlich ein Amt halten lassen. Als dieser Brauch nach der Reformation, wo die Bewohner des genannten Dorfes zur neuen Kirche übergegangen waren, abgeschafft werden wollte, wurde das Brausen und Tosen der Quelle unter der Kirche so heftig, daß sie gelobten, auch ferner ein Amt halten zu lassen, was noch heut zu Tag geschehen soll.
Gleicherweise befürchteten auch die Bewohner von Bischofsheim und Wüstensachsen den Ausbruch der Fluthen aus dem Rothen Moor, und es soll davon das Engelamt, welches in der Kirche zu Bischofsheim gehalten wird, seinen Ursprung haben.

Teufelskirche in der Rhön

Selbst die berüchtigte Teufelskirche, die ich von da aus in Augenschein nahm, und die aus nichts, als aus aufeinandergethürmten Basaltsäulen in Form eines Daches von einem Gebäude bestehet, mag daher ihren Ursprung erhalten haben, indem solche auf der Oberfläche ausgesäeten Steine endlich von den Einwohnern aus der Ursache hier übereinander gelegt wurden, um dadurch die Wiesen zu reinigen, und mehrere Nutzniesung zu gewinnen. Da dieses in der älteren Zeit geschahe, die Erscheinung selbst aber sehr auffallend ist, so gab sie den Rhönern zu einer Fabel Anlaß, nach welcher der Teufel, weil man im Thale eine Kirche bauen wollte, aus Zorn alle regelmäßigen und zum Baue tauglichen Steine hieher gebracht und auf einander gethürmt haben sollte, weswegen sie diese Steine nur die Teufelskirche nennen. Allein wäre dieses, so hätte der Teufel sehr viele dergleichen Kirchen bauen müssen.

Moorjungfrauen in der Rhön

Ihre Ruhestunden bringen sie zum Theile mit Erzählungen, und vorzüglich aus der Geister- und Elfen-Welt zu, wozu ihnen den Stoff theils die Sagen der Vorzeit, theils eigene Erfahrungen, das heißt Erscheinungen von gewissen Gegenden des Reichs der Unsichtbaren her, reichlich liefern. Die Heufelder nähmlich erstrekken sich vom schwarzen bis zum rothen Moor, welche beträchtliche und sehr merkwürdige Strecken Landes man eben von diesen Feldern aus übersehen kann. Auf dem rothen Moore nun, wie die Sage meldet, und was viele dieser guten Leute bey ihrem nächtlichen Wachen unter freyem Himmel selbst wollen gesehen haben, halten zur Zeit der Mitternacht, in der gewöhnlichen Geisterstunde, die Elfen einen feyerlichen Ringeltanz im Mondenlichte zur Musik der Sphären. Diese guten Wesen scheuen sich eben so wenig vor den Augen der Rhönbewohner ihre nächtliche Spiele zu feyern, als diese sich fürchten, in der Nähe von Geistern zu seyn: sie sehen ihnen ruhig zu, und freuen sich des schönen nächtlichen Schauspiels. Sie wähnen, daß Bande der Verwandtschaft diese sonst unsichtbaren Wesen, gerade zu dieser Zeit an sie herauf oder herab auf die Oberfläche der Erde ziehe, um Theil an ihren Freuden zu nehmen; sie nennen sie die guten Moorjungfern, oder die Geister der ehemaligen Bewohner eines hier versunkenen Dorfs. Wirklich stand auch ehemals neben dem rothen Moore ein Dorf, welches, zur Zeit des dreyßigjährigen Kriegs verlassen, durch die Zeit zerstört wurde, und nur noch in den Ruinen einiger Gebäude, dann in seiner Linde – Beyde zeigen die Nachbarn dem Wanderer – einige Spuren seines ehemaligen Daseyns zeigt.

Die Osterburg

Am Fuße des Kreuzberges gegen Bischofsheim hin, liegen die geringen Reste einer Burg, die Osterburg, die einst, nach ihrer Umwandlung zu urtheilen, einen bedeutenden Umfang hatte, deren Geschichte aber in Dunkel gehüllt ist; eben so wenig kannte man ihre Besitzer, doch will die Sage, daß sie das Stammhaus Bischof Heinrich IV. von Würzburg gewesen sei, welchen man, seines sparsamen Hofhaltes halber »Käs und Brod« nannte. Sie fand ihren Untergang in den Zeiten wilder Fehden, welche die Besitzer dieser und aller Nachbarburgen mit einander hatten, deren Streben kein anderes schien, als sich gegenseitig aufzureiben. Die Osterburg erhielt ihr Trinkwasser von einer Quelle am Fuße des nahen Arnsberges, welche da entsprang, wo von Hasselbach aus der Weg nach Wildfleck führt. Als nun der Feind die Burg, wiewohl lange vergeblich, umlagert hielt, fand sich ein altes Weib, das von den Rittern der Osterburg mochte gekränkt worden sein, und nun aus Rache und gegen den Sold der Verräther die unterirdische Wasserleitung entdeckte. Hierauf grub der Feind den Belagerten das Wasser ab, zwang sie so zur Übergabe der Burg und zerstörte sie bis auf wenige Trümmer. Die Einwohner des Ortes Oberweissenbrunn erzählen diese Sage verändert also: Lange lagen die Belagerer vor der sehr festen Osterburg, und vermochten nicht, sie zu gewinnen und ihre Besatzung zu überwältigen. Da geschah es, daß das Pferd eines Reiters, der an einer gewissen Stelle hielt, zufälig heftig stampfte, wodurch ein Theil des Bodens unter ihm einsank, und so wurde die Wasserleitung entdeckt, abgegraben, und die Osterburg bezwungen. Eine Strecke vor dem Thore in Bischofsheim wird noch ein Säulenkapital gezeigt, das von der zerstörten Osterburg herrühren soll, und in die Zeit des achten bis zehnten Jahrhunderts zu gehören scheint.

Die Tanzeiche bei Bischofsheim in der Rhön

Ein freier, schöner Platz mitten im Walde bei Bischofsheim heißt die Tanzeiche. Hier standen einst drei Eichen, bey welchen sich die Hexen versammelten.
Bei einer Frau, welche selbst eine Hexe war, diente eine Magd. Sie sah öfter wie ihre Frau aus einem verborgenen Winkel in der Stube eine Salbe holte und sich schmierte; dabei sprach sie:

Schmier ich wohl,
fahr ich wohl,
fahr nirgends wid (wider).

Die Magd wollte das nachahmen, schmierte sich mit derselben Salbe, und sprach dazu:

Schmier ich wohl,
fahr ich wohl,
fahr überall wid.

Weil sie den Spruch falsch sagte, so stieß sie überall an, bis sie todt war.

Der Heppberg

Ohnweit Ober-Elsbach im Landgericht Bischofsheim erhebt sich, mit Laub- und Nadelholz bedeckt, der Heppberg. Dieser soll hohl und mit Wasser erfüllt sein. Wer auf seinem Gipfel sich auf den Boden legt und das Ohr zur Erde neigt, hört ein gewaltiges und dumpfes Brausen. Die Sage geht, daß einst der Berg seinen Schooß öffnen, und mit einer großen Sündfluth alles Land überschwemmen werde.

Der Frickenhäuser See

Östlich von dem Pfarrdorfe Frickenhausen, Landgerichts Mellrichstadt im Untermainkreise, liegt ein stilles und tiefes Wasser, fast rundum von hohen Bäumen umschattet, und von unergründlicher Tiefe, von steilen Bergen umgeben, der Frickenhäuser See. Sein Wasser ist hell, hat einen natürlichen Geschmack, und wird ungeachtet des geringen Abflusses doch nicht faul. Wunderbar sind die Sagen und Mährchen, welche die Bewohner jener Gegenden über diesen See zu erzählen wissen oder doch wußten. So behaupteten Einige, der See trage auf seiner Oberfläche durchaus keinen Körper, sondern verschlinge ihn urplötzlich. Neue Versuche haben freilich gerade das Gegentheil dargethan. Andere wollen riesenartige Fische in ihm gesehen, und von den Ahnen gehört haben, der See werde dereinst mit Gewalt ausbrechen, und ganz Franken überschwemmen; denn er sei eine Ader des Meeres. Deßhalb beten auch viele Bewohner der Gegend zu Gott, daß er sie diesen Ausbruch des Sees nicht möge erleben lassen, und in der Domkirche zu Würzburg würde, so sagen sie, alljährlich eine Messe gelesen, daß Gott die Überschwemmung Frankens, durch den Frickenhäuser See, verhüte. Darum getraue man sich auch nicht, mit einem Kahn das räthselhafte und verrufene Wasser zu befahren. Fische sollen darin sich aufhalten, aber nur selten zu Gesicht zu bekommen sein. Im Jahre 1793 erblickte ein Jäger aus der Nachbarschaft einen Fisch, der an Größe einem ausgewachsenen Schweine nicht viel nachgab. Die Kunde von diesem Fisch verbreitete sich weit umher, und rief Leute in Menge herbei, um diesen großen Wunderfisch zu sehen und anzustaunen. Allein Niemand sah ihn mehr. Ein andrer Jäger schlief einst an den Ufern ein, und hatte die mit einer Kugel geladene Büchse neben sich liegen. Ein heftiges Geräusch im See erweckte ihn, und hinblickend, gewahrte er zwei riesige Fischungeheuer, die sich oben an der Seefläche zeigten. Sogleich ergriff er sein Gewehr, zielte und schoß nach einem der Riesenfische, worauf Beide sogleich untertauchten. Aber einige Schuppen schwammen von dem Getroffenen auf dem Wasser, die der Jäger auffischte, und den Leuten zeigte; sie waren so groß, wie ein zinnerner Teller. Oft trübt sich das Wasser dieses Sees, wenn auch in der ganzen Gegend kein Regen ist, und bei der anhaltendsten Dürre nimmt er nicht ab, obwohl man glaubt, daß die bei Sturmwetter sich trübende starke Quelle, die im Streugrunde bei Mittelstreu mit starkem Brausen hervorbricht, und gleich bei ihrem Ursprunge einige Mühlen treibt, dem unterirdischen Ausfluß des Sees ihr Wasser danke.

Die Schuhsohle

Ohnweit Frickenhausen liegt auch Wechterswinkel, ein Pfarrdorf, und ehemals ein bedeutendes Kloster. Wenn man auf dem Wege von Mellrichstadt bei dem Wassermeer herum kommt, sieht man in der äußeren Ringmauer des Klosters eine Schuhsohle als Wahrzeichen eingedrückt. Eine Nonne in jenem Kloster war beschuldigt worden, das Gelübde der Keuschheit gebrochen zu haben, und guter Hoffnung zu sein. Sie war aber unschuldig und trat mit ihren kleinen Füßen so heftig gegen den Stein, daß gleich in ihm die Spur ihres Fußes zum Wahrzeichen ihrer Unschuld haften blieb.

Das Alpdrücken

Zu Wechterswinkel im Kloster diente ein junger bildhübscher Knecht, den drückte oft das Alp, und wußte sich gar keinen Rath, dem Übel abzuhelfen. So klagte er einem weisen Manne seine Noth, und der sagte ihm, es sei nichts leichter, als das Alp zu bannen, der Knecht solle nur, wenn es wieder drücke, herzhaft dahin greifen, wo er es fühle, und das fest halten, was er fasse, und einsperren. Diesem Rath folgte der Knecht, und als das Alp ihm wieder heftig drückend auf der Brust lag, so griff er zu, und faßte – eine Flaumfeder. Obschon er nun nicht glauben konnte, daß diese leichte Feder ihn gedrückt, so war es ihm doch plötzlich federleicht zu Muthe, aller Druck war hinweg, er sprang aus dem Bette, und schloß die Feder in ein kleines Kästchen. Am andern Morgen ging ein Geschrei durch das ganze Kloster, es sei eine Nonne in ihrem Bett erstickt und also todt gefunden worden. Zufällig begegnete der Knecht dem weisen Mann, und erzählte ihm das mit der Flaumfeder, und auch als etwas Neues, daß eine Nonne erstickt sei. Da sprach jener Mann: »Um Gottes Willen, schließe deinen Kasten auf, und lasse die Feder fliegen!« Der Knecht that's und da flog die Feder gerade in die Zelle der gestorbenen Nonne, wo das Fenster offen stand, und zur Stunde wurde jene wieder lebendig. Der Knecht hatte nie wieder Alpdrücken.

Schlitzöhrchen

Eine Strecke durch das nördliche Franken fließt ein schmales Wasser, die Streu, von der Streugrund seinen Namen hat, der sich von Melbers an, wo das Flüßchen entspringt, über Fladungen, Ostheim und Mellrichstadt bis nach Heustreu erstreckt, wo jenes in die fränkische Saale fällt. In diesem Flüßchen wohnt ein neckischer und boshafter Wassergeist, genannt Schlitzöhrchen, weil er geschlitzte Ohren hat. Dieser Nix treibt sein Wesen vornehmlich unter Mellrichstadt nach Oberstreu zu. Wer dort zu einer gewissen Zeit über die Streu geht, hat zu gewärtigen, daß Schlitzöhrchen herauffahre und ihn ins Wasser ziehe, tüchtig untertauche, oder gar ersäufe. Das ist nach alter Aussage gar Manchem widerfahren.

Der Kreuzapfel aus Sondheim vor der Rhön

Anno 1689. fand Hern Christian Friedrich Cottens / wohlverdienten Pfarrhern in dem Marcktflecken Sontheim vor der Rhöne / meines vielgeehrten Freundes / älteste Tochter im Pfarrgarten einen frühzeitigen schönen Apffel, / gantz gelb über und über / auf dem war ein schönes Kreutz / von der Koppen an biß auf den Stiehl / und das nicht einfach / sondern als wenns eine Nederin Kettlein-weise mit Bändlein geschloßen gemacht hätte / so artig und schön / daß man sich nicht sattsam darüber verwundern konte. Er hub diesen Apfel als eine Rarität fleisig auf / und zeigte ihn manchen Fremden / so dergleichen nie gesehen hatten. Hernach nahm ihn eine Wittbe mit nach Schleusingen / andern alda weiters zuzeigen. Aber die Jungfer / so den Apffel gefunden hatte / ward bald darauf todt kranck / und lag den gantzen Winter durch / ehe sie wieder zu recht gebracht werden konte. Die Fleckfieber funden sich auch an dem Ort ein / und haußten grausamlich. Der Pfärrnerin / so den Apfel mit nach Schleusingen nahm / ältester Sohn starb über Vermuthen / und sie folgte viertzehn Tage hinter her. War also dieß Kreutzgewächse ein Vorbot des zusammengeketteten / und bald darauf erfolgten Kreutzes. Wie wunderlich spielt Gott zuweiln mit uns Menschen-Kindern / nur wir tumme Köpffe wollens nicht mercken noch verstehen.

Feuerzauber in Oberelsbach

In Oberelsbach auf der Rhön erzählen sie mir, daß während die Schweden den rothen Hahn auf die Dächer des Dorfes setzten, eine alte Frau ihren Wollrock in Wasser getunkt und sich damit in den Keller geflüchtet habe. Als auch ihre Hütte zu brennen begann, schlich sie aus ihrem Schlupfwinkel hervor und schlug die Flamme mit dem nassen Rocke aus. Das wiederholte sie viermal, also daß die Schweden vermeinten, es ginge hier nicht mit rechten Dingen zu, und weiter keinen Brand mehr anlegten. Das war das einzige Haus, das selber Zeit ao. 1640 vom Dorfe Oberelsbach stehen blieb. Im J. 1786 hat es der Ortsnachbar Hanns Sopp niedergerissen und neu aufgebaut.

Der Dreistelz bei Brückenau

Bei Brückenau erhebt sich der Dreistelz, ein hoher steiler Berg, auf dessen Gipfel ein großer Theil des Rhöngebirges übersehen werden kann. Dieser Berg besteht aus Basalt, welcher nur sparsam aus seiner mit hohen, schlanken Buchen bewachsenen Decke in Form von Prismen und Geröllen hervorbricht. Reich an Naturschönheiten, verdient der Dreistelz auch bezüglich der durch Ortszeugnisse und Sage gebundenen Spuren unserer Mythe Beachtung. Sein Gipfel besteht aus prismatischen, beinahe vertical geschichteten Basaltstücken, und ist den Bewohnern der Gegend unter dem Namen: das Willemännche (wilde Männchen) auch das Willemännches Haus bekannt; eines dieser Basaltstücke heißt des Willemännches Tisch. Das Willemännche war der wilde Jäger; er nimmt seinen Zug von der Hutweide Hackenräsen in die Wehld. Die Wehld ist ein etwa 160 Fuß langer, und 40 Fuß breiter Sumpf in der Einsattelung des Dreistelzes. Rückwärts ist die Wehld von dem steilen Abhang des Berges, vorn von einem freien Platze begrenzt, wo dem Auge nach zwei Richtungen eine schöne Fernsicht gewährt ist. Dieser Sumpf war früher ein Weiher, wie dieses durch sein gerades, 160 Fuß langes Ufer bestätiget wird. Von der Wehld bis zu dem hochliegenden Willemännche hinauf soll ein unterirdischer Gang führen. Die Wehld ist die Stätte, wo drei Schwestern ein Schloß hatten, das aber mit ihnen in die Tiefe versunken ist; eine der Schwestern war halb weiß, halb schwarz, die beiden anderen waren weiß und sehr schön; ein Hund begleitete sie. Man sah ihre schöne, weiße Wäsche in der Luft. Oft hörten die Leute nachts zwölf Uhr aus der Wehld den Göcker krähen. Diese drei Jungfrauen erschienen öfter in den umliegenden Dörfern, am häufigsten in Oberleitersbach und Modlos bei Kindstaufen mit Musik, und bei Hochzeiten. Musik und Tanz lockten sie herbei; sie waren freundlich mit ihren Tänzern, welche sie als vornehme Fräulein ehrten, gaben aber auf Fragen über Wohnort und Herkunft immer ausweichenden Bescheid. Einst waren sie auf einer Hochzeit in Unterleitersbach, und wurden erst nach der Mitternachtsstunde gewahr, daß sie sich verspätet hatten. Darüber wurden sie sehr traurig, und baten ihre Tänzer, sie zu begleiten. An der Wehld angekommen, verschwanden die drei Jungfrauen im Wasser, aus welchem bald darauf ein Blutstrahl hervorquoll. Von nun an kamen sie nicht mehr.

Den Kindern, berichtet mein Erzähler, wurde gedroht: »Seyd still,

sonst hol ich das Willmännche«, oder »sonst hol ich die wille Weibsbilder!« In der Adventzeit und Fastenzeit wurde abends auf dem Dreistelz das Weinen eines Wickelkindes gehört.
Das Innere des Dreistelzes ist ganz mit Wasser angefüllt; die ganze Umgegend würde verwüstet werden, brächen die Fluthen hervor. Die Brückenauer und Wernitzer sagen: »Wie wird es gehen, wenn einmal der Dreistelz ausbricht?« die Oberleitersbacher und die Unterleitersbacher: »Wie wird es gehen, wenn einmal die Wehld ausbricht?« Das sind heut zu Tage noch geläufige Redensarten. Wenn es bei heiterem Himmel in der Wehld toste und brauste, so sagten die Leute: »Das Wetter ändert sich.«
Als die Wehld noch ein Weiher war, suchte ein Mann, Johann Baus, mit vieler Mühe den verborgenen Schatz. Er grub viele Erde vergebens, womit er den Weiher ausfüllte. Einst wurde er durch den Anblick einer schönen Schlüsselblume überrascht, welche im Winter, zur Zeit der Fastnacht, aus einer sumpfigen Stelle an dem nördlichen Eck des Weihers hervor wuchs. Er schnitt eine Gerte, spaltete ihre Spitze, und holte damit die Schlüsselblume aus dem Sumpf; er hielt sich für einen glücklichen Mann, vermeinend, daß er damit den Schatz heben könne.
Weiter abwärts von der Wehld ist in einem natürlichen Hügel eine kesselförmige Vertiefung mit Basaltgeröllen, weshalb sie auch das Geröll heißt. Noch mehr abwärts, nicht weit von dem Geröll, liegt die Lingwiese, ein Wiesenhang; die zu beiden Seiten angrenzenden Gehänge heißen: der Lingrain. In dem Geröll stehen Basaltstücke zu Tag, wo ein Loch sichtbar ist, welches die Mündung einer bis in die Wehld sich erstreckenden Höhle seyn soll. Eine Schlange, berichtet der Erzähler, mit einer schönen Krone auf dem Kopf, kroch aus der Wehld durch diese Höhle bis in das Geröll, dann zu Tag über das Geröll hinab nach der Lingwiese; hatte sie sich da gesonnt, so kroch sie wieder in das Geröll zurück.
Drei Brunnen entspringen am Fuße des Dreistelzes, der Hebbrunnen, welcher jetzt noch für heilkräftig gehalten wird, der Rosenbergerbrunnen und der Pfätersbrunnen (Petersbrunnen).

Der bärtige Mann am Rathaus in Bad Kissingen

Zu Kissingen am Rathhause ist ein Steinbild angebracht, ein bärtiger Mannskopf, der sich in den Haaren rauft. Als die Schweden die Stadt belagerten, wehrten sich die Bürger gar tapfer. Aber ein Jude wies den Feinden den Weg durch ein unbewachtes Pförtlein, und so fiel Kissingen in ihre Hände. Der Jude empfing den Verrätherlohn, und sein Bild ward zum Wahrzeichen am Rathhause angebracht.

Ilgenwiese bei Kissingen

Wenn man von Kissingen aus durch das schöne und romantische Kaskadenthal nach dem Forsthause Klaushof wandelt, so gelangt man im anmuthig schattigen Walde auf eine gar schön gelegene Wiese, welche die Ilgenwiese genannt wird. An dieser Stelle stand vor Zeiten ein hübsches Dorf, das soll den Namen Bräuersdorf geführt haben, aber vor vielen hundert Jahren schon verschwunden sein. Es war von bösen Menschen bewohnt, von Zigeunerart, welche die Umwohner in der ganzen Gegend neckten und bestahlen. Diese Leute verdarben den Kissingern die Felder, und ackerten in einer Nacht aus Tücke und Schabernack ganze Wiesen um; deßhalb wurden sie verjagt und ihr Ort der Erde gleich gemacht. Zuweilen soll man in der Nähe der Ilgenwiese auf Mauerfundamente stoßen, und des Nachts irrende Lichtlein unstät über derselben flattern sehen.

Die Eilingsburg bei Kissingen

Die Saal fließt an einem Berge vorüber, die Patzeleiten genannt. In dem östlichen steilen, dicht mit Bäumen bewachsenen Abhang steht der Sandsteinfelsen in nicht beträchtlicher Ausdehnung zu Tag. Dieser Platz führt den Namen Eilingsburg. In den Felsen führt die Wichteleshöhle. Der Erzähler, ein Greis von 82 Jahren, behauptet aus eigener Anschauung, am Eingange befinde sich ein hohler Raum, wie eine Kammer, von welcher aus ein schmaler, niedriger Gang bald steigend, bald fallend, an einigen Stellen mit Stufen versehen, in das Innere des Berges sich erstrecke. Dieser Gang soll bis zur Aura ziehen, und, nach alter Sage, ganz kleinen Leuten zum Aufenthalt gedient haben, welche man Wichtelen nannte.

In Lindes an der Saal, in der Lindesmühl, lebte in alten Zeiten ein Müller, welchen diese Wichtelen zum reichen Mann machten, denn sein Speicher war immer voll Getreid. Einst stieg ein Wichtel über die Treppe nach den Speicherboden. Obgleich er nur eine Kornähre trug, so kreischte er doch wehleidig, und unaufhörlich. Darüber wurde der Müller zornig und rief: »Du Bluetkröt, wie kreischt du über dein Ährla Korn!« Auf diese rauhe Rede trugen die Wichtelen alles Getreid fort, und machten den Müller zum armen Mann.

Daß vom Schloß Aura ein unterirdischer Gang abzieht, sagt Erzähler, ist gewiß; denn einst wollten die jungen Edelleute den in diesen Gängen verborgenen Schatz suchen; wie sie aber vordrangen, sahen sie drei Gestalten um einen Tisch sitzen, welcher ganz mit Gold bedeckt war; sie erschracken und liefen so schnell davon, daß einer über den anderen fiel.

Totenläuten in Nüdlingen

Zu Nüdlingen ging ein seltsamer Brauch im Schwang, davon alte Leute noch zu sagen wissen. Nehmlich es bestand dort die Gewohnheit, in Folge vom Ahn zum Enkel fortgeerbter Tradition, daß, zum Andenken an den Stifter der Kirche und dessen Begräbniß, vier Männer einen fünften, welcher den verstorbenen Stifter der Kirche vorstellen sollte, jedesmal am ersten Pfingstfeiertag auf dem Schloßplatz umhergetragen hätten, zu welchem Akt auch die wunderbare Glocke wäre geläutet worden. Nun hat zwar jener Umzug jetzt aufgehört, aber nicht das Läuten, denn als vor 50 Jahren der Pfarrer des Orts, Namens Glaubrecht, auch dieses verbot, so läutete die Glocke von selbst, und eine seltsame, tödliche

Angst erfaßte und verfolgte den Pfarrer so lange, bis er sein Verbot wieder aufhob. Diesen Gebrauch bezeichnet im Ort noch immer die Redensart: »Es wird zum Todten geläutet.«

Der bestrafte Heiligenfrevel

Im Jahre 1848 machten die Hammelburger in einer Scheuer einen Strohmann mit einem Stabe in der Hand, trugen ihn unter dem Spottgeschrei: »Das ist der Papst!« durch die Straßen und verbrannten ihn zuletzt vor dem Thore. Fünf Jahre nachher verkündete eine durchziehende Zigeunerin: zwischen Ostern und Pfingsten des folgenden Jahres werde die Stadt an allen vier Ekken brennen. Deßwegen vor den Landrichter geführt, sagte sie ihm: so gewiß werde ihre Vorhersagung wahr, als er sechsunddreißig Kreuzer bei sich habe. Da er nachsah, hatte er auch gerade so viel Geld in dem Beutel. In der bezeichneten Frist brach dann in derselben Scheuer und am gleichen Tage, wo der Strohmann gemacht worden war, eine Feuersbrunst aus, die fast ganz Hammelburg in Asche legte und so dessen Heiligenfrevel schrecklich bestrafte.

Der Schatz bei Wolfsmünster

Am Ufer der Saale bei Wolfsmünster lag ein großer verrufener Stein. Ein Zimmergeselle, der zum öftern des Nachts dort vorüberging, vernahm jedesmal ein seltsamlich Getöse, wenn er an den Stein kam, und es lautete gerade so, als rolle ein Faß den Berg herab. Da meinte der Zimmermann, er könne nichts besseres thun, als den Stein hinwegschaffen, hob ihn, und stürzte ihn in die Saale, worauf er von dannen ging, und nun fürder kein Geräusch vernahm. Er wußte aber nicht, daß unterm Stein ein großer Schatz verborgen lag. Später gingen zwei Gesellen mit einander des Nachts am andern Ufer der Saale hin, die erblickten an derselben Stelle einen ganzen Haufen glühender Kohlen, und hätten gern etwas darauf geworfen, wenn der Fluß es nicht verhindert. Der

Schatz ist ungehoben und soll sich manchmal zeigen; allein die Stelle ist nicht zu finden, wo der Stein gelegen hat. Der Schatz aber soll noch vom alten Kloster herrühren.

Spessart

Das Schloß bei Partenstein

Auf einer Anhöhe bei dem Dorfe Partenstein im Spessart erhob sich in früheren Zeiten stattlich das den Grafen von Rieneck zugehörige Jagdschloß Partenstein. Trümmer und Ruinen, Gräben und Mauern zeugen noch jetzt von seiner ehemaligen Festigkeit. Nach der Volkssage ist dort ein Weinkeller, in welchem die eichenen Fässer freilich vermorschten, wo aber der vortrefflichste Wein wohlerhalten in seiner eigenen Haut liegt. Auch Schätze sollen sich daselbst befinden. Zwei fremde Männer kamen einmal dahin, um diese Schätze zu heben. Wie sie nun emsig gruben, kam eine Frau aus dem Gemäuer, und winkte ihnen. Sie folgten ihr nach. Die Frau hatte einen Bund Schlüssel an. Sie wollte eben den Männern die Schlüssel geben, und deutete auf eine eiserne Kiste. Da erschien plötzlich ein schwarzer Hund auf der Kiste mit erschrecklichen Feueraugen. Die Männer entsetzten sich darüber so sehr, daß sie schnell davon liefen. Erzähler hat als Knabe, da er sich einmal das Schloß besehen wollte, einen dickköpfigen Zwerg erblickt, und ist darüber so erschrocken, daß er eilig umkehrte. Noch lang scholl ihm in den Ohren das widerliche Hohngelächter des verwünschten Zwerges nach. – Ein Mann von Frammersbach sah einmal zwei weiße Fräulein vom Partensteiner Schlosse durch den Wald oben hinüber gehen, und dann durch denselben herunter kommen nach dem Wiesengrunde zwischen den beiden Dörfern. Sie gingen eine Zeitlang am Wasser hin und her, sprangen dann hinein, und waren plötzlich in zwei Enten verwandelt. Der Mann, jedenfalls ein goldenes Sonntagskind, ist darüber sehr erstaunt gewesen, und hat nachher, was er gesehen, vielen Leuten wieder erzählt.

Der Berggeist Ho im Schloß Partenstein

Früher gehörte Habichsthal zur Pfarrei Wiesthal. Ein Schuster hatte auf Christnacht lang gearbeitet und wäre schier zu spät in die Kirche gekommen. Als er aus dem Walde kam, erschien plötzlich neben ihm der Ho als eine schwarze, tappende Gestalt, die den Schuster im größten Trabe jagte, daß er noch recht zur Mette kam.

Im Advent schreckte Ho die frühen Kirchgänger am Saume des Wiesthaler Feldes durch das Geschrei und Gewinsel eines Kindes. Sogar noch jetzt lebende Persönlichkeiten wollen »das Kind« gehört haben.

Wenn Krieg entsteht, dann zieht das »Homännchen« mit dem wilden Jäger und läßt sein Ho ertönen. Wen dann die wilde Jagd erreichen kann, den nimmt sie mit. So ergriff sie eines Tags die »Staabs Agnes« (eine vor 3–4 Jahren im Alter von 86 Jahren verstorbene Frau von Habichtsthal), da diese noch ein kleines Mädchen war, auf dem Eisenberge und führte sie bis zur Kreuzkapelle, eine halbe Stunde weit, wo sie das Mädchen niederlassen mußte, da sie nicht über das Kreuz konnte.

Aber nicht blos neckend kann Ho auftreten, manchmal ist er auch freundlich. Er hat in der alten Ruine zu Partenstein seinen Sitz. Als einstens ein fremder Knecht in Partenstein eintraf, schickten ihn die Burschen am ersten Abend in die Ruine als eine Schenke, wo er Wein holen solle. Er brachte einen vom freundlichen Wirthe Ho umsonst gefüllten Krug zurück, den er, da die andern sich nicht zu trinken getrauten, allein trank und der ihm recht gut schmeckte.

Der Wassermann bei Frammersbach

In dem Wiesengrunde, »Rinderbach« genannt, der von dem Lohrgrunde zwischen Frammersbach und Lohrhaupten rechts abführt, ist es, besonders im Frühlinge, ehe die Gräser und Halme zu sprossen anfangen, oft nicht geheuer. Das soll daher rühren: Ein

Ortsnachbar von Frammersbach, alt und außerordentlich geizig, hatte in der Rinderbach (auch Rinnerbach) einige Wiesen. Wenn nun Samstag Abends die andern Bauern sich ihre Wiesen recht schön für den folgenden Sonn- und Feiertag gewässert hatten, so machte sich der Geizhals gegen Mitternacht mit seiner »Haue« auf, ging hinaus, und gewann, unbekümmert darum, daß der Sonntag oder der »hehre Feiertag« schon angebrochen war, seinen Nachbarn das Wasser ab, um seine Wiesen damit zu wässern. Zur Strafe dafür mußte er nach seinem Tode in der Rinderbach wandern. Ihn hat der alte »Hirtenbalter« sogar einmal, vielleicht auch zur Strafe und eigenen Besserung, am hellen Tage gesehen. Der genannte »Balter« hütete nämlich am »Haurain« am Sonntage nach Ostern seine Schweine. Da sah er drunten in der Rinderbach den Mann eine Wiese wässern. Er ging nun hinab, auf ihn zu, um den Grauen sich näher anzusehen. Da wurde der Mann größer und immer größer, und verschwand hierauf, wie ein Nebel, vor seinen Augen. Sogleich erhob sich ein ungeheurer Sturmwind, der den »Hirtenbalter« eine Stunde weit den Berg hinauftrieb, ohne daß er Widerstand leisten konnte. Seine Schweine aber wühlten ruhig fort, und schienen von dem Sturmwinde Nichts zu bemerken. Der Hirtenbalter hat später oft erzählt, welche Angst er damals ausgestanden.

Der verschwundene Schatz

Des Erzählers Großmutter, die in den dreißiger Jahren zu Frammersbach in einem Alter von nahe an hundert Jahren gestorben ist, hat selbem, da er noch Knabe war, mehr als einmal erzählt, und die Wahrheit ihrer Erzählung betheuert: »Ich war eine arme Witwe und hatte große Noth meine unmündigen Kinder mit Brod zu versorgen. Ich wohnte damals unten im Dorfe bei der ›Mang‹, der ›Tränke‹ gegenüber. Da sah ich einmal des Nachts einen Haufen Kohlen, und sogleich fiel mir die Geschichte von dem Fuhrmann am steinernen Heiligen und der Gedanke ein, das könnte ein Schatz sein, und mir möchte dadurch mit Gottes Hülfe aus aller Noth geholfen werden. Ich ging hinaus und auf die Kohlen zu, die mir hell und freundlich entgegen glimmerten. Da sagte ich, im Begriffe, sie in meine Schürze einzufassen: ›In Gottes Namen!‹ und wie ich das sagte, entschwanden mir die Kohlen vor meinen Augen. Ich erkannte daran, daß der liebe Gott für mich keinen Reichthum bestimmt hatte, und vom ›bösen Feind‹ wollte ich Nichts haben. Doch ging ich, weil es so Gottes Wille war, getröstet heim, und bin mein Leben lang arm geblieben.«

Taler aus Kohlen

Ein Fuhrmann fuhr einmal des Morgens früh, als es noch dunkel war, mit seinem Geschirr von Frammersbach nach Lohr. Am »steinernen Heiligen« erblickte er einen Haufen Kohlen, wunderte sich, daß dieselben noch so hübsch glühten, denn er war der Meinung, daß sie von einem Feuer herrührten, welches die »Buben« Tags zuvor angemacht gehabt hätten, stieß mit seinem Fuße darunter, und nahm sich eine heraus, um seine Tabakspfeife damit anzuzünden. Als es Tag geworden war, hatte er einen harten Thaler auf seiner Pfeife liegen. Er kehrte sogleich wieder um, aber die Kohlen waren verschwunden, doch im Grase neben d'ran lagen so viele Thaler zerstreut, als er Kohlen mit seinem Fuß aus dem Haufen herausgestoßen haben mochte.

Der Brückenhund

Allgemein ist im Dorfe Frammersbach die Sage von dem Brükkenhund verbreitet. Derselbe ist von Farbe »rescherich«, hat Augen wie ein »Sechter« (ein Maß zum Getreide- und Fruchtmessen), geht in den Stunden um Mitternacht von der Brücke bis an den dicken Stein und hat schon Manchen, der zu spät vom dicken Wirth Abschied genommen und zu tief in das Glas geguckt hatte, durch sein Erscheinen gewaltig erschreckt.

Der Hirtenfriedel von Frammersbach

Zu dem alten Hirtenfriedel (Hirtenfritz) von Frammersbach kamen einmal drei fremde Männer nebst einer Weibsperson, und fragten ihn, ob er wüßte, wo das »Rothen Sohl« wäre. Da er dieses bejahte, so hießen sie ihn mitgehen, es werde sein Schaden nicht sein. Dort angekommen, machten sie sich an die Arbeit, um den Schatz, der dort verborgen lag, zu heben. Wie sie nun recht daran waren, so daß sie den Kessel, in dem das Geld war, bereits hervorgeholt hatten, da kam eine Heufuhr, mit drei Geisböcken bespannt, und mehrere Männer mit Heugabeln umgaben dieselbe, und schrieen: »Halt fest, er fällt um!« – Hinter diesen hinkte einer drein auf Geisfüßen, ganz zwerch und krumm, und rief: »Halt! halt! Ist er schon weit fort? ich werde ihn bald haben!« – Da sagte das Weibsbild: »Du kriegst ihn doch nicht!« und in dem Augenblicke versank der Kessel, und die fremden Schatzgräber mußten für dießmal unverrichteter Sache abziehen. Später aber kamen sie wieder – ob das vorlaute Weibsbild auch dabei war, wird nicht gesagt – da haben sie den Schatz glücklich gehoben, und der Hirtenfriedel bekam auch seinen Theil davon. Daher schreibt sich dessen Reichthum. – Die alte Strohgreth hat mir aber auch erzählt, es sei zu Kriegszeiten einmal ein Reiter durch das Dorf gesprengt, dem sei ein Laib Brod und ein Sack gerade vor ihrem Hause vom Pferde gefallen. Sie, als arme Wittwe, sei um ihrer hungernden Kinder willen nach dem Laib Brod gelaufen, der Hirtenfriedel habe den Sack aufgehoben, darin seien blanke Goldstücke und harte Thaler gewesen – wiewohl der Friedel auf Befragen aussagte, es sei darin nur Speck und Dürrfleisch gewesen – und daher schreibe sich sein Reichthum; wenn er sich auch nie davon etwas habe merken lassen, sie wisse es doch ganz gewiß.

Der Huimann im Steinfelder Wald

Der Steinfelder Wald, der noch jetzt eine Stunde lang und fast eben so breit ist, war öfters Gegenstand von Grenzstreitigkeiten zwischen Steinfeld und den benachbarten Gemeinden. Letztere behaupteten, Rechte der Beholzung und Viehweide in demselben zu haben, was die Steinfelder hartnäckig in Abrede stellten. Nun ist es um die heiligen Zeiten des Advents und der Weihnachten im dortigen Walde nicht geheuer. Bis in das Dorf Pflochsbach wird der Ruf des Huimanns gehört, und Viele haben ihn des Nachts gesehen, wie er mit einem großen Hute, auf einen Stock gestützt, hinter einem Baume hervorguckt. Dieser Huimann war vor Zeiten ein Hirte zu Steinfeld, der als Zeuge wegen der Markungsgrenze zwischen Pflochsbach und Sendelbach einen Eidschwur ablegen mußte. Er trug, wie die Hirten, einen großen Hut, und nachdem er auf seinem Hute einen sogenannten Schöpflöffel (Schöpfer in der Sprache der Landleute) befestigt und jeden seiner Schuhe mit einer Handvoll Erde gefüllt hatte, schwur er also: »So wahr ich den Schöpfer über mir habe, so wahr stehe ich auf Steinfelder Erdboden.« Er ist zwar längst gestorben, aber er geht noch um im Walde als neckender Geist, der die Leute irre führt und zuweilen, besonders des Nachts: Hui! Hui! ruft. An der Grenze des Waldes in der Nähe der oberen Mühle bei Hausen steht ein Grenzstein, der noch heutzutage der Huimannsstein genannt wird.

Die Dunkel bei Rechtenbach

In der Dunkel sein alle böse Geister verschworn. Wann mer do hikömmt, un mer waas de Weg nit recht, so werd mer allemol von dene böse Geister nei in dos Stageröll geführt, daß mer gor nimmer raus kümmt, un wann mer a nit nei will, un so henkt em Aner uf de Buckel un mer kriegt Schleg, bis mer recht dief im Stageröll is, un do sieht mer als kan Mensche. In die Dunkel is aach der alt Barnwerth von Lohr verschworn. Der hot als der Leut zu schlecht gewoge, un do wie er gestorbe wor un hot naus in Kirchhof kumme sölle un do hot Aner gesogt: »No ets ho mer emol de böse Mann!« un do hot er aber obe zum Dachfenster naus geguckt, un hatt' a weiß Schnüttelkappe uf un hot gesogt: »Na, ihr hot en nit!« Noter hun sei Leut Anen kumme losse, un der hot en in ân Sauerwasserkrug verschworn un hot en im e Sack naus die Dunkel getroge, un hot den Krug of en Sta gestellt, wu er heut zu Tog noch steht. Der Krug is ober so schwer, daß mer'n gor nit mehr wek bringe ko. – Die Leut sage ach, sie hätte den alte Barnwerth mit der Woge in der Hand uf eme Sta sitze sähe. Dos glab eich ober nit: dann er kunn aus seim Krug nit raus. – Eich hun ach gehört, es wär ach emol a Fraa nei zus Barnwerths kumme un hot gesogt: »Worum holt ihr dann euer Herrle nit? Do draus sitzt's uf eme Sta, un is ganz erfrorn.«

Das Schächerloch im Steinmarker Wald

In de uralte Zeite hun als die Leut gesogt: Do daus in dem Loch uf'm Berg, do is viel Geld versteckt; wann mer des hette, do könnt sich die Gema en gemane Wald kafe. Do hun die Stamarker gesogt: »No, dos Geld wern mer bald ho!« Un do sein se emol am 'me Dog mit ihr'm Farr naus un wollte dos Geld hole, wu in dem Loch stecke thät. Wie se nu hi kumme sei, hun se gesogt: »Vor all'm müsse mer a Wach vor des Loch stelle, daß mer nit in unsere Erwet gestört wern. Un do wolle mer die drei do haus steh' losse, un die Annern un der Harr Schulz un der Haar Farr gehn in des Loch, un grobe dos Geld raus.« Wie se nu im Loch worn, un die drei Wach gestanne hun, so sein uf amol Zimmerleut kumme un hun do agefangt, un hun Balke beschloge, un hun an Galge ufgericht. Die drei, die Wach gestanne hun, hun als zugesehe, se hun se ober nit frogt derfe, wos se do mache thete, weil mer beim Geldgrobe nicks rede derf. Un die, wu de Galge gebaut hun, hun ach nicks gesogt, bis der Galge fertig wor, un do hun se gesogt: »No, welle wolle mer dererscht droh' henke? den mit dem rothe Wammes?« Wie dos die Wachsteher gehört hun, das mer se all henke thet, sein se ham gelafe, un hun gesogt: o ihr Leut! der Harr Farr un der Harr Schulz und die Annern sein all gehenkt worn. Ma hot ach von all nicks me gehört un gesehe. Vo dere Zeit a hot mer dos Loch, «dos Schecherloch« gehase. Nach flieht aus dem Loch vo dere Zeit, wann mer es Vater unser bet, ober an Sta in des Loch werft, a Vogel raus, un flieht dreimal um an rum, un flieht wieder nei. Es is a kroher Vogel un hot kan Schwanz. Wann er raus flieht, pfeift er allemol und wann er nei flieht, pfeift er ach widder. – Im

Schecherloch aber wohnt der Alt, der den Euwebaam hot. Der Alt is lichtscheu, wie a Nochteül, hot feürige Agen un kreischt wie a Nochteül. Wann Aner en Zweig vun dem Euwebaam kriegen könnt, der hett die recht Wünschelruth, mit der mer olle Schätz finne deht; ihr wüßt jo des Sprichwort:

Vor dem Euwe
Ka Zauber ko bleibe.

Die Geldlöcher von Steinmark

Es war emol zu Stamark a Dokter, ka stodirter, sonnern a Quacksalber, der Mensche un Vieh, a wies anner korirt hot. Der hot gemat, wann er die Kreurer zu sanne Tränk an eme hohe Feuertag sammle deht, so were se kräftiger. Un do is er am erste heilige Osterfeuertag, grad wies in Esselbach zum Amt zamme geleut hot, naus un hot Kreurer gesucht. Wie er in der beste Arwet is, guckt er emol uf; do steht obe em Ra e Mann in em lange schwarze Rock un sieht em a Weil zu. Noch ere Weil segt er zu em: »Bist du nit e dummer Kerl, daß du dich mit denne elende Kreurer plogst un miserable Tränk kochst, mit dene du Mensche un Vieh vergifst! Wie de die Hand rum drehst, bist de e reicher Mann. Do unner dem Stageröll leiht e schwer Geld vergrabe, un heut is grad der recht Tag vor de Schatz zu hebe: Du derfst nor die Sta wecklese.«

Der Quacksalber denkt bei sich: der Mann wer grob, und weil er grob wär, müßt ach was an der Sach sei. Un nu fängt er o, die Sta ufzelese. Er is noch nit dief kumme, do hört ersch klingele, just als wanns Kronedahler wern, und denkt: jetzt werds kumma! – un lest un lest, daß em der Schwaas von der Stern duht rinne. Un wann er mied werd, un ufhere will, do klingelts widder ärger un er schafft ufs neu.

Endlich schleicht sich die Sunn hinner em Spessart nunner, un zu Esselbach leuts Ave Maria. Der Quacksalber hatt' e Loch in des Stageröll gelese, daß er nimmer drüber naus gucke ka, un immer noch kümmts Geld nit. Do verliert er die Gedult; er springt eraus aus'm Loch un uf de Ra un guckt sich noch dem schwarze Mann um. Aber der is fort un weit un brat nit ze finne.

Jetzt dreht sich der Mann um nach seim Loch un do san's zwa Locher, as so dief, wies anner. Da kömmt dem Quacksalber e Angst o, daß er sich nit ze helfe waas; dann er denkt, der schwarz Mann mißt der bös Feind gewese sei – un er laaft ham, wos die Ba laafe könne.
Deham erzehlt er, wos em bassirt is, un wie er des Geld scho hett klingele höre, un daß ersch gewiß gefunne het, wann sei Aage nit verblendt gewese wern, daß er zwa Löcher gesehe hett, un nit gewüßt hett, well des recht wer. Do lacht sei Soh', der a ganz Johr in der Stadt gewese war und Latei gelernt hot un e gor ze gescheid hot sei wolle, un segt: »mir wer des nit bassirt; ich hett in em Loch fortgeläse, un hett ich do drenn nix gefunne, so wär ich ins anner gestiege: in am muß doch des Geld sei?!«
»Geh naus, segt do der Vatter un machs besser, wann des Ei gescheider is, als des Hinkel!« Der Jung geht naus. Wie er aber die zwa Löcher sieht, so dief, daß mer mahnt, es hette zeh' Mann Sta geläse, do streubt sich' m's Hoor, daß em die Kapp vom Kopp erab fellt, un er laaft no hortiger als der Alt ham.
Un die zwaa Löcher sen heut noch, un mer sieht se newer dem Weg, wammer vo Stamark nocher Esselbach geht. Die Leut sagen, mer könnt se nit ausfülle un wann mersche voll mache deht, so wärn se am annern Tag widder leer.

Der verzauberte Pantoffel in Esselbach

Der Universität Würzburg zuziehend, nahm Hr. Johann Hugo v. C. sein letztes Nachtquartier in Esselbach. Es wollte nur eben dunkeln, und der junge Mann empfand nicht geringe Verlegenheit um die Frage, wie die langen Stunden bis zum Schlafengehen auszufüllen. In Ermangelung anderweitigen Zeitvertreibs lief er in dem Hause Trepp auf Trepp ab, von Stube zu Stube, und das Glück ...
Ja, am Glücke ist alles gelegen!«
»An dem fraglichen Abend hat in Esselbach das Glück meinen Großoheim begünstigt. Denn urplötzlich befand er sich in seinem zwecklosen Herumstöbern Angesichts einer Jungfrau, die von allen Töchtern des Spessarts, so je gewesen, sicherlich die lieblichste. Sie

erblickte den Jüngling und erröthete, der Jüngling blieb einige Augenblicke regung- und sprachlos, wie bezaubert. Dann aber gewann die Studentennatur de anno 1750 wieder die Oberhand, sich Luft machend in einem Strome der süßesten Worte. Allzu buchstäblich vielleicht verstand diese Worte die holde Jungfrau, und dergestalten hingerissen fühlte sie sich durch die ehrliche Miene, durch die Mischung ungestümer Zärtlichkeit, unbedingter Hingebung, herzlicher Ehrerbietigkeit, daß sie nach züchtigem Sträuben dem demüthig Bittenden eine längere Zusammenkunft für die späte Mitternachtsstunde nicht abzuschlagen vermochte.«

Wir müssen der Kürze halben hier unser Original für einen Augenblick verlassen und wollen nur summarisch mittheilen, daß der verliebte Studiosus, um die Zeit bis zu jenem Rendezvous zu vertreiben, sich eine Punschbowle ansetzen ließ und derselben so lange zusprach, bis er in süßen Schlummer versank. Möge jetzt der Antiquarius weiter erzählen:

»Sanft und selig einschlummernd war sein letzter Gedanke eine süße Erwartung, und eine brennende Sehnsucht erweckte ihn wieder aus seinem Dusel, wie eben die Hausuhr auf dem Flur die 11te Stunde verkündigte. Er setzte sich zurecht in dem etwas unvollständig gepolsterten Großvaterstuhle, er putzte das Licht, er warf einen neugierigen, doch sogleich in stille Wemuth übergehenden Blick in die Tiefen der eben noch mit der reichlichsten Fülle prangenden Bottiglia und er vernahm ein leises, fernes Geklapper. Vorsichtige Tritte sind es, die trotz allem Bestreben sich verrathend in den hohen Absätzen, den einsamen Gang entlang, der Stube des lauschenden, des entzückten Freiers zueilen. Die Thürklinke weicht dem sanften Drucke und herein tanzt ein allerliebster – Pantoffel.

Von seinem Sessel aus starrte regungslos der Student die Bewegungen des Pantoffels an, der zuerst Reitschule hielt die Wände der Stube entlang, dann allmählich engere Kreise um den Sessel beschreibend nicht undeutlich eine Absicht, sich haschen zu lassen, verrieth. Wie groß auch des Jünglings Entsetzen, dreimal hat er den Arm ausgestreckt, vermeinend, den Spuck zu fassen, und immer nur die leere Hand zurückgezogen. Das viertemal scheint der

Pantoffel doch in seiner frevelhaften Sprödigkeit nachlassen zu wollen. Mit einem Blicke, so zu sagen, des zärtlichsten und kokettsten, wenn auch schamhaften Verlangens setzt er seine Spitze auf den mächtigen Schwedenstiefel der des Studenten nachlässig ausgestrecktes Bein umfaßt. ›Jetzt kannst du mir nicht mehr entgehen‹, denkt der Oheim, seine Hand berührt den Sammetstoff, aber den Pantoffel hat er wiederum verfehlt. Mit einem Satze ist er zur Thüre gelangt, die für jetzt von selbst auffliegt: ein Geklapper, nicht mehr verschämt und vorsichtig, sondern ausgelassen und höhnisch, tönt den langen Gang hinaus, während mein Oheim das zierlich gefaltete Brieflein auseinander legt, so er anstatt des Pantoffels festgehalten hatte. Es war solches Brieflein um die Schnalle gruppiert gewesen in der Weise, in welcher man jener Zeit die Kerze da, wo sie den Leuchter berührt, zu garnieren pflegte. Das Brieflein lautete beiläufig folgendermaßen:

›Sie waren der Meinung, sich auf Kosten der Unerfahrenheit eines Landmädchens einigen Zeitvertreib zu bereiten. Diesem Vorhaben hindernd entgegen zu treten, mußte ich mir die Freiheit nehmen. Sie wollen den gehabten kleinen Schrecken als des beabsichtigten Frevels reichlich verdiente Züchtigung in Ergebung hinnehmen und für alle Zukunft sich bessern, damit ich nicht genöthigt, statt der Gnade Recht zu üben und Sie das ganze Gewicht meines Zorns und meiner Macht empfinden zu lassen.‹ «

Wir wollen die Beschämung, welche der junge Mann empfand, in der Strambergischen Darstellung übergehen und nur noch den sonderbaren Schluß dieser höchst unmoralisch beginnenden, aber höchst moralisch endenden Geschichte mit den Worten unseres Erzählers beifügen:

»Sobald mein Oheim in Würzburg sich geborgen wähnte, fieng er an zu erzählen, zuerst seinen Commilitonen, dann dem Hospes, dann den übrigen Bekannten: die erzählten weiter, und an einem schönen Morgen empfieng mein Oheim nicht des Pantoffels, sondern des Pedellen Besuch, als der ihn einlud, vor den akademischen Gerichten von dem in Esselbach Erlebten Zeugniß abzulegen. Auch das Billet wurde verlesen und weil Commissar und Actuar der Renata Handschrift zu erkennen glaubten, zu den Acten behalten, um in dem Criminalverfahren als Überführungsstück zu dienen. Darum wird man in dem eben gelieferten Abdruck den Styl de 1750 einigermaßen vermissen.«

Ohne diesen Schluß würden wir die Erzählung vom »bezauberten Pantoffel« schwerlich in unsere Beiträge aufgenommen haben. Durch diesen Schluß wird jedoch das zwar erfreuliche, aber an sich höchst unbedeutende Factum, daß einmal ein üppiger Student von einem braven Posthalterstöchterlein zum Beßten gehalten worden, mit einem der berühmtesten Vorfälle des vorigen Jahrhunderts, mit dem Prozeß gegen die Hexe Renata von Unter-Zell, in unmittelbare Verbindung gesetzt. Es wäre nicht uninteressant in den Acten über Renata nachzuforschen, ob Wahres an der Sache oder ob die Phantasie unseres Erzählers jenen Vorfall in Esselbach, um ihm eine höhere Bedeutung zu verleihen, in diesen Zusammenhang gebracht hat. Übrigens wären Hexen, welche die Unschuld der Landmädchen hüteten, noch heut zu Tage überaus schätzbare Wesen, denen man schon zu gut halten könnte, wenn sie hier und da einen Pantoffel verzauberten.

Das gebannte Feuer

Zu Mechenhard hielten sich vor vielen Jahren mehrere Zigeuner-Familien auf. Sie vertrugen sich gut mit den Bauern und diese hatten ihnen deshalb gestattet, daß sie ihre Wohnung in einer Scheuer aufschlugen. Als aber die Ernte gekommen war und die Scheuer mit Heu und Getreide gefüllt wurde, wollte es den Mechenhardern doch nicht gefallen, daß die Zigeuner mitten unter den leicht brennbaren Stoffen Feuer anschürten, um sich ihre Mahlzeiten zu bereiten. Die Zigeuner nahmen dieses wahr und führten deshalb die Mechenharder in die Scheuer. Dort hatten sie ein großes Feuer angezündet, das an dem Heu und Stroh hinauf flammte, ohne es in Brand zu setzen. Die Mechenharder waren nun beruhigt und störten die Zigeuner nicht weiter. Die Zigeuner aber waren dankbar und feiten das Dorf Mechenhard, daß dort so lange kein Brand auskommen kann, als man der Sage Beachtung schenkt.

Das graue Männchen beim Kloster Himmelthal

Maant (meint) e Mancher, vor Alters wer'n die Leut gor ze dumm gêwese, weil se ûmögliche Geschichte als enanner verzäihlt hawe, wie wenn se werklich wohr wer'n. Sell is awer weit gefehlt! 'S kummt nor druf â, wie mer son e Geschichte âsicht (ansieht): je noch dem is se dumm un je noch dem is se gescheit. Sou hot mer als verzäihlt, bâm Klouster hett sich vor Zeite e groh (grau) Mennche ufgehâle (aufgehalten), un wann âner an de Stutz kumme wer, un sei Ochse ode sei Küh hett de Wage net nuf ziehe kenne, sou hett er nor e Vaterunser ze bete brauche, – noch (darnach) hett'n des Mennche nuf geschobe.

See (soll) des bedeute, es geb' grohe Mennchen, die A'm (Einem) die Wäge die Berg' naus schiebe, sou is es freilich e dummi Geschichte, sell's aber bedeute, mit'm Bete käm' âner besser vorâ, als mit'm Fluche, – un wann'm aach die gräißte Berg in de Weg geschmisse wer'n, sou wer doch just die Geschichte net grod dumm ze nenne, un der se verzäihlt – aach net.

Der Teufelsbeschwörer in Keilberg

Vor hundert und mehr Jahren lebten zu Keilberg zwei Nachbarn, Hans und Peter geheißen. Beide hatten von ihren Eltern ganz hübsche Gütchen ererbt, worauf sie sich wohl ernähren konnten – und Peter nährte sich auch gut. Er war ein fleißiger, sparsamer Mann, der Erste aus den Federn, und der Letzte in Feld, Hof und Stall. Darum standen seine Felder auch am Besten, darum hatte er auch das schönste Vieh im ganzen Dorfe. Hans dagegen war lieber hinter dem Kruge, als hinter dem Pfluge, und wenn er ja zu Hause blieb, so stöberte er in einem alten Buche, das er in einem vergessenen Winkel gefunden hatte, und das von Geisterbeschwörungen und dergleichen Teufelskünsten handelte. Feld und Vieh waren fremden Leuten überlassen: kein Wunder, wenn Feld und Vieh gleich mager waren. So kam er immer mehr in Rückgang, während Peter, der von Haus aus nicht mehr hatte, als er, täglich wohlhabender wurde. Wenn Hans die vollen Getreidewägen seines Nachbars von glänzenden Kühen mit strotzenden Eutern heimführen sah, während sein hungriges Vieh ein armseliges Führchen mühsam herbeischleppte, so erwachte in ihm ein Neid, der sich zu dem unversöhnlichsten Hasse gegen seinen glücklichen Nachbarn steigerte. Es wurde sein sehnlichster Wunsch, daß sein Nachbar wenigstens so arm, als er selbst werden möge. Er versuchte sogar öfters, ihn in Schaden zu bringen, aber alles mißlang. – Eines Tages, als er sich wieder über den Wohlstand seines Nachbars recht erbost hatte, beschloß er, bei dem Teufel Hilfe zu suchen. Er schlug sein Zauberbuch auf und las laut die Formeln ab, die den Teufel zu seinem Dienste zwingen sollten, – und der Teufel, der immer nahe ist, wenn der Mensch des Herrn vergißt, erschien wirklich. Hans, der doch nicht so recht an das Erscheinen des Teufels geglaubt hatte, erschrak dergestalt, daß er keine Worte finden konnte; aber als der Teufel ihn grimmig aufforderte, zu reden, da er ihn doch einmal gerufen, bat er zitternd und bebend um ein Mittel, den Wohlstand seines Nachbars ohne Gefahr für sich zu vernichten. Der Teufel sagte ihm das zu, verlangte jedoch, daß Hans verspreche, nach zehn Jahren sein eigen zu werden. Hans versprachs in seiner Todesangst und der Teufel bezeichnete ihm ein Kraut, das er Nachts 12 Uhr im Walde unter Anrufung des Teufels holen und auf das Viehfutter seines Nachbars werfen sollte. Darauf verschwand er im Schwefeldampf.

Hans that, wie ihm geheißen, und des Tags darauf war sämmtliches Vieh des Nachbars gefallen.

Peters Wohlstand war durch den Verlust seines sämmtlichen Viehes gänzlich zerrüttet. Seine Freude und sein Stolz waren ihm genommen, und er grämte sich so, daß er starb.

Da erwachte in Hans, der im Grunde des Herzens nicht bös war, das Gewissen. Er sah die Schändlichkeit seiner Handlungen ein und verabscheute sie und sich selbst. Er versagte sich alle Freuden der Erde und flehte ganze Nächte auf seinen Knieen Gott und die Seele seines Nachbars um Vergebung seiner Missethat an. Endlich unter harter Buße und guten Werken verflossen die zehn Jahre, nach deren Ablaufe Hans des Teufels Eigenthum werden sollte.

Der verhängnißvolle Tag war gekommen. Zu der nämlichen Stunde, wo der Pact geschlossen worden, erschien der Teufel und ergriff den zitternden halbtodten Hans. Da schwebte im Glanze des Himmels der selige Geist Peters hernieder und sprach zu dem Teufel: »Weiche, Satan, du hast keinen Theil an ihm. Eine zehnjährige Reue hat sein Schuldbuch gelöscht und der Herr hat ihm vergeben, wie ich ihm schon längst verziehen habe, was er an mir gethan.« Darauf lies ihn der Teufel unwillig los und fuhr mit einem Gepolter, als wenn das ganze Haus zusammenstürzte, davon. Auch der selige Geist verschwand, nachdem er Hansen noch freundlich angeblickt hatte. Auf den höllischen Lärm kamen Leute herbei, die Hansen sterbend fanden. Er konnte ihnen nur noch erzählen, was vorgefallen, und dann verschied er in Frieden.

In dem Walde, wo in des Teufels Namen das Zauberkraut gesucht worden, ist es aber noch heute nicht geheuer.

Der Wassernix im Kahlgrund

Zur Adventszeit hört man im Kahlgrunde, in der Nähe von Schirmborn, bei stiller Nacht »Hoho, Hoho!« schreien. Obwohl es fast wie eine Menschenstimme klingt, so wird's doch denen, die es hören, unheimlich, denn der Rufer ist der Wassernix, der in der Kahl wohnt. Gesehen hat ihn noch Niemand, aber seine Tücke sind wohlbekannt und darum geht ihm Jeder gern aus dem Wege, wenn sein Ruf erschallt und nicht leicht wagt es Jemand, in der Nähe der Kahl einen Spaß über ihn zu machen.

Einst zur Adventszeit hatten sich einige Männer von Königshofen vor Tagesanbruch aufgemacht, um ihre Besen nach Aschaffenburg auf den Markt zu tragen. Es war bitterlich kalt und Alles gefroren, und die Kahl sah aus, wie ein Gletscher. Die Leute hatten schwere Trachten und mußten tief im sandigen Schnee waden. Sie waren darum bereits ermüdet, als sie an die Kahl kamen, warfen ihre Trachten ab und ruhten eine Weile. Da hörten sie plötzlich ein lautes Gepolter auf dem Eise der Kahl. Erschrocken sprangen sie auf, denn sie dachten Alle zu gleicher Zeit an den Nix; um aber ihren Weg fortzusetzen, mußten sie über die Kahl und es wollte auf dem Stege Keiner der Erste und Keiner der Letzte sein. Ein junger Mann sagte endlich scherzend: »Der Hannes soll vorausgehen, der ist ein frommer Mann, vor dem der Wassermann Respect hat; der Letzte will ich sein, der Wassermann und ich sind alte Freunde!« Und so schritten sie über den Steg. Als sie bald hinüber waren, rief der, welcher zuletzt ging, spottend Ihnen zu: »Habt Acht, daß euch der Wassermann nicht holt! Hoho, Wassermann, hoho!« Er hatte die Worte kaum ausgesprochen, da ergriff ihn eine unsichtbare Hand und zog ihn hinab durch das Eis in die Kahl. Die anderen Männer befiel ein solcher Schrecken, daß sie zwar lautlos ihren Weg fortsetzten, aber nach dem Verkaufe ihrer Besen auf einem anderen Wege heimkehrten und den Steg bei Schirmborn niemals mehr betraten. – Von dem Manne, der in die Kahl versank, hat man nichts mehr gesehen. Ein Wasserwirbel bezeichnet aber jetzt noch die Stelle, wo ihn der Wassernix in die Tiefe zog!

Der Spukgeist im Simmig

Im Simmig, einer Flurgegend zwischen Geiselbach und Hofstädten, bei dem sogenannten Dornbusch, da spuckt es bei Nachtzeit. Wenn ein Geiselbacher spät in der Nacht von Hofstädten heimkehrt, springt ihm, besonders wenn er etwas getrunken hat, der Spuckgeist auf den Rücken, und er muß ihn tragen bis zur Sachsenhäuser Hohle, wo er dann herabspringt und den Geängstigten freiläßt.

Die Kartenspieler

In Strötzbach, in der Heininger'schen Wirthschaft spielten drei Männer in der Christnacht Karten. Der Wirth beredete sie, die Mette zu besuchen. Die Spieler aber wollten sich nicht stören lassen und verlangten ein eigenes Zimmer zum Spielen. Der Wirth führte sie in eine Kammer des zweiten Stockes. Als es in Mömbris zur Wandlung läutete, ohne daß sich die Spieler beirren ließen, klopfte es dreimal unter dem Tische. Die Erschrockenen gewahrten einen Pferdefuß, der mit dem letzten Glockenschlag verschwand, aber sich seitdem jedes Jahr zur Wandlung der Christ-Mette dreimal hören läßt.

Wirtshaus mit kartenspielenden Bauern. Holzschnitt 1537

Ein Spessarter Wilddieb

Die nie erloschene Erinnerung des Volkes an die einstige Freiheit der Wälder, Flüsse und Bäche, an die gemeinsame Benützung derselben durch die alten Markgenossenschaften hat einer Classe von Menschen, welche nach jüngerer, mit dem Entstehen der Regalien aufgekommener Rechtsanschauung unbestritten unter den Begriff der Verbrecher fallen, – wir meinen die Wilddiebe –, einen ganz eigenthümlichen Charakter aufgedrückt. In Folge jener Erinnerung betrachtete das Volk die Wilderer nicht als Übelthäter und Ehrlose, sondern als berechtigte Kämpfer für ein durch Gewalt entzogenes, unverjährbares Recht, als seine eigenen kühnen Vertheidiger, denen Schirm und Unterschlüpf zu gewähren durchaus nicht als unerlaubte Handlung oder gar als Unrecht angesehen werden könne. Lebte und wirkte doch, freilich unbewußt und verdunkelt, in jenen Rittern der alten Waldfreiheit das Gefühl der Bitterkeit, welches bereits einem Dichter des dreizehnten Jahrhunderts die Verse eingegeben hatte:

Die Fürsten zwingen mit Gewalt
Feld, Stein, Wasser und Wald,
Dazu beides Wild und Zahm;
Sie thäten dem Luft gern alsam,
Der muß uns doch gemeine sein.
Möchten sie uns den Sonnenschein
Verbieten, auch Wind und Regen,
Man müßte Zins mit Golde wägen.

Was im Bauernkrieg durch eine Gesammterhebung wieder errungen werden sollte, das suchten die Wilderer als Guerillas in einem kleinen, aber nie endenden Kampfe zu vindiciren, und so waren sie die nie aussterbenden, fort und fort protestirenden Revolutionäre und in gewisser Weise auch Reactionäre des Waldes. Sie waren die Lieblinge des Volkes, das gleichen Sinn mit ihnen besaß, und da sie in dem eigentlichen und ursprünglichen Lebenselement der Germanischen Volksstämme, in Forsten und Hainen, ihr Wesen trieben, gestaltete sich das Leben der Wildschützen zu einer besonderen Seite der mittelalterlichen Romantik, welche bekanntlich in den Englischen Liedern und Sagen von Robin Hood den Gipfel ihrer poetischen Blüthe erreicht hat. Freilich tritt bei dem kecken Outlaw im ›lustigen‹ Sherwood noch ein zweites höchst wirksames Element hinzu: Er ist zugleich Vertreter der durch Wilhelm den Eroberer und seine Normannen unterdrückten Angelsächsischen Nationalität; er ist, um mich eines Ausdrucks von Dönniges zu bedienen, »der personifizirte Trotz des Untergangs eines edlen Volkes«. Besitzt aber auch Robin Hood mehr den Charakter des Friedlosen, des Exlex, des Outlaw, so finden sich doch unter seinen Rivalen und Genossen manche Andere, die wie Adam Bell, William von Cloudesly und Clym von der Clough vorzugsweise als Wilderer auftreten und als solche bezeichnet werden.
Unsere Deutschen Wilderer besitzen den einfacheren, oben schon gezeichneten Charakter: Sie sind nur die kecken, ungebundenen,

auf Faustrecht lebenden Söhne des Waldes, worin sie, dem Königs- und Fürstenbann zum Trotz, von der alten Freiheit Gebrauch machen; bloß in Hader mit Denjenigen, welche jenen Bann zu schützen und zu wahren beauftragt sind, leben sie mit aller übrigen Welt in Frieden und werden als Verkäufer billigen Wildes an mancher Pforte willkommen geheißen; daß sie Abenteuer erleben, worin sie persönlichen Muth, körperliche Kraft, Gewandtheit und Scharfsinn entwickeln, macht sie noch interessanter; sie werden für abgelegene Waldorte die Helden des Tages, der Localgeschichte und schließlich des Mythus.

Ein solcher Held der Localgeschichte und des Mythus begegnet uns zu Ende des vorigen Jahrhunderts in den Tiefen des Spessarts, jenes uralten Bann- und Königsforstes, worin es wohl niemals an Wildschützen gefehlt hat, keiner aus ihnen aber so zum Träger der Sage geworden ist, wie Hasenstab.

Hasenstab galt dem Volke nicht bloß als eine übernatürliche Erscheinung, als Zauberer und Banner, sondern wurde auch sittlich so glorificirt, wie dies bei Volkslieblingen ähnlicher Art meistens der Fall ist. Unzählige Schlupfwinkel standen ihm zu Gebot, um sich vor den Verfolgungen der Mainzischen und Löwensteinischen Jäger zu bergen, worunter besonders eine Mühle genannt wird, in der es dem Robin Hood des Spessarts auch nicht an einer Maid Marian fehlte. Sein Wild verkaufte Hasenstab selbst in die abteiliche Küche zu Bronnbach, und soll ihm der dortige Abt, um ihn vom Wildern abzubringen, eine Jägerstelle in den Klosterwaldungen übertragen haben: In dieser legitimen Stellung soll es jedoch Hasenstab so unbehaglich geworden sein, daß er eines Tages auf und davon gieng und in sein altes Terrain, den Spessart, zurückkehrte, um dort sein Wildererleben von Neuem zu beginnen.

Manchfache Sagen über Hasenstabs Zauberkunst gehen noch im Volke um. Als ihn einst die Jäger von Bischbrunn in der Nähe der St. Marcuscapelle bei Hasloch nahezu erreicht, verwandelte er sich rasch in einen Baumstamm, vernahm als solcher das weitere Vorhaben seiner Gegner, mußte sich aber auch gefallen lassen, daß sie sich eine Weile auf ihm niederließen und einer von ihnen seine Pfeife an ihm ausklopfte.

9. Mainstädte

Der Schloßpöpel von Eltmann

Vor dem Jahre 1800 war Eltmann noch vollständig von Mauern eingeschlossen. Außerhalb der Stadt lag am Wege nach dem ›Heiligen Blut‹ eine Mühle. Damals standen auch auf dem ›Schloßberg‹ noch ein paar Gebäude, die von einem Schäfer bewohnt und benützt wurden. Des Müllers Tochter besuchte zur Spinnzeit alle Abend die Familie des Schäfers, um dort in Gesellschaft zu spinnen; denn nach Eltmann hinein konnte sie nicht gehen, weil die Stadttore frühzeitig geschlossen wurden.

Da kam oft ein graues Männchen in bischöflicher Gewandung, der sog. Schloßpöpel, und ging durch die Spinnstube. Die Leute fürchteten sich nicht, weil sie sich an den Anblick schon längst gewöhnt hatten. »Bist a widder doo?« begrüßte es gewöhnlich der Schäfer. Von der Stube aus ging das Männchen in die Scheuer und in den Schafstall.

Leute, die um 1800 nach dem verborgenen Keller mit seinen Schätzen gruben, lachten einmal über den Schloßpöpel und drohten: »Heint, wenn d'r Pöp'l kummt, johng mer na!« Aber als sie in der Nacht gruben, kam das graue Männchen, blies ihnen die Laterne aus und trieb sie den Schloßberg hinunter. Hinter sich hörten sie den Pöpel in die Hände klatschen und laut lachen. Gegraben haben sie dann nicht mehr.

Ein Bauer war im Sommer einmal nachts um ½2 Uhr ›durch die Steig‹ an das Kreuz auf dem Schloßberg gekommen. Da sah er im Mondschein vom Schloß her einen schwarzen Hund mit feurigen

Augen laufen. Die Ochsen merkten das Gespenst und bliesen; der Bauer aber langte nach dem Misthaken. Doch vor dem Wagen verschwand der Hund.

Irrwische bei Haßfurt

Ich gieng einst mit Licentiat Johann Georg Schmiedten / Stadt- und Land-Medico zu Königsberg in Francken / zur Herbst-Zeit bey dunckeln Abend von Haßford nach Hause / wie wir fast halbes Weges waren / kamen zur Rechten und Lincken Irrwische daher spatzieret / wofür der gute Licentiat sich nicht wenig fürchtete / sagte / derowegen zu mir: Kleiner bete fleißig / denn der Teuffel ist gemeiniglich mit im Spiel. Ich aber / die rechte Wahrheit gebeichtet / gaffte mehr nach den Irrwischen / und belustigte mich an ihren Gauckel-Possen. Er aber hub an mit heller Stimm zu singen: Eine feste Burg ist unser GOtt; Und wenn die Welt voll Teuffel wär / u.d.m. Ich meyne / die Wische giengen auff ihn loß / doch ohne Schaden. Der gute Mann fuhr mit Singen in höchster Angst immerfort / und die Irrwische fopten ihn je länger je mehr. Endlich ward ers auch müde / und höret auff / da kamen die Lichtergen weg / daß keiner wuste wohin; Aber / wie sahe der liebe Mann aus. Und niemand hatte ihme diese Furcht / als er selbst / aus bloßer Einbildung gemacht. Da sahe ich / was Singen / Beten / und Seuffzen dißfalls vermöge.

Der gespenstige Hammel von Haßfurt

Im sog. Amtmannsgäßchen am Main soll früher zwischen der äußeren Wirtschaft und dem Amtmannsgarten während der Adventszeit nachts zwischen 11 und 12 Uhr ein weißes Schaf ohne Kopf hin- und herrennend gesehen worden sein.
Von anderer Seite wird erzählt, daß ehemals ein gespenstiger Hammel in der Mainmühle sein Wesen trieb.

Der Götze Lollus in Schweinfurt

Im Bereich der sogenannten alten Stadt bei Schweinfurt, und zwar nicht weit von den langen Schranken, ist ein Platz gelegen, welchen das Volk Lollus oder Lollo nennt; ein andrer aber, näher gegen die jetzige Stadt zu, in der Nähe des Stroms, wo vor Alters ein Wald gestanden haben soll, wird das kleine Löllein oder das Lölle genannt. In diesem Hain soll einst in einer Umzäunung ein ehern Götzenbild gestanden haben, welches von den Einwohnern verehrt wurde und blutlose Opfer an Wein und Feldfrüchten empfing. Dieses Bild hieß Lollus und war gestaltet als ein nackter, geschürzter Jüngling; trug auf dem Haupte gelbes Lockenhaar, einen Kranz von Mohnsamen um den Hals und über die Brust, hob die rechte Hand zum Munde, faßte mit dem Daumen und Zeigefinger die Zunge, und hielt in der Linken einen Pokal empor, in welchem Kornähren standen. Über diesen Lollus haben die Gelehrten viel geschrieben, das Bild selbst aber ist hinweggekommen, Niemand weiß, wohin? Man vermuthet, es sei in den Main versenkt worden.

Ausgehackte Frösche

Einem Weinhäcker aus Schweinfurt begegnete unter der Petersstirn bei der Mainleite etwas sehr Seltsames. Er war mit seiner Frau mit Brechen des Weinbergs, der unmittelbar unter der Trümmerstätte liegt, beschäftigt; die Frau hackte sehr fleißig, und mit einem Mal hackte sie bei jedem Schlag in die Erde einen Frosch heraus. So mochte sie wohl fünf oder sechs Frösche herausgehackt haben, als es ihr auffiel und sie zu ihrem Manne sagte: »Pfui! Was sind das garstige Frösche.« Und jetzt kamen keine mehr. Und der Mann näher tretend, bückte sich nach den Fröschen und sah keine, wohl aber leuchteten so viele Goldstücke, als zuvor Frösche zum Vorschein gekommen waren, am Boden. Die hob er auf und steckte sie ein, und zankte seiner Frau, daß sie nicht stillschweigend fortgehackt. Beide hackten und brachten den ganzen Tag damit zu, es gab aber keine Goldfrösche mehr.

Die goldgekrönte Schlange

Auf der Petersstirn ist schon oftmals eine Schlange erblickt worden, die trägt auf ihrem Haupte ein goldenes Krönlein. Einst ging ein Häcker (Weinbergsmann) den Berg hinauf, wo noch die geringen Mauerschädel des alten Klosters liegen; da rauschte mit raschem Ringeln ihm eine große und glänzende Schlange entgegen, die trug auf dem Haupt eine goldene Krone und im Maul ein großes Bund Schlüssel, die glitzerten und klingelten wie Silber. Der Häcker entsetzte sich, hob seinen Karst, um nach der Schlange zu schlagen, da sah ihn die Schlange wehmüthig an, und bezauberte ihn mit ihrem Blick, daß er regungslos stand, und da sah er denn, daß sie weinte wie ein Kind. Als das einige Minuten gedauert, schwand die Schlange in die Erde, und war ihm aus den Augen und hinweg und war nirgends im Boden ein Loch zu sehen.

Die langen Schranken bei Schweinfurt

Im Bereich der alten Stadt liegt ein schöner ebener Platz, welcher jetzt mit Obstbäumen bewachsen ist. Hier, sagt man, sey vor Zeiten der Turnierplatz gewesen, daher der Name ›die langen Schranken‹ sich bis auf den heutigen Tag fortgeerbt habe. Einst war ein glänzendes Turnier angestellt; zu dem kamen viele fremde Ritter. Einer derselben erblickte unter den anwesenden Damen eine, die wohl auch fremd seyn mochte, und deren Schönheit ihn so bezauberte und umstrickte, daß er sich zu ihrem Kämpfer weihte, und jedem den Handschuh hinwarf, der ihr nicht den Preis der Schönheit zugestehen wollte. Er blieb auch wirklich Sieger, streckte alle Gegner in den Sand, und nahte nun der Holden, die ein meergrünes Kleid trug, sittig ihren Dank zu empfangen. Sie lächelte ihn liebreich und holdselig an, aber wie ward ihm, als er dabei wahrnahm, daß sie grüne Zähne hatte? Er bebte zurück, sie stieß einen Schrei aus, verwandelte sich in ein Seeweiblein und rutschte auf dem Schlangenleib dem Maine zu, in den sie sich stürzte und auf dessen Oberfläche sie eine Weile fortschwamm, bis sie niedertauchte, und den Blicken der staunenden Herrn und Damen entschwand. Da that sich der Ritter seine Waffen und Rüstung ab, und trat als Mönch in einen der strengsten Orden.

Die auferstandene Frau

Auf dem Schweinfurter Gottesacker ist ein alter Grabstein mit dem lebensgroßen Bildniß einer vornehmen Frau zu sehen, welche ein eingewickeltes Kind zu ihren Füßen liegen hat. Diese war die Frau eines Syndikus Albert. Man sagt von ihr, daß sie sehr schnell und plötzlich gestorben sei, und als ihr Tod erfolgt war, wurde sie unter einem Schwibbogen, in welchem sich ihr Familienbegräbniß befand, beigesetzt. Ihr zurückgelassener Gatte betrauerte sie sehr aufrichtig. Der Todtengräber, ein habgieriger Mann, hatte jedoch an dem Finger der Leiche einen kostbaren Ring bemerkt, den er der Todten nicht lassen wollte; er machte sich daher des Nachts heimlich auf, hob den Sargdeckel ab, und wollte der Leiche den Ring vom Finger ziehen; da richtete sich diese plötzlich auf. Entsetzt lief der Todtengräber davon; die Frau im weißen Todtengewande entstieg ihrem Sarg, wandelte ihm nach, und kam ruhigen Ganges vor ihr Haus, wo sie anläutete. Eine Magd sieht zum Fenster hinaus: »Wer da?« – »Ich bin's, die Frau! Öffne!« Schreiend stürzt die Dienerin zu ihrem Herrn: »Die Frau ist unten an der Thüre, ich habe sie an der Stimme erkannt!« – Der Herr schüttelt ungläubig den Kopf, und läßt seinen Diener hinaus sehen. »Öffne mir um Gotteswillen! Ich komme um vor Kälte!« Da eilt auch der Diener rasch zum Herrn: »Es ist die Frau, ich erkenne sie an ihrer Stimme.« – Der Herr aber sagte: »Ihr seid Thoren und dümmer wie das Vieh! Wenn meine Pferde zum Fenster hinaussähen, würden sie gescheidter antworten, als ihr!« Kaum ist das Wort gesprochen, so kommt es mit Gelärm und Gepolter die Treppe herauf, und stampft und trappt und wiehert, – die Pferde sind's – zur Stube herein, und sie stecken die Köpfe durch die Fenster, daß die Scheiben klirren und die Flügelbänder brechen, und beide sehen vom Vorsaal hinab zum Fenster hinaus und wiehern.

Nun läßt der Herr, erschrocken, schleunig öffnen, und die halberstarrte Frau wird zu Bette gebracht und geneset bald darauf eines Töchterleins. Doch Mutter und Kind lebten nicht lange mehr, und die erste wurde zum zweiten Male begraben, und beiden dieser Grabstein zum Andenken gesetzt. – Alle Jahre am ersten Ostertage ist eine wahre Wallfahrt nach dem Gottesacker, der dann prächtig mit herrlichen Blumen geschmückt ist, aber das Erste, was man den Kindern zeigt und was sie alle gerne sehen wollen, ist die wiedererstandene Frau mit ihrem Kinde.

Der Lindwurm in Volkach

An der westlichen Seite der an dem Maine liegenden Stadt Volkach ist noch ein Theil der alten Befestigung, nemlich die Ringmauer, Thürme, Wall und Gräben, erhalten. Dabey steht eine steinerne Martyrsäule, auf der einen Seite Christus am Kreutze mit Knieenden: Ritter, Frau und Kinder, dann auf der anderen Seite S. Georg darstellend, wie er den Drachen tödtet. Der Ritter S. Georg ist Schutzpatron der Stadt.

In diesem Graben, weiß die Sage, war sonst ein See, in welchem sich ein Lingwurm (nach der Aussprache des Volkes) aufhielt, der Menschen und Thiere vergiftete. Da aber der See abgelassen, und der Graben ausgetrocknet wurde, so konnte sich das Thier nicht mehr aufhalten, und seit dieser Zeit ist Ruhe. Alle Jahre, am Samstag abends nach Fronleichnam, geht wegen dieses Ereignisses eine große Wallfahrt nach Burgwindheim.

Huya

Als einmal einige Handelsleute auf den Volkacher Markt gehen wollten, führte sie ihr Weg durch das Volkacher Wäldchen. Es war beim ersten Morgengrauen, als sie in der Ferne ein Licht bemerkten, und beständig den Ruf: Huya, Huya! hörten. Dieser Ruf kommt von einem Gespenst, welches die Fremden, oft auch Einheimische, dadurch an sich lockt und irre führt. Als sie unweit des Wäldchens an den See und in seine Nähe kamen, fuhr es plötzlich in den See, daß es plätscherte, und verschwand.

Der gespenstige Fuhrmann

Ein Schuhmacher aus Rimbach hatte sich in Volkach einen Pack Leder gekauft und ging damit in der Nacht heimwärts. Beim Nägeleinsee fand er in dem tiefsandigen Weg einen Weinbauern halten; der schrie und trieb seine Pferde an und konnte doch nicht von der Stelle kommen. Der Schuster warf seinen Lederpack ab und half dem Fuhrmann heraus. Zum Dank dafür gab ihm der Fuhrmann von seinem Wein zu trinken. Und als der Schuster den Wein getrunken hatte, sah er erst, daß weder der Fuhrmann noch seine Pferde einen Kopf hatten. Dem Mann wurde himmelangst. Daheim angekommen, legte er sich und stand nicht wieder auf. Nach ein paar Wochen wurde er begraben.
Noch heute vermeiden es viele Leute, zur Nachtzeit am Nägeleinssee vorüberzugehen.

Gespenst in der Mette in Dettelbach

Im Franziskanerkloster zu Dettelbach bemerkte ein Bruder einigemal beim Herausgehen aus der Mette, daß in dieser ein Geistlicher zu viel gewesen. Er zeigte es dem Guardian an, der ihm auftrug, bei nochmaliger Wahrnehmung ihn sogleich herbei zu rufen. Der Bruder that dies in der nächsten Nacht, worauf der Guardian den unbekannten Franziskaner fragte, wer er sei und was er wolle. »Ich bin im Fegfeuer«, antwortete derselbe, »und muß, weil ich bei meinen Lebzeiten hier in der Mette oft zerstreut gewesen, so lange leiden, bis ich die Strafe erstanden, die ihr mir aufzulegen für gut findet.« – »So kommt morgen nochmals in die Mette!« erwiderte der Guardian, worauf der Geist seufzte: »Ach welche harte Buße ist das!« und verschwand. In der folgenden Nacht fand er sich pünktlich in der Mette ein und war, als sie zu Ende, von seinem Leiden erlöset.

Steinklopfer bei Dettelbach

Mehrere Handelsleute gingen einmal mit einander nach Mitternacht von Dettelbach nach Würzburg zur Messe. Unterwegs gewahrten sie in der Ferne ein Licht, und hörten nach und nach ein Klopfen. Da sagte einer aus ihnen: Das ist der Steinklopferle, der sich oft sehen läßt. Als sie näher kamen, erblickten sie einen Mann, der auf einem Steinhaufen saß und klopfte. Er hatte einen dreieckigen Hut so tief in's Gesicht herabgedrückt, daß man dies nicht sehen konnte, und ihm zur Seite befand sich eine Laterne. Als sie an ihm vorübergehen wollten, zerbarst die Laterne und er selbst verschwand mit einem Geschwirre, wie von einem Trupp aufgescheuchter Vögel. Es soll dies ein verwünschter Siebener (Feldgeschworener) sein, welcher unredlich Marktsteine setztc oder sie verrückte.

Der Handschuh der Hadeloga von Kitzingen

Gemeiner alt-hergebrachter Sage nach, ist diß Orth, da jetzt Statt- und Closter Kitzingen stehet, ein unerbaute Wildnuß und Gehöltz geweßen, da hat erstlichen Hadolais eine Tochter König Pipins in Franck-Reich welche auf dem Schwanenberg Hoff gehalten, an Ihren Herrn Vatter begehret, Ihr ein Closter des Endes da Sie Ihren Handschuh von gemeldeten Schwanberg hinwerffen wird, zu bauen, solcher Handschuh seyn durch den Willen Gottes deren Orth, da das Closter jetzund stehet (welches Gleichwohl unglaublich) gefunden worden, also hat König Pipin diß Closter gebauet, und in der Ehre unßer Lieben Frauen der Mutter Gottes gestifftet, und St. Benedicts Regul aufgeleget, und seine Tochter Hadolais zu erster Abtißin darrin verordnet, solches Closter habe Sie nach Ihren getreuen Hirthen Kitz genannt, den Nahmen Kitzingen geben, dieser Hirth soll auch den Brunnen so man noch heutigestags Hadaweiden Brunnen nennet, gefunden und nach seiner gnädigen Frauen, der Abtißin benahmset haben.

Kohlen werden zu Geld

Eine Schmiedsfrau in Kitzingen, welche um Mitternacht über ihren Hof ging, sah dort einen Haufen glühender Kohlen unter einem Birnbaum liegen, worunter auch ihr Mann schon nachts einen schwarzen Pudel wahrgenommen hatte. Sie holte einen Korb herbei, füllte die Kohlen darein und schüttete sie in ihre beste Stube. Als sie am Morgen daselbst nachsah, fand sie die Kohlen in lauter Geld verwandelt.

Schatz bei Kissingen

Eine Frau von Kitzingen sah unter einem Baume des dortigen Feldes einen Haufen glühender Kohlen liegen. Weil sie dieselben für einen Schatz hielt, schickte sie sich an, sie in ihre Schürze zu fassen. Da erblickte sie ihren längst abwesenden Bruder, der über das Feld herkam, und rief ihm zu: »Heinrich! wo kommst du her?« In demselben Augenblick waren Schatz und Bruder verschwunden.

Der Schmied von Ochsenfurt

Denckwürdig ist das Exempel eines daselbstigen Burger Sohns / seines Handwercks ein Schmied / welcher um sich etwas in der Welt zu versuchen / sich in dem Krieg begab / und mit den letztern aus der Familie und Stammen des Kaysers Friederici I. Barbarossae Conradino in Sicilien zog / um ihme sein Königreich contra Carolum, des Königs in Franckreich Brudern / der es armata manu an sich gezogen hatte / wiederum einnehmen zu helffen. Nachdeme aber die Haupt-Schlacht verlohren / und Conradinus unbilliger Weise getödtet worden / warff des Conradini zerstreute Kriegs- Volck / diesen Schmied darum zu einem Heerführer auf / und hielte ihn für ihren König / dieweilen er an der Statur und Gestalt dem Conradino fast ähnlich sahe / die Obristen und Officirer huldigten ihme / und er führte sie samt der Armada glücklich und klüglich durch gantz Italien heraus in Teutschland / da nahm er Abschied von ihnen wider ihren Willen / dann sie liebten ihn sehr / und er gieng wieder gen Oxenfurth und fieng an sein Handwerck zu treiben.

Würzburg. Kupfer aus D. Meißner, Politisch Schatzkästlein. Nürnberg 1678

Die Gründung der Stadt Würzburg

Von erster Erbawung der weitberühmbten / Bischoff- vnd Hertzoglichen Residentz Stadt Würtzburg am Mayn / in Ost Francken gelegen.

Die Stadt Würtzburg solle den Namen haben / von den Würtzen vnnd Kräutern / weßhalben sie dann zu Latein Herbipolis, genennet wird: Wer aber deroselben Bawherr gewesen / vnd wann sie eygendlich erbawet worden / berichten die Historien Schreiben nicht. Jedoch auß denen daselbsten vorgelauffenen Veränderungen / befindet sichs daß die Gründung geschehen im dritten Jahr vor der Geburt / vnd gebräuchlichen Jahrzahl Christi / nemblichen im Jahr der Welt 3782. im 750. Jahr / nach der Regierung Romuli / im 42 jahr der Regierung Kaysers Augusti / im 26 jahr der Regierung Franci / deß 17 Fränckischen Königs: Die Erbawung aber dieser Statt war also gethan.

Im jahr der Welt 3777. kam Tiberius Claudius Nero / Kaysers Augusti Tochtermann in Teutschland / vnd bezwang viel Völcker zwischen dem Rhein vnd der Elb gelegen / vnd name bev 90000. Mann / die sich jhme willig ergeben hatten / vnd satzte sie an / vnd über den Rhein: Im nachfolgenden 3778. jahr / welchs war das 7. jahr vor Christi Geburt / kam Tiberius wider ins Teutschland / vnd thäte Anordnung daß vnterschiedliche Castell in Teutschland auffgeführet wurden / sonderlichen am Rhein- vnd Maynstrom: Da dann nachmals auch die Statt Würtzburg jhren Anfang genommen / auff Anordnung der Römischen Besatzung / durch diese Völcker so zwischen dem Rhein vnd Elbstrom gesessen / vnd dem Tiberio sich ergeben hatten: Vnd geschahe die Gründung am Donnerstag / den 27 Hornung / waaren Julianischen Calenders / vmb 11 vhr 33 minut. Vormittag vnter der höhe deß Poli 49 grad / 45 minut. In deme damals gebräuchlichen Römischen Calender / war es der 25. Febr. zu welcher Zeit die Gestalt deß Himmels sich verhalten / wie die Himmels Figur im ersten Blat außweiset.

Feuersbrunst am Fischmarkt in Würzburg

Von der Brunst, so auf dem alten Fisch-Marckt unter der Greden, bey Bischoffs Friderich Zeiten geschehen.

Es wohnt damalhs zu Wirtzburg auf dem alten Fisch-Marckt unter der Greden auf der rechten Seiten, wann man die Staffel hinab gehet, ein wohlhabende Frau, deren Nahmen mir unwissend. Diese Frau hatte in dem Dorff Versbach einem ein Kind aus der Tauff gehoben, und als sie heim nach Wirtzburg in ihr Haus gangen, hat sie übel gefrohren, und ihren zweyen Töchterlein befohlen, sie sollen die Stuben wärmen, welches die Kinder zu thun angefangen; da aber die Stuben so bald nicht wolt warm werden, ist die Frau unwillig worden, und ins Teuffels Nahmen die Kinder recht heißen einwärmen. Alsbald hat das Feuer ausbrochen, und seynd die zwey Töchter alle beyde in dem Brand todt blieben, und heraus getragen zu den Brunnen, der nicht weit von den drey

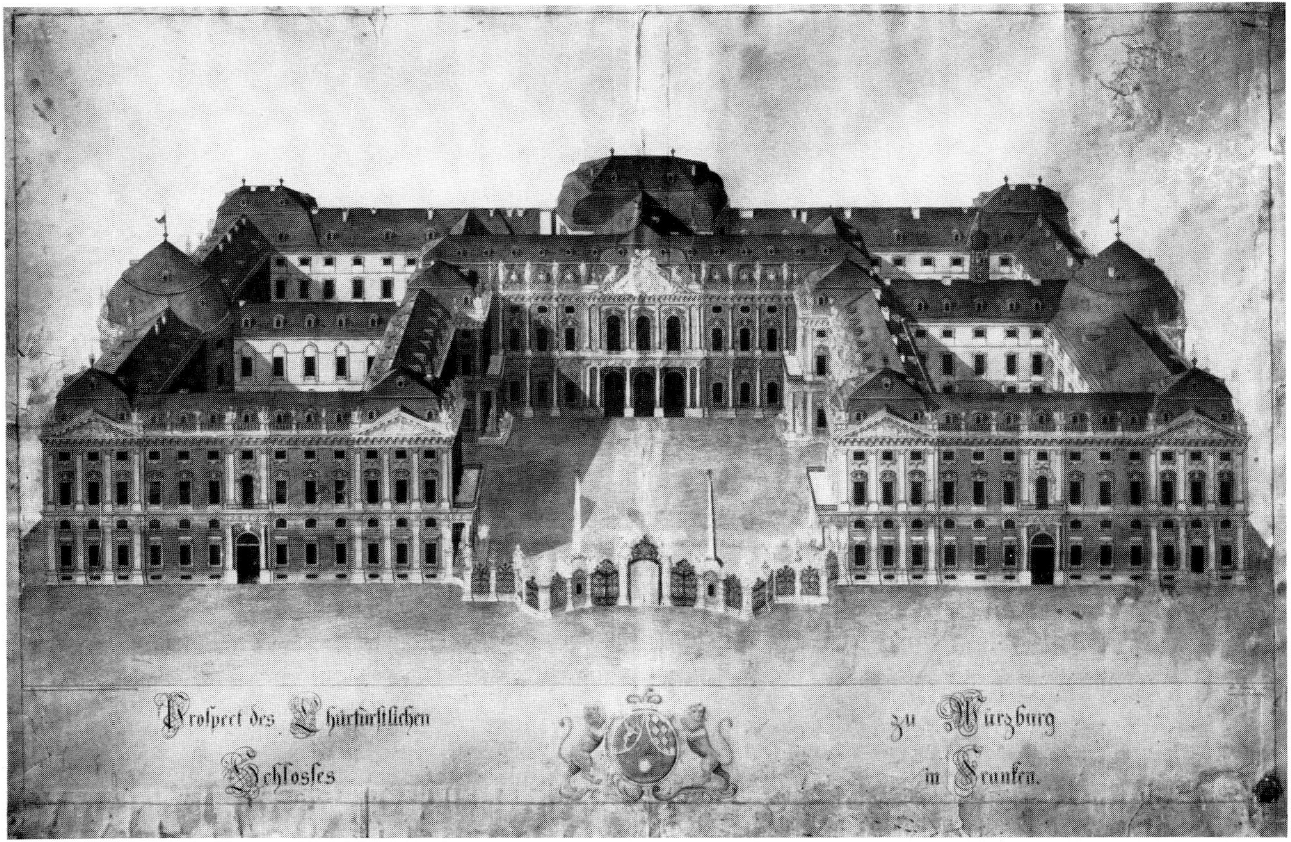

14 Residenz in Würzburg. Aquarell von 1802

13 Burgrheinfeld bei Schweinfurt. Ausschnitt aus einer Flurkarte. Schweinfurt, Stadtmuseum

Wirthshäusern stehet, daselbsten haben die Leuth mit großen Trauren und Weinen besichtiget. Die Mutter, so noch Gütter zu Versbach gehabt, ist aus der Stadt gezogen, und daselbst zu Versbach sich ihrer Güttern genähret. Und wann sie hernacher nach Wirtzburg, und das Orth, da ermeldte ihre Kinder gelegt worden, kommen ist, hat sie allwegen geweint, und ist in die Ohnmacht gefallen.

Das große Sterben in Würzburg

Des verschienen Jahrs 1541. um Weynachten kam gegen Wirtzburg ein große Nachteul oder Uhu, die saß bey der Nacht hin und wieder auf den Stifften und hohen Thürnen und in den alten Stadt-Mauern, heulet und schrye nach ihrer Art die gantze Nacht, daß jederman darob erschrocken. Etliche wolten es bedeute ein groß Sterben; die andern einen großen Krieg; wie dann beydes in diesen Jahr 1542. geschehen. Dann um Ostern fieng es zu Wirtzburg an, in allen Pfarreyen zu sterben, und regiert die Pestilentz, doch etwas gnädig bis hinaus auf den Sommer, da nahm es gewaltig überhand, also daß hinweg zoge, wer möchte. Auf Montag Timothei ritt Bischoff Conrad hinweg gen Aschach; und über vierzehen Tag hernach ward die Cantzley gen Neustadt an der Rhön gelegt. Die Dom-Herrn machten Absentz von Bartholomäi bis auf Catharinä, (al. Cathedra) und flohen alle hinweg, jung und alt, ausgenommen Herr Lorentz Truchses, Herr Georg von Moßbach, und Herr Andres von Thüngen. Man verbott niemands auf dem Leichhoff bey dem Dom-Stifft zu begraben; sondern alle, die in der Dom-Pfarrey sturben, wurden begraben auf beyde Kirchhöffe zu den Predigern und Augustinern. Als aber solche beyde Kirchhöffe ergraben, ist ein neuer Kirchhoff zum Neuern fürgenommen, und auf S. Dionysii-Tag geweyhet worden. Es ist hernach noch ein Leichhoff vor dem Bleichacher-Thor gemacht, und auf Simonis und Judä geweyhet worden. Auch ward verbotten, nicht einem jeden zu läuten, sondern in der Wochen einmahl, nemlich auf Mittwochen um 1. Uhr, allen Verstorbenen sämtlich zu läuten. Und hat solcher Sterb und Pestilentz nicht allein zu Wirtzburg, sondern allenthalben umher regiert; derhalben in diesem Jahr vier neue Kirchhöffe im Bistum Wirtzburg, außerhalb der Stadt und vor den Thoren aufgerichtet worden, nemlich zu Geroltzhoffen, Ochsenfurt, Lauden und Mergentheim.

Die Hexe in der Spitalmühle

In der Spitalmühle zu Würzburg trieb vor kaum hundert Jahren eine Hexe ihr Unwesen. Ein muthiger Mühlknappe paßte ihr auf, als sie des Nachts durch den Schlot einfuhr, und erschoß sie mit einer geweihten Kugel, die mit einem Lukaszettel geladen war. Am nächsten Morgen fand sich eine Blutlache an der Stelle, als wenn ein Ochse geschlachtet worden wäre.

Das Kreuz von Neumünster

In der Neumünsterkirche in Würzburg ist ein Kreuzbild. Ein schwedischer Soldat, nach dem Metalle lüstern, schlich sich Nachts in die Gruft, um das Bild zu stehlen. Als er aber daran war, schloß der Gekreuzigte die ehernen Arme um ihn und hielt ihn fest, bis des kommenden Morgens der Priester seine Wehklage vernahm, und durch sein Gebet den Frevler aus der Haft befreite.

Der Spuk in der Universitätsbibliothek von Würzburg

In dem Gewölbe der Manuscriptensammlung der Universität spukt von Zeit zu Zeit Nachts ein graues Männchen, welches einen Pack Pergamentmanuscripte unterm Arme trägt. Dies soll der Geist eines Bibliothekdieners sein, welcher einst den Schweden die versteckten werthvollen Manuscripte verrathen hat. Diese Manuscripte wurden sämmtlich von Gustav Adolph nach Schweden geschickt.

Die Geisterkirche in Karlstadt

Zu Karlstadt geschah es, daß eine fromme Magd in einer Adventsnacht erwachte und läuten hörte. In der Meinung, es sei Zeit ins Rorate, zog sie sich an und ging nach der Kapuzinerkirche. Unterwegs noch vernahm sie das Geläute. Als sie an die Kirche kam, wurde darin zur Orgel gesungen, und die Fenster waren hell erleuchtet. Sie ging durch die offene Thüre hinein, es war am ersten Segen und sie knieete schnell in einen Stuhl. Später fiel es ihr auf, daß andere Lieder, als die gewöhnlichen gesungen wurden; sie schaute umher, erkannte in dem Priester und mehreren anderen Verstorbene aus dem Orte und merkte nun, daß sie unter lauter solchen sich befinde. Voll Schrecken floh sie aus der Kirche, und kaum war sie vor der Thüre, so schlug es Mitternacht. Da, mit einem Mal, verstummte in der Kirche Gesang und Orgel, die Lichter erloschen, und ein Windstoß warf die Thüre zu.

Die Karlstadter Silberglocke

Die Karlstadter besaßen vor Zeiten eine silberne Glocke, die sie im Schwedenkrieg in Sicherheit zu bringen suchten. Zu dem Ende versenkten sie sie in den Main, wobei sie da, wo sie dieselbe aus dem Nachen hinabließen, in diesen einen Einschnitt machten. Mittelst dieses Zeichens glaubten sie, den Platz im Flusse stets wiederzufinden; sie wurden aber ihren Irrthum inne, als sie späterhin die Glocke wieder aus dem Wasser holen wollten, welche noch heute ungefunden darin liegt.

Der Kaiser im Guckenberg bei Gemünden

Bei Gemünden liegt der Guckenberg; von diesem geht die Sage, daß vor langen Zeiten ein Kaiser mit seinem ganzen Heere in ihn versunken sein soll. Nun sitzt er darin an einem steinernen Tische, und wenn sein Bart dreimal um den Tisch gewachsen ist, so wird der Kaiser mit all' seinen Wappnern wieder hervortreten. Einstmals kam ein armer Knabe auf den Berg, welcher in der Gegend Semmeln zum Verkaufe trug, und traf daselbst einen steinalten Mann an, der sprach freundlich mit dem Knaben; dieser klagte ihm sein Leid, daß er so wenig verkaufen könne, und sein Verdienst so gering sei. Da sprach der Alte: »Höre Kleiner, ich will Dir wohl einen Ort zeigen, wo Du alle Tage so viel Wecke verkaufen kannst, als Du zu tragen im Stande bist; aber Du darfst bei Leibe Niemanden etwas davon offenbaren.« Darauf führte der alte Mann den Buben in den Berg hinein, und es war im Berg wie in einer großen Stadt, und gar ein reges Leben darin. Viele Leute trieben Handel und Wandel, andere gingen in die Kirche, noch andere hielten einen Bittgang. Und an einem Tische saß der Kaiser gewaltig, und sein langer Bart war schon zweimal um den Tisch gewachsen. Dahin brachte nun tagtäglich der Knabe seine Semmelwecke, und empfing dafür uraltes Geld. Da aber nun in seinem Orte dessen bald zu viel umlief, wurden die Leute stutzig, mochten es nicht mehr annehmen, und drangen endlich in den Jungen, zu sagen, wo er dieses alte Geld bekäme. Da offenbarte er seinen ganzen Handel. Ein junger Freund von ihm drang sich ihm nun beim nächsten Berggang zum Begleiter auf, um des Guckenberges innere Herrlichkeit auch wahrzunehmen; allein der Semmelbube fand nicht nur den Eingang nicht wieder, sondern nicht einmal den Berg, und kam ihm die ganze Gegend anders und schier verwandelt vor.

Die Dräutleinsäpfel von Lohr

In einer alten handschriftlichen Chronik von Lohr wird erzählt, es hätten vor Zeiten alljährlich in der Christnacht einige Bäume in der Nähe der Stadt Blüten und Früchte getragen. Diese Bäume, deren einer auf dem Wege zur Kälberwiese, ein anderer auf einem Grasplatze bei der Papiermühle, endlich ein dritter auf dem Wege zur Valentinuskapelle gestanden, wurden der heiligen Gertraud zu Ehren Dräutleinsäpfelbäume genannt. Die Dräutleinsäpfel wurden auf dem Schnee liegend gefunden. Man stellte einmal in der Christnacht Wächter an die Bäume, um hinter die Ursache dieses wunderbaren Ereignisses zu kommen, allein dann trugen die Bäume weder Blüten noch Früchte, während solche im nächsten Jahre, da man die Bäume unbewacht ließ, wieder zum Vorschein kamen. Im Jahre 1680 wurde darüber nach Würzburg berichtet, worauf von Seite des Jesuitencollegs in Würzburg sowie der Abtei Neustadt am Maine etliche Priester zur Untersuchung der wundersamen Äpfel abgesandt wurden. Indessen hat niemals Etwas über den Erfolg dieser Sendung verlautet.

Der feurige Mann bei Steinbach

Bei Steinbach in der Nähe von Lohr am Main hat vordem ein feuriger Mann gespukt, welcher auf folgende Art erlöst worden ist. Ein Bauer des Orts kam in einer finstern Nacht mit seinem Wagen vom Wege ab in einen Graben und rief dem feurigen Mann, der in einiger Entfernung wandelte, herbeizukommen und zu leuchten. Dieser kam auch, und blieb so lange bei dem Wagen, bis derselbe aus dem Graben herausgebracht war. Hierauf sagte der Bauer zu dem Gespenste: »Du hast mir nun geholfen, jetzt sage, wie ich auch Dir helfen kann.« Dasselbe erwiderte: »Nimm von dem Acker da, der mein gewesen, drei Schaufeln voll Erde und wirf sie auf jenen, von dem ich sie einst genommen habe.« Der Bauer that dies, und erlöste dadurch den Geist, der seitdem nicht mehr gesehen wird.

Der wandernde Hirschwirt von Lohr

Eine Frau aus Lohrhaupten ging einmal über Frammersbach nach Lohr. Als sie in den Lentgrund, ungefähr halbwegs zwischen Partenstein und Lohr, gekommen war, da sah sie auf dem Stege den Hirschwirth sitzen und mit dem Kopfe wackeln, als ob ihm nicht recht wohl wäre. Sie redete ihn an, da sie ihn sehr gut kannte. Er gab aber keine Antwort.

Das kam ihr kurios vor und sie eilte sich sehr und lief in das

Hirschwirthshaus und sagte zu seiner Tochter: »Geht doch hinaus und holt Euren Vater, er erfriert ja.« Die Tochter aber antwortete: »O schweigt doch davon, daß es nicht unter die Leute kommt, unser Vater ist ja gestorben.« Auch auf dem Rathhaus hat er oft rumort und alles drunter und drüber geschlagen. Ob er seine Gäste übel behandelte oder als Rathsherr Unrecht verübt, oder was er sonst begangen hat, weswegen er wandern mußte, ist mir nicht kund geworden.

Das Wertheimer Epitaph

Gehen wir durch das barock verunstaltete Schiff zu dem Chore. Hier erblicken wir mehrere Denkmale der alten Grafen von Wertheim, darunter ein sehr schönes Ludwig's von Löwenstein und seiner Gemahlin Anna, das im 17. Jahrhunderte aus geadertem Alabaster sorgfältig gearbeitet und in der Mitte des Chors aufgestellt ist. Ein Epitaphium an der linken Seite zeigt uns einen Grafen, dem zur Seite zwei Frauen stehen von ganz gleicher Gesichtsbildung. Die sterbende Gattin des Grafen Johann I. von Wertheim, so berichtet die Sage, ließ sich von ihrem Gemahle versprechen, daß er nicht eher heirathen wolle, als bis er eine Braut gefunden, die ihr gleiche in allen Zügen. Die Sterbende hatte sich aber geirrt, wenn sie glaubte, dadurch eine zweite Ehe zu verhüten. Glich das Gesicht der Lebenden dem todten Steinbild, so war es allerdings schwer, ein zweites gleich liebliches aufzufinden; dennoch fand es der Gemahl. Das Denkmal ist übrigens von ausgezeichneter Arbeit, und Schade, daß der Name des Künstlers unbekannt geblieben. Historisch ist, daß Graf Johann zwei Frauen, aus den Häusern Rieneck und Teck, geheirathet hatte.

Der Doktor mit den Böcken

Vor uralten Zeiten wohnte auf einer Anhöhe des Eichelberges bei Wertheim, etwa zwei Büchsenschüsse vom Eichelthor entfernt, in einem großen Gebäude ein alter Doctor, der zwar in der

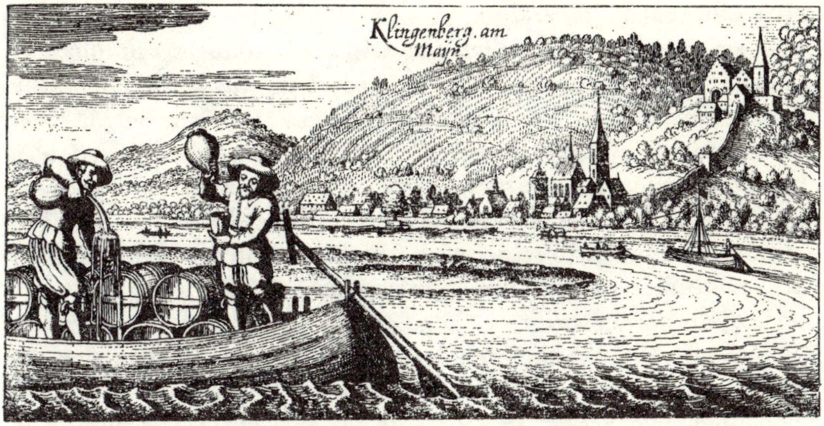

Klingenberg. Kupfer aus D. Meißner, Politisch Schatzkästlein. Nürnberg 1678

Arzneikunst und auch noch in anderen Künsten sehr erfahren war, aber in der Stadt in keinem guten Rufe stand. Man hielt ihn für einen Wettermacher, und weil er mutterseelenallein in dem alten Baue hauste, so konnte es nicht anders sein: blos mit Hexen und Gespenstern mußte er Umgang pflegen. Er wäre auch ganz gewiß von niemand in der Sadt besucht worden, wenn nicht seine große Geschicklichkeit in der Heilkunst die Leute manchmal vor seine Thüre gezogen hätte. Hier mußte man schellen. Streckte der Doctor nicht sogleich seinen Kopf aus dem Fenster, um nach dem Läutenden auszusehen, so war dies kein gutes Zeichen. Da durfte man nur wieder nach Hause gehen; denn dem Kranken, dessenthalb man gekommen, war nicht mehr zu helfen. Sah er aber heraus und fragte nach dem Begehr, so durfte man schon gutes Muthes sein. Der Doctor besuchte dann den Kranken und verschrieb ihm Arznei, die ihm bestimmt und sicher die Gesundheit wieder zurückgab. Dabei war aber merkwürdig, daß der Doctor nie zu Fuße sich zu einem Kranken begab. Er kam jedes mal in einem kleinen Wägelchen angefahren, welches von zwei großen, schwarzen Böcken gezogen wurde. Eines Abends schaute der Doctor von seinem Garten aus herunter in den Main, da fuhr ein großer Nachen voller schöner Mädchen im Strom herab, die mit Gesang sich belustigten. Um sie genau beobachten zu können, nahm er sein Fernrohr und musterte eine nach der andern. Als er an die Jüngste kam, machte diese einen solchen Eindruck auf sein Herz, daß er vor plötzlich entstandener Liebespein sich nicht zu rathen und zu helfen wußte. Er sah nach, so lange es ging. Da bemerkte er, daß die Mädchen nicht fern von seiner Wohnung bei einem Schlosse ausstiegen, welches da stand, wo jetzt die ‹Weiße Scheuer› steht. Es waren ihrer zwölfe, eine schöner als die andere. Sie lebten hier in ihrem Schlosse zusammen in schwesterlicher Eintracht; in der einen Woche kochte diese, in der anderen jene und so ging es reihum fort, bis das Jahr herum war.

Kaum schien ihm am anderen Morgen die schickliche Zeit zum Besuch herangekommen, da spannte er seine Böcke an den Wagen, fuhr hinab in's Schloß und brachte unter Anpreisung aller Vortheile, die er bieten könne, seinen Heirathsantrag vor. Die Schloßjungfrauen kamen darüber in sonderbare Stimmung; sie wußten nicht, sollten sie in Lachen herausplatzen oder den alten Freier im langen Spitzbarte sogleich abweisen. Endlich sagte die Älteste: »Laßt uns drei Tage Zeit, daß wir euere Wünsche überlegen können. Nach Verlauf dieser Frist meldet euch wieder, ihr sollt dann Bescheid erhalten.« Der Doctor konnte dagegen nichts einwenden; er bestieg daher sein Wägelchen wieder und fuhr mit seinen Bökken ab.

Nach Verlauf von drei Tagen stand abermals das Bocksgespann vor dem Schlosse. Die Jungfrauen, umgeben von vielen Mädchen aus der Stadt, die sie zur Festlichkeit eingeladen hatten, empfingen den Freier am geschmückten Thore und führten ihn hinauf in den prachtvollen Saal. Hier saß auf einem Stuhl eine tief in Gewänder und Schleier gehüllte Gestalt, und man bedeutete ihm, er solle nur den Schleier heben und seine Braut umarmen. Wer war schneller bereit, dies zu thun, als der Doctor? Rasch trat er hinzu und hob der tiefverhüllten Gestalt den Schleier vom Angesicht.

Aber, o Himmel! statt eines schönen Mädchens, schaute ihn eine alte Katze an, die ihn mit lautem Miau willkommen hieß. Dieser Spott ergrimmte den Doctor so, daß er racheschnaubend aus dem Schlosse fortstürzte, seinen Bockswagen bestieg und wie Sturm und Ungewitter nach Hause fuhr. Hier suchte er aus seinen Büchern

die stärksten Zaubersprüche auf und eilte nachts zwischen eilf und zwölf Uhr zur Vollführung seiner Rache zurück zum Schlosse, wo es noch recht lustig zuging. »Seid das, womit ihr mich verhöhnt habt« schrie er wüthend, als er in den zahlreichen Mädchenkreis eintrat und seine Zaubergeschichten losließ. Da waren auf einmal alle Mädchen in Katzen verwandelt, die nun mit lautem Schreien davonrannten. Zugleich kam ein Sturm, als sollte die Welt untergehen; der Main schwoll an, wie beim größten Hochwasser, und untergrub das Grundgemäuer des Schloßthurmes, so daß es mit lautem Krachen einstürzte. Am andern Tag, sah man vom Schlosse nichts mehr als den halbzerstörten Nebenbau, den man später in eine Scheuer verwandelte, die noch jetzt als ›weiße Scheuer‹ mit der Jahrzahl 1565 auf dem alten Platze steht. Daß diese Scheuer aber vormals etwas anderes war, kann man noch jetzt daraus erkennen, daß die Balken der Decke und die Felder dazwischen bemalt sind, was doch sonst bei Scheuern nicht statt zu finden pflegt.
Auch ist gewiß, daß im Grunde des Baues noch große Schätze verborgen sind. Noch zu Mannes Gedenken sah man neben einem Pfeiler den obern Theil eines vermauerten Eingangs zu einem Keller, der tief unter das Strombett des Mains hinabreicht. Wer da hinein käme, könnte sein Glück machen! Aber man muß ein Güldensonntagskind sein, sonst erlangt man die Schätze nicht.
Die Schloßjungfern sind auch noch nicht erlöst. Immer noch sieht man von Zeit zu Zeit sie als Katzen im Baue selbst oder in seiner Nähe sich herumtreiben. Am besten wußte davon zu erzählen der alte Fischer Schreck, ein achtbarer Mann († 1847), der zu Lebzeiten gewöhnlich ›der Mailand‹ genannt wurde, weil Mailanddonnerwetter ein Lieblingsfluch war, den man oft von ihm hörte. Einst legte er mit seinem Waidnachen zwischen eilf und zwölf Uhr nachts am Ufer bei der weißen Scheuer an, um ein kleines Geschäft zu verrichten. Als er wieder zurückkehrte, um sein Schiff zu besteigen, fand er dieses mit lauter Katzen angefüllt. »Mailanddonnerwetter! was ist das?!« rief er; »sind die Katzen Herr in meinem Waidschelch oder ist's der Schreck? heraus, heraus!« – aber wer nicht entwich, waren die Katzen; sie blieben ruhig darin und sahen ihn nur mit glühenden Augen an. Da nahm er Steine, wie er

sie packen konnte, groß und klein, und suchte damit seine unerwünschte Schiffsgesellschaft zu vertreiben. Allein es ging nicht. Entweder flogen die Steine zu hoch oder zu tief, kurz keiner von den vielen Hunderten, die er schleuderte, fiel in den Waidschelch, obgleich er ganz nahe dabei war. Als das Werfen ihn müde gemacht hatte, dachte er: »Nun, ich will doch sehen, wie es weiter geht.« Er blieb also ruhig stehen und beobachtete die Katzen drei Stunden lang in seinem Schelch, bis plötzlich in der Nähe ein Hahn krähte; da waren die Katzen wie weggeblasen.

Auch der Doctor mit den Böcken läßt sich noch zeitweise sehen. Der arge Schimpf, der ihm angethan worden, läßt ihm keine Ruhe im Grab. Jedes Jahr, wenn der Tag wieder erscheint, wo seine Freierei ein so übles Ende nahm, fährt er nachts zwischen eilf und zwölf Uhr von dem Platze, wo seine Wohnung stand, die Eichelsteige herab. Aus den Rädern seines Wagens fahren die Funken handvollweise, die Böcke speien Feuer und ihre Augen leuchten wie glühende Kohlen. Sobald er der weißen Scheuer naht, springen deren Thorflügel auf, als ob ein Sturmwind sie aus einander risse. Der Doctor fährt hinein, hetzt die Katzen von Gemach zu Gemach und kehrt beim Hahnkrähen wieder zu seiner Wohnung auf der Höhe zurück.

Alte Männer erinnern sich, daß vor sechzig bis siebenzig Jahren von des Doctors Wohnung noch ein Überrest sich vorfand. Es war ein Gewölbe, etwa zwanzig bis fünf und zwanzig Fuß tief, in welches sich die Knaben, die auf der Eichelsteige ihre Schweine hüteten, gewöhnlich bei schlechtem Wetter zu flüchten pflegten. Seitdem brach man die Trümmer ab und erbaute auf der Stelle das noch dastehende Gartenhäuschen, von wo aus man eine herrliche Aussicht ins Mainthal genießt.

Der Riegelstein bei Wertheim

Im Schenkenwald bei Mondfeld, unterhalb Wertheim, steht der s. g. Riegelstein. Es sollen Schätze unter ihm liegen, welche der Teufel behütet. Der krause Nickele aus Wertheim bot sich an, sie zu heben, und forderte dazu sechs Hemde und ein Betttuch. Nachdem er letzteres über den Stein gebreitet, stellt er sich darauf und begann die Beschwörung. Als der Teufel erscheint, laufen die Mitbetheiligten in ihrem Schrecken fort, und damit ist es um die Hebung der Schätze geschehen. Das Bettuch, auf welches der Teufel bereits getreten, trug mehrfache Brandflecken und wurde in der Familie des Beschwörers noch lange aufbewahrt.

Eine Wertheimer Hexe

Vor mehreren Jahren sah der Nachtwächter zu Wertheim, Nachts um zwei, neben sich eine Gans auf der Straße laufen. Er fing sie und nahm sie mit in die Wachstube, wo er sie unter die Bank sperrte. Am Morgen lag, statt der Gans, eine Wertheimer Frau da, die, wie sich nun zeigte, mit Recht schon für eine Hexe gegolten hatte.

Der spukende Feldschieder in Wertheim

Im obersten Stock eines Hauses der Wertheimer Rittergasse spuckt Nachts ein ungerechter Feldschieder, der durch die verschlossene Thüre in die Stube kommt und händeringend darin umhergeht. Er zeigt sich jährlich an dem Tage, an welchem die Feldschieder die Markung begehen, als grau gekleidetes Männlein und dann den ganzen Advent hindurch, wo er von Nacht zu Nacht größer wird. In der übrigen Zeit des Jahres läßt er sich nicht sehen, aber die Bewohner des erwähnten Stockwerkes können in keiner Nacht von elf bis ein Uhr schlafen.

Der versunkene Schatz bei Stadtprozelten

In einer Schlacht in Böhmen hatte Heinrich der Finkler Kyrie Eleison zum Schlachtgeschrei. Und siehe da! die Engel kamen, um ihm zu helfen. Zum Andenken daran hat er die Burg erbauen lassen

Schloß Prozelten. Kupfer aus D. Meißner, Politisch Schatzkästlein. Nürnberg 1678

und sie Engelstadt geheißen. Fünf unterirdische Gänge führten von ihr nach der Stadt Prozelten, und einer nach Faulbach, woselbst auch ein Keller ist, der sich durch einen ganzen Weinberg erstreckt. Im Schlosse aber ist es nicht ganz geheuer. Schon die letzte Hennebergerin wollte nicht mehr darin hausen, weil sie jenseits des Mains auf Mondfelder Markung Nachts so viele Flammen und Lichter brennen sah, daß es ihr davon unheimlich wurde. Diese Flämmchen leuchten über Schätzen, welche hier und in der ganzen Burg versteckt liegen.

Spuk an der Miltenberger Überfahrt

Die jenseitige Wiese an der Mainüberfahrt bei Miltenberg hat vormals den Fährern dieser Stadt gehört. Weil sie auf der Markung von Großheubach liegt, machten dessen Einwohner darauf Anspruch und bestachen den Miltenberger Kirchenpfleger, daß er aus dem Kirchenbuche das Blatt schnitt, das die Wiese als Eigenthum der Fährer bezeichnete. Diese konnten nun ihr Recht nicht darthun, und so wurde vom Richter das Grundstück den

Großheubachern zuerkannt. Wegen seines Verbrechens muß der Kirchenpfleger, seit seinem Tode, in den heiligen Nächten auf der Wiese umgehen, wobei er manchmal »hol', hol'!« herüberruft. – Einen solchen Ruf hielt einmal ein Fährmann für den eines Reisenden und schiffte hinüber. Da stand am Ufer ein langer Mann, welcher sogleich in den Nachen stieg und denselben durch seine Schwere fast bis zum Rand einsenkte. Als sie hüben anfuhren, fragte der Mann: »Was kostet's?« – »Nichts«, antwortete der Fährer. »Das hat dir Gott in den Sinn gegeben!« sagte darauf der Mann und ging von dannen.

Einem andern Schiffer, welcher den langen Mann herüberführte, legte derselbe stillschweigend einen alten Weißpfennig hin, den der Schiffer auch nahm und zum Andenken aufbewahrte.

Einst in der Nacht rief es von der Wiese herüber: »hol', hol'!« und klatschte mit der Peitsche. Als die Fährleute mit der Näe hinüberkamen, sahen sie eine sechsspännige Kutsche mit drei Rädern pfeilschnell längs dem Ufer davonfahren.

Etliche Mal geschah es auch, daß die Schiffer, die auf das Rufen hinüberfuhren, dort niemand antrafen.

Auf der Wiese und den angränzenden Feldern geht nachts ein Licht umher, welches wohl das Dasein eines Schatzes anzeigt.

Miltenberg. Kupfer aus D. Meißner, Politisch Schatzkästlein. Nürnberg 1678

Die Riesenpflüge von Aschaffenburg

In uralter Zeit war der Main überall in mehrere Arme getheilt. So floß ein Arm da vorbei, wo jetzt Aschaffenburg steht und ein anderer ging oberhalb Nilkheim ab und vereinigte sich unterhalb Leider wieder mit dem erstern. Bei Dettingen theilte sich der Fluß gar in drei Theile; der eine floß links an Kleinwelzheim vorüber, der zweite in dem jetzigen Mainbette, so daß Kleinwelzheim auf einer Insel gestanden wäre, und der dritte ergoß sich über die Pfaffenwiesen am Heißeracker-Hof vorbei. Der Letzte war der stärkste, worauf die Schiffe nothdürftig fortkommen konnten; der Weg von dem nun ausgetrockneten Hümmelsee nach Großwelzheim heißt deshalb noch heut zu Tage der Schiffsweg.

Damals war das ganze Mainthal mit Sümpfen bedeckt und der Landwirthschaft unzugänglich; nur der Ur, dessen Hörner noch hie und da aufgefunden werden, hauste in den Weiden- und Erlenwäldern, die an den Ufern und auf den Inseln des Maines wucherten. Die Höhen des Mainthals waren von riesenhaften Männern bewohnt. Um den größtentheils guten Boden des Mainthals dem Ackerbaue zu gewinnen, und eine ordentliche Schiffahrt möglich zu machen, unternahmen es diese Männer, ein einziges Flußbett herzustellen. Zu diesem Ende lockerten sie den Grund in dem einen Arme mit Riesenpflügen tief auf und der Strom ergoß sich nun in den einen und die übrigen legten sich allmählich trocken; aber die alten Flußbette sind noch heute sichtbar.

Von den Pflügen wurden zum ewigen Gedächtnisse eine Schar und eine Segge aufbewahrt; sie hängen in dem Hofe des Schlosses zu Aschaffenburg. Die Rippe aber, die man oberhalb derselben sieht, soll von einem dieser Riesen herstammen.

Der Spuk im Schloßgarten von Aschaffenburg

Am Anfange des sechszehnten Jahrhunderts saß Uriel von Gemmingen auf dem erzbischöflichen Stuhle zu Mainz. Er war ein gelehrter, durch viele fürstliche Tugenden ausgezeichneter Herr,

aber sehr zum Jähzorn geneigt und in diesem seiner selbst nicht mächtig. Dieser Jähzorn führte sein Ende auf eine traurige Weise herbei. Ein altes Manuskript erzählt:
Es sei dieser Erzbischof ein genauer Herr gewesen, der das Seinige trefflich zu raht gehalten; als er nun einsmal einen Seiner Kellermeister des Nachts zu Aschaffenburg erwischte, daß er Wein aus dem Keller gestohlen, hab er sich darob so sehr erzürnt, daß er den ohngefehr bei Handen liegenden Büttner-Schlägel ergriffen und damit des ungetreuen Knechts Kopf dermaßen zerschlagen, daß derselbe darüber todt zur Erden gefallen. Es habe ihn aber diese That hernach dermaßen gereuet, daß, als Er etliche Tage darauf zu Mainz angelangt, er vor großer Betrübnis seinen Geist aufgegeben, oder sich doch also gestellet, als ob er gestorben wäre, und seye also an seiner Statt der Kellermeister mit fürstlichem Pomp zur Erde bestattet worden. Er selbst aber seye in ein Carthäuser-Kloster gegangen, und habe allda, als in einem frembden Lande, da ihn niemand gekannt, sein übriges Leben in steter Buße zugebracht.
Von dieser Zeit an war es im Schlosse zu Aschaffenburg nicht mehr geheuer. Der Geist des erschlagenen Kellermeisters, der in seinen Sünden dahingefahren, wanderte. Das alte Schloß wurde, nachdem Kurfürst Johann Schweickhardt das neue erbaut hatte, im Jahre 1767 abgebrochen, aber der Spuck zog sich in den Garten des neuen Schlosses. Um dem vermutheten Betrug auf die Spur zu kommen, ließ der Großherzog Carl im Schloßgarten, zunächst am Keller-Eingange, wo der Spuck am häufigsten sein Unwesen trieb, eine Schildwache aufstellen, allein man fand mehrere Schildwachen bei der Ablösung ohnmächtig und halbtodt und zog deshalb den Posten wieder ein.

Hexe als Löwe

Als einst in Aschaffenburg die Leichenfrau um Mitternacht von einer Verstorbenen heimging, sah sie, in einer engen Gasse, einen fürchterlichen Löwen mit aufgesperrtem Rachen herankommen. Sie hielt das geweihte Kreuz, welches sie Nachts mitzunehmen pflegte, ihm entgegen; allein er sprang auf sie los, worauf sie ihm das Kreuz in den Rachen stieß. Da verwandelte sich der Löwe in ein altes, nacktes Weibsbild, das auf allen Vieren lief und hinten, statt des Schwanzes, einen Kochlöffel hatte.

Der Eitel von Aschaffenburg

Newerm Weg nach Schweihi leiht der Neihof. In uralte Zeite warsch e Spital, wo die Pestkranke nei kumme sei, hernochert hawe die Saldote ihre Blessirte nei getha. Selle Mol war der Eitel Verwalter in dem Haus; wann Äner nei kumme is, do is fer'n voraus bezahlt worn: is er ball gestorbe, hot der Eitel sein Profit dervo gehott.

Der Eitel war e beser Mann, der nornst ufs Geld gesehe hot. Is Äner von de Kranke recht elend gewese, da hot der Eitel nit abgewart, bis er dodt wor, un hot'n lewendig begrahwe.

Der Eitel is e beser Mann gebliewe, bis an sei End. Wie er gestorbe wor, hot's 'm ke Ruh im Grab gelosse; im Neihof hot 'r gewewert, un wann'r äm 'n Duck hot athu kenne, hot ersch getha. Die Leit, die wo Nachts am Neihof vorbei gange sein, hott er err geführt, daß se die ganz Nacht hawe rum dappe miße, wann se gemehnt hawe, se wern uf'm schene Weg, war'n se uf ere sumpige Wiese un sein dief nei gesunke un manch Mol sein se so verblendt worn, daß se de Hohlweg nit gesehe hawe un sein nunner gesterzt un hawe de Hals gebroche.

E Mol is in der dunkeln Nacht e frommer Mann aus der Stadt uf Schweihi gange. Wie er am Neihof wor, is e annerer Mann zu 'm kumme, der wor schwarz, wie e ehrlicher Borgerschmann angezoge. Aber der is nit uf'm Erdsbott'm gange, der is in den Lifte geschwebt, un der Mann, der aus der Stadt kumme is, hot deswege e große Angst kriegt. Des Gespenst führt den Mann um 'n Hof rum un er hot mitgehe misse, wann er ach nit gewollt hot; newer der Mauer is 'n offe Grab gewese un do hot Äner drin gelege, der hot e schwarz Gesicht gehott un e schwarz Dodtehem a. Do

15 Wertheim. Handzeichnung von Ludwig Richter 1837. Würzburg, Mainfränk. Museum

16 Älteste Ansicht der Stadt Aschaffenburg. Veit Hirsvogel d. J. zugeschrieben (ca. 1530/40)

segt des Gespenst: »Den hab' ich lewendig begrahwe in seine Dodsinde, für den loß e heilige Meß lese, daß'r aus'm Feier kimmt!« Do druf is des Gespenst wie e Raach vergange. Der Mann hot sich ufgerafft un is hem gange un hot den annern Dag e heilige Meß lese losse var den lewendig Begrabene. Der Schrecken is awer dem Mann so in de Glieder gefahrn, daß er drei Dag druf gestorbe is.

Am allerärgste warsch awer im Neihof selberscht. Wann Äns in Keller kumme is, is 'm e feierige Hund entgege geloffe, daß er var lauter Schrecke ball gestorbe is; uf dem Speicher hots gebollert, als wann des wille Heer drobe wär un nit emol des Vieh im Stall hot Ruh gehott, es is so geplogt worn, daß es sich von der Kette losgerisse hot un in de Hof geloffe is. Die Leit hawe's nimmer im Haus aushalte kenne un hawe ihre Zuflucht zu em Kapeziner genumme. Der Kapeziner is kumme, hot gebeth und hot gerufe: »Eitel, erschein!« Do hot des ganz Haus gewackelt, die Fenster hawe geklappert un der Wind hot durch alle Stuwe gebroscht. E ferchterliche Stimme rift: »Do bin ich!« Der Kapeziner segt: »Eitel, kannst de erlest wären?« – »Ne«, segt der Eitel, »mei Sinde sein ze groß un ich muß davor ewig in der Hell brote.« Druf segt widder der Kapeziner: »So verschwer ich dich uf neine neinzig Johr in de Schornste, und verbiet der, die Leit zu ploge!« Do druf hot der Geist geflucht un 'n Spectakel verfihrt, daß e sich Alle gefercht hawe – awer er hot doch gefolgt. Im Advent Nachts um 12 Uhr hot mer manch Mol sein Kopp aus 'm Schornste raus gucke sehe.

Uf 'm Weg geht der Eitel als noch um. Erst vorme Jahr sein drei Bauersch-Medercher in der Woch nach Allerheiligen Nachts von Schweihi nach Aschaffenborg gange. 'S is Vollmond un glockehell gewese, wie beim Dag. In der Hohl is e Weilche e Mann vor'n hergange: uf emol war er weck. – E Paar Monat vorher ist aach Nachts e Mann von Schweihi in die Stadt gange un hot sei Fraa abhole wolle, die mit'm Dampfschiff hot kumme solle. Er hot aach 'n Mann vor sich hergehe sehe, un weil er gemehnt hot, er krögt Gesellschaft, hot er über'n gesagt: »Gehn mer minanner, guter Freind?« – »In Gott sein mer All gute Freind«, segt der Anner, un is verschwunne.

Anmerkungen

I. Literaturangaben zum Einführungskapitel

Friedrich Lüers (Hrsg.), Bayerische Stammeskunde (= Stammeskunde deutscher Landschaften, Hrsg. Paul Zaunert), Jena (1933). (Lüers).

Friedrich Panzer, Bayerische Sagen und Bräuche. Beitrag zur deutschen Mythologie, 2 Bde. München 1848, 1855. (Neuausgabe von Will-Erich Peuckert, Göttingen 1954 als Bd. 2 der Reihe »Denkmäler deutscher Volksdichtung«.) In der vorliegenden Ausgabe wird nach der Originalausgabe von Panzer zitiert. (Panzer I, II.)

Franz Xaver von Schönwerth, Aus der Oberpfalz. Sitten und Sagen, 3 Bde. Augsburg 1869. (Schönwerth I, II).

Karl Freiherr von Leoprechting, Aus dem Lechrain. Zur deutschen Sitten- und Sagenkunde, München 1855. (Leoprechting).

Josef Dünninger, Fränkische Sagen vom 15. bis zum Ende des 18. Jahrhunderts (= Die Plassenburg. Schriften für Heimatforschung und Kulturpflege in Ostfranken Bd. 21), 2. Aufl. Kulmbach 1964. (Dünninger).

Hermann Endrös, Alfred Weitnauer (Hrsg.), Allgäuer Sagen, 4. Aufl. Kempten 1966.

Karl Treutwein (Hrsg.), Sagen aus Mainfranken, Würzburg 1969.

Ulrich Benzel, Volkserzählungen aus dem oberpfälzisch-böhmischen Grenzgebiet (= Märchen aus deutschen Landschaften. Unveröffentlichte Quellen Bd. 6), Münster 1965.

Hyazinth Holland, Sagen aus Altbayern, in: Zeitschrift für deutsche Mythologie und Sittenkunde 1/1853, 447–453. (Holland).

Alexander Schöppner, Sagenbuch der Bayerischen Lande. Aus dem Munde des Volkes, der Chronik und der Dichter, 3 Bde. München 1874. (Schöppner I, II, III).

Zeitschrift für deutsche Mythologie und Sittenkunde, Göttingen 1/1853–4/1856; Hrsg. Bd. 1 und 2: J. W. Wolf, Bd. 3 und 4: Wilhelm Mannhardt.

Adalbert von Herrlein, Die Sagen des Spessarts, 2. vermehrte Aufl. v. Johann Schober, Aschaffenburg 1885. (Herrlein).

H. F. Maßmann, Bayerische Sagen, 1. Bd. München 1831. (Maßmann).

An neueren Sageneditionen liegen u. a. vor:

Peter Assion (Hrsg.), Weiße. Schwarze. Feurige. Neugesammelte Sagen aus dem Frankenland, Karlsruhe 1972.

Emmi Bock (Hrsg.), Sagen und Legenden aus Ingolstadt und Umgebung, Mainburg 1973.

Kristin Bunsen u. Günther Kapfhammer (Hrsg.), Altmünchner Stadtsagen, München 1974.

II. Anmerkungen zu den einzelnen Sagenkapiteln

Die Anmerkungen zu den einzelnen Sagen beschränken sich auf Quellenangaben. Es wird jeweils angegeben, ob es sich um eine bereits in der Quelle vorhandene Sagenüberschrift oder um eine vom Herausgeber gewählte Überschrift handelt. Alle Überschriften wurden der heutigen Schreibweise angeglichen.

Abkürzungen:	Kap.	Kapitel
	Mskr.	Manuskript
	OÜ	Originalüberschrift
	ÜH	Überschrift des Herausgebers

1. München und das bayerische Oberland

Der Affe im alten Hofe. Aus: Josef Maria Mayer, Münchener Stadtbuch. Geschichtliche Bilder aus dem alten München, München 1868, 537 f., Kap. XLIX: Münchener Sagen, Nr. 2. (Mayer). Gekürzt.

Die drei Götzen. Mayer 540 f. (5).

Der Teufel in der Frauenkirche. Mayer 542 f. (7).

Der Spiegelbrunnen. Mayer 551 f. (17).

Dr. Luther in München. Mayer 543 f. (8).

Der Wachtposten auf der Hexenbastei. Mayer 548 f. (14).

Der schöne Turm (OÜ: Der schöne Thurm.). Mayer 547 (11).

Das schwarze Kalb. Mayer 550 f. (16).

Die Hundskugel. Mayer 541 f. (6).

Der ewige Jude in München (OÜ: Der ewige Jude in München. 1721). Mayer 450–452 (Kap. XXXIX).

Der Jungfernturm und die eiserne Jungfrau (OÜ: Der Jungfernthurm und die eiserne Jungfrau.). Mayer 504 f. (Kap. XLV.)

Der Walchensee bedroht München (OÜ: Der Wallersee.). Mayer 544 (9).

Der Schlafhaubenkramer. Mayer 545 f. (10).

Die drei Raben. Mayer 549 f. (15).

Das Tutlipfeiferl. Mayer 548 (13).

Das Geistergericht. Mayer 547 f. (12).

Der Schloßberg bei Grünwald (OÜ: Der Schlossberg bey Grünwald, nächst München.). Panzer I, 38 f. (Nr. 50).

Das versunkene Schloß bei Trudering (OÜ: Das versunkene schloss bey Trudering bey München.). Panzer I, 47 (58a).

Vom Gastabudl in Wolfratshausen (OÜ: Vom Gastabudl zu Wolfratshausen.). Schöppner III, 254 f. (Nr. 1254).

Hexenprobe in Stockdorf (ÜH). Panzer II, 168 (276).

Die Schloßfräulein vom Karlsberg (ÜH). Panzer II, 154 f. (241).

Die wildn Fraln in Berg (ÜH). Panzer II, 150 f. (233).

Der bayerische Hiasl im Jexhof (ÜH). Schöppner III, 234 (1221).

Das Armeseelenlicht von Vogtareuth (ÜH). Lüers 190.

Arme Seelen in Vogtareuth (ÜH). Lüers 187.

Spuk auf der Innbrücke in Rosenheim (ÜH). Lüers 63 f.

Der Teufel holt einen Vogtareuther Knecht (ÜH). Lüers 111 f.

»Kamerad hilf« (ÜH). Lüers 111.

Die Dull von Hohenwiesen. Holland 447 (Nr. 1).

Der Einsturz des Tölzer Schlosses. Holland 447 f. (2).

Die Teufelsgrube bei Holzkirchen. Holland 448 (3).

Bergsage. Holland 448 f. (4).

Das Wilde Heer (OÜ: Das Wilde Heer. Nachtgjaad' Nachtgejaid.). Holland 449 (5).

Schatz am Haimgarten. Holland 449 f. (6).

Vom Wallersee. Holland 450 (7). Gekürzt.

Gezwungener Dieb. Holland 451 (7).

Maussee. Holland 452 (11).

Vom Ammersee. Holland 452 (12).

Der Karlstein bei Reichenhall (OÜ: Der Karlstein bey Reichenhall.). Panzer I, 10 (13).

Die steinerne Agnes bei Reichenhall (OÜ: Die steinerne Agnes bey Reichenhall in Oberbayern.). Panzer I, 10 (12).

Der Untersberg (ÜH). Maßmann 3 f. Maßmann zitiert in seiner Sagenausgabe nach dem »Brixener Volksbüchlein vom Untersberg« von 1782. Vgl. die textkritische Ausgabe von Wilhelm Herzog, Die Untersbergsage, Graz 1929.

Der Untersberg. Aufschreibungen von Lazarus Aigner (ÜH). Maßmann 42–56, 60–62. (Durch Lesefehler von M.: Aigner, eigentl. Lazarus Gitzner!)

Die wilden Frauen vom Untersberg (OÜ: Der Untersberg bey Salzburg.). Panzer I, 11–15 (15). Gekürzt.

Die Erzählungen des Seebühlers. Sagen vom Untersberg (ÜH). Aus: Ludwig Steub, Aus dem bayrischen Hochlande, München 1850, 165–169, Kap. VIII: Aus der Gegend von Reichenhall, 2. Die Sagen. (Steub).

Das Weidwiesenweiblein (ÜH). Steub 169–171.

Der schwarze Mann in der Wegscheid (ÜH). Steub 173.

Der rollende Baumstamm (ÜH). Steub 174.
Das alte Weib an der Wegscheid (ÜH). Steub 174–177.
Der Weber von Feldwies (ÜH). Steub 178–180.

2. Allgäu

Der Basilisk in Memmingen (OÜ: Basilisk zu Memmingen.). Schöppner II, 412 (876).
Das Pferd in der Wiege. Schöppner II, 412 f. (877).
Der Schlorkhans. Schöppner II, 413 (878).
Das Memminger Kinderfest (OÜ: Was ma no fait.). Schöppner II, 414 (879).
Der Schlorggcr in Kaufbeuren. Aus: Karl Reiser, Sagen, Gebräuche und Sprichwörter des Allgäus. Aus dem Munde des Volkes gesammelt, Bd. 1, Kempten (1894), 69 (Nr. 53). (Reiser).
Der Grundmetzger bei Oberbeuren. Reiser 67 (51).
Der Schindelklieber in den Meltern bei Kaufbeuren (OÜ: Der Schindelklieber in den Meltern.). Schöppner II, 37 f. (498).
Westendorfer Sagen: Motorschaden (ÜH). Aus: Maria Geiger, Volkssagenerhebung Westendorf, Landkreis Kaufbeuren, Augsburg 1967. (Geiger – Westendorf).
Butterrühren (ÜH). Geiger – Westendorf.
Der Hexenmeister (ÜH). Geiger – Westendorf.
Verhextes Gras (ÜH). Geiger – Westendorf.
Das Westendorfer Beinhaus (ÜH). Geiger – Westendorf.
Schorenklepperer und Hartschimmel (ÜH). Geiger – Westendorf.
Das Malefizweible (ÜH). Geiger – Westendorf.
Wiedergänger (ÜH). Geiger – Westendorf.
Die Trudensteine bei Kempten (ÜH). Panzer II, 164 f. (268).
Der verhexte Hase in Emmenried (OÜ: Verhexter Hase.). Reiser 271 (325).
Die verhexte Ochsenherde in Wiederhofen (OÜ: Verhexte Ochsenherde zu Wiederhofen.). Reiser 186 f. (197).
Der Teufelsbündner in Wertach (OÜ: Teufelsbündner in Wertach.). Reiser 217 (237).
Doktor Bach von Wertach (ÜH). Panzer II, 105 f. (160).
Der Riesenlatscher bei Sibratshofen. Reiser 68 (52).
Das Brunnenmännle am Auerberg. Reiser 173 (183).
Der Jägerhansl auf der Senggele. Reiser 23 f. (1).
Der Schatz am Kienberg. Schöppner I, 38 (37).
Die wilden Männer. Schöppner I, 39 (38).
Umgehende Händler in Sonthofen (ÜH). Aus: Gertrud Maier, Sagen-Befragung Sonthofen und Umgebung (Walten, Berghofen, Blaichach, Gunzesried), Augsburg 1967. (Maier – Sonthofen.)

Der schwarze Hund in Sonthofen (ÜH). Maier – Sonthofen.

Das Muetasheer bei Sonthofen (ÜH). Maier – Sonthofen.

Bergmännlein und Horngeister in den Immenstadter Bergen (ÜH). Aus: Magnus Jocham, Sagen aus Schwaben-Neuburg, in: Bavaria. Landes- und Volkskunde des Königreichs Bayern, 2. Bd. München 1863, 786 f. (Jocham).

Das Muetas in Stiefenhofen (ÜH). Zitiert aus der Reihe der Sagenarbeiten der Pädagogischen Hochschule Augsburg. Aus bestimmten Gründen wird der Name der Sammlers nicht genannt; die Arbeit wird im Institut für Volkskunde, München geführt als »Mskr. 67/626«. (Mskr. 67/626.)

Schimmel entführt einen Senn. Reiser 31 f. (8).

Der Nachbar verwandelt sich in einen Wolf (ÜH). Mskr. 67/626.

Die Isenbrechen bei Hindelang (ÜH). Panzer II, 104 (158).

Die Wildfängl im Hintersteiner Tal (OÜ: Die Wildfängl im Hintersteiner Thal.). Reiser 140 f. (141).

Die Schweden in Hindelang (ÜH). Maier – Sonthofen.

Truddrücken in Blaichach (ÜH). Maier – Sonthofen.

Bannen in Blaichach (ÜH). Maier – Sonthofen.

Der Überzählige am Nikolaustag in Berghofen (ÜH). Maier – Sonthofen.

Gold aus der Ruine Fluhenstein (ÜH). Maier – Sonthofen.

Die Hexenversammlung bei Oberstdorf. Reiser 180 (192).

Der feurige Fischer auf dem Bodensee (OÜ: Der feurige Fischer.). Aus: Ernst Meier, Schwäbische Volkssagen, in: Zeitschrift für deutsche Mythologie und Sittenkunde 1/1853, 439 f. (Nr. 3).

Das Lindauer Ehrenmännlein (OÜ: Das Ehren-Männlein.). Schöppner II, 28 f. (490).

Eine Hexe aus dem Lindauer Raum (ÜH). Mskr. 67/626.

Das Muetas in Oberstaufen (ÜH). Mskr. 67/626.

Wiedergänger in Harbatshofen (ÜH). Mskr. 67/626.

Die schwarze Katze in Harbatshofen (ÜH). Mskr. 67/626.

Schadenzauber in Harbatshofen (ÜH). Mskr. 67/626.

Das Jahr 1927 (ÜH). Mskr. 67/626.

Handtuchmelken in Scheidegg (ÜH). Mskr. 67/626.

3. Augsburg, Lechrain und Lechfeld

Augsburg (ÜH). Aus: Von dem vralten Stammen vnd herkommen der Herren von Calatin / yetzund zu vnnser zeit die Edlen zu Bappenhaim ... durch Herrn Mattheum zu Bappenhaim Marschalck ... Anno 1495, (Neuauflage) Augsburg 1554, LXIIII. (Pappenheim).

Attila und die Hexe (ÜH). Aus: Paul von Stetten, Erläuterungen der in Kupfer gestochenen Vorstellungen, aus der Geschichte der Reichsstadt Augsburg in historischen Briefen an ein Frauenzimmer, Augsburg 1765, 22.

Die Glocke des Perlachturms (ÜH). Aus: G. Friedrich, Der Perlachthurm in Augsburg, in: Vaterländisches Magazin für Belehrung, Nutzen und Unterhaltung, insbesondere zur Beförderung der Vaterlandskunde, Kunst und Industrie, (Erlangen) 2/1838, Nr. 15, S. 113. Gekürzt.

Johann Grossenbrod von Augsburg (ÜH). Jocham 800 f.

Freunde in Leben und Tod (ÜH). Aus: Josef Rühfel, Volkskundliches aus der Augsburger Gegend, in: Bayerische Hefte für Volkskunde. Hrsg. vom Bayerischen Landesverein für Heimatschutz, Verein für Volkskunst und Volkskunde, (München) 6/1919, 212 (Nr. 75), Kap. Sympathiemittel, Aberglauben. (Rühfel).

Die Augsburger Wehmutter (ÜH). Panzer II, 111 (173).

Das Ende eines Lasterbalgs in Jedelstetten (OÜ: Das Ende eines Lasterbalgs.). Leoprechting 40–43.

Armeseelen-Beschwörung in Pflugdorf (OÜ: Armeseelen-Beschwörung.). Leoprechting 43–45.

Die weizende Herrenköchin in Pürgen (OÜ: Die weizende Herrenköchin.). Leoprechting 49–52.

Taler wechseln (Pitzling) (OÜ: Thaler wechseln.). Leoprechting 52–54.

Der Wildbanner in Weil (OÜ: Der Wild-Anbanner.). Leoprechting 62.

Der Grenzmarkverrücker in Mundraching (OÜ: Der Grenzmarck-Verrücker.). Leoprechting 66 f.

Das verhexte Sträußl in Weil (OÜ: Das verhexte Sträußl.). Leoprechting 84–88.

Der sausende Birnbaum in Scheuring (OÜ: Der sausende Birnbaum.). Leoprechting 102 f.

Der Gehängte, dreimal Begrabene und endlich Ersäufte in Thaining (OÜ: Der Gehängte, dreimal Begrabene und endlich Ersäufte.). Leoprechting 103–105.

Die drei Späne in Lichtenberg (OÜ: Die drei Spän.). Leoprechting 116 f.

Die Teufelskuchen bei Pitzling. Leoprechting 117 f.

Der feurige Kohlenhaufen in Pitzling (OÜ: Der feurige Kohlenhaufen.). Leoprechting 119 f.

Der Mann ohne Kopf im »Teufelskuchen« (OÜ: Der Mann ohne Kopf.). Leoprechting 120 f.

Der Ratsherr und die Jungfer Zuzibeh (OÜ: Der Rathsherr und die Jungfer Zuzibeh.). Leoprechting 121 f.

Bannen in Gessertshausen und Stoffersberg (ÜH). Rühfel 155 f. (1), Kap. Weltliche Sagen, a) von Zauberern, Hexen, Druden, Kobolden und elbischen Wesen.

Das verhexte Haus in Wehringen (ÜH). Rühfel 157 (4).

Der Kohlbarthl von Burgwalden (ÜH). Rühfel 162 (18).

Der Hausgeist in Leitau (ÜH). Rühfel 169 (5), Kap. Weltliche Sagen, b) von umgehenden Toten, Gespenstern, gespenstigen Tieren und Lichterscheinungen.

Wiedergängerin in Leitau (ÜH). Rühfel 169 f. (6).

Der umgehende Bauer in Aitingen (ÜH). Rühfel 172 (6).

Der Überzählige in Untermeitingen (ÜH). Rühfel 174 (9).

Arme-Seelenlichter bei Aitingen (ÜH). Rühfel 175 (13).

Ein Geist wetzt einem Wehringer Bauern die Sense (ÜH). Rühfel 175 (13).

Der umgehende Geist in Neuhaus (ÜH). Rühfel 177 f. (12).

Geistererscheinungen bei Straßberg (ÜH). Rühfel 179 (19).

Unheimliches Erlebnis bei Straßberg (ÜH). Rühfel 180 (23,2).

Das gespenstische Eichenblatt an der Sandhöhle bei Straßberg (ÜH). Rühfel 191 (2), Kap. Weltliche Sagen, f) vom Wilden Heer.

4. Donaustädte

Die Günzburger Geisterfahrt (ÜH). Aus: Herbert Schuh-Hofer, Quellenarbeit über Sagen und Erzählungen aus dem Volksmund (Landkreis Günzburg), Augsburg 1966. (Schuh-Hofer).

Eine Günzburger Hexe (ÜH). Schuh-Hofer.

Der Schuster von Lauingen (ÜH). Pappenheim LXXIX.

Das große Pferd von Lauingen (OÜ: Das große Pferd.). Aus: (Ludwig Mittermaier,) Das Sagenbuch der Städte: Gundelfingen, Lauingen, Dillingen, Höchstädt und Donauwörth, Dillingen 1849, 32 f. (Mittermaier).

Abenteuer eines Dillingers in Algier (OÜ: Von dem Böckler.). Mittermaier 89 f.

Das Brühlmännle von Dillingen (OÜ: Vom Brühlmännle.). Mittermaier 87 f.

Der Schatz auf dem Steinriegel bei Dillingen (ÜH). Aus: Anna Rinn, Sagen aus der Dillinger Gegend, in: Heimat und Volkstum. Amtliches Nachrichtenblatt derWörterbuchkommission der Bayerischen Akademie der Wissenschaften in München, (München) 14/1936, 139 (Nr. 7).

Der schwarze Mann bei Höchstädt (ÜH). Panzer II, 79 f. (119).

Die Braut des Toten (Höchstädt) (OÜ: Des Todten Braut.). Mittermaier 118 f. Text in Zeile 1 wurde wie folgt geändert: »... nach der soeben geschilderten Schlacht« in »... nach der Schlacht von Höchstädt«.

Das große Feuer in Donauwörth (OÜ: Große Feuersnoth.). Mittermaier 135.

Störche künden in Neuburg den Dreißigjährigen Krieg an (OÜ: Störche künden den dreißigjährigen Krieg an). Schöppner II, 392 (856).

Drei Fräulein zu Unterhausen bei Neuburg an der Donau (OÜ: Drei Fräulein zu Unterhausen bei Neuburg a. d. D.). Schöppner I, 364 f. (365).

Von sonderbaren Wahrzeichen der Stadt Ingolstadt (OÜ: Von sonderbaren Wahrzeichen der Stadt.). Aus: Ludwig Gemminger, Das alte Ingolstadt. Ein Volksbuch, darin für männiglich aus alten Zeiten allerlei zu lesen ist ..., Regensburg 1864, 183–186.

Der Freimaurersaal in Ingolstadt (ÜH). Aus: August Miller, Erinnerungen aus meiner Bubenzeit in Ingolstadt 1874–1887, (Fürstenfeldbruck) 1946, 9 (Mskr. in Institut für Volkskunde München).

Der Teufelsfelsen bei Kelheim (ÜH). Panzer II, 57 (71).

Die Gründung der Stadt Regensburg (ÜH). Aus: Christian Gottlieb Gumpelzhaimer, Regensburg's Geschichte, Sagen und Merkwürdigkeiten von den ältesten bis auf die neuesten Zeiten ..., 1. Bd. (»Vom Ursprunge Regensburgs bis 1486«) Regensburg 1830, 12 f. (§ 16). (Gumpelzhaimer).

Karl der Große und Regensburg (ÜH). Gumpelzhaimer 74 f. (84).

Herzog Arnold und Regensburg (ÜH). Gumpelzhaimer 125 f. (122).

Die Regensburger Donaubrücke (ÜH). Aus: Anton Wilhelm Ertl, Relationes Curiosae Bavaricae ..., Augsburg 1685, 42 f. Gekürzt.

Der Kampf zwischen Dollinger und Krako in Regensburg (ÜH). Aus: Johann Carl Paricius, Allerneueste und bewährte Nachricht von der des Heil. Röm. Reichs Freyen Stadt Regensburg ..., 1. Bd. Regensburg 1753, 226 f.

Ursprung der Stadt Straubing (ÜH). Aus: Christophorus Halwax, Gnadenreiches Renn-Schiff ..., 1. Aufl. Straubing 1660, 6–9.

Der Straubinger Pflug (ÜH). Aus: Martin Buchner, Niederbayerische Sagen und Geschichten, 2. Aufl. Passau 1951, 33.

Die Wecken im Straubinger Wappen (ÜH). Aus: Joseph von Obernberg, Reisen durch das Königreich Baiern. 1. Teil: Der Isarkreis, 3. Bd. 1. H.: Reise durch das Landgericht Mo(!)sburg nach Landshut, München 1818, 35 f.

Jordanus Utz und der Straubinger Stadtbrand von 1393 (ÜH). Aus: Hanns Rohrmayr, Häusergeschichte der Stadt Straubing, Straubing 1961, 67 f.

Der Tod der Agnes Bernauer in Straubing 1436 (ÜH). Aus: Johannes Turmair (gen. Aventinus), Sämtliche Werke (Hrsg. Bayerische Akademie der Wissenschaften, München), 5. Bd. München 1886, 570.

G. von Laubmann, L. von Scheffler (Hrsg.), Die Tagebücher des Grafen August von Platen, 2. Bd. Stuttgart 1900, 553. Der Eintrag Platens datiert vom »12. September 1822. Passau«. Gekürzt.

Der Natternberg bei Deggendorf (ÜH). Panzer II, 17 f. (24).

Die wegweisenden Lichter bei Vilshofen (OÜ: Die wegweisenden Lichtlein.). Aus: Michael Waltinger, Niederbayerische Sagen, 2. Aufl. Straubing 1927, 73 f.

Ritter Tuschl von Söldenau und die Gründung des Chorherrenstifts in Vilshofen (ÜH). Aus: Bernhard Grueber, Adelbert von Müller, Der Bayrische Wald (Böhmerwald), 2. Aufl. Regensburg 1851, 163–165. (Grueber-Müller.)

Der Passauer Tölpel. Aus: A. A. C. Cammerer, Naturwunder, Orts- und Länder-Merckwürdigkeiten des Königreichs Bayern ..., Kempten 1832, 149 f. (Nr. 409).

Die Passauer Kunst (ÜH). Aus: Joseph Lenz, Historisch-topographische Beschreibung von Passau, 2. Bd. Passau 1819, 114 f. (Lenz).

Der Passauer Stadtbrand von 1662 (ÜH). Lenz, 1. Bd. Passau 1818, 246 f., 257.

5. Bayerischer und Oberpfälzer Wald

Der alte Böhmerwald. Aus: Oskar von Zaborsky, Sagen aus dem Bayerischen und Böhmerwald, in: Die Nachbarn. Jahrbuch für vergleichende Volkskunde, Hrsg. Will-Erich Peuckert, (Göttingen) 2/1954, 127. (Zaborsky.)

Die Pest im Bayerischen Wald (ÜH). Aus: Th(eresc). S(chmid)., Überfahrtssagen, in: Niederbayerische Monatsschrift (Passau) 2/1913, 154.

Schloß Weißenstein (OÜ: Das schloss Weissenstein im Wald bey Regen, in Niederbayern.). Panzer I, 82 f. (104).
Der Ritter von Lichtenegg (ÜH). Grueber–Müller 262.
Der Hohenbogen bei Kötzting (ÜH). Grueber–Müller 263–265.
Der Schatz vom Hohenbogen (OÜ: Der Burgstall bei Kötzting). Panzer II, 199 f. (344).
Die Geiß vom Hohenbogen (ÜH). Grueber–Müller 268.
Der Baumläuferbub. Zaborsky 135 f.
Der Teufel als Liebhaber. Zaborsky 137 f.
Der Stilzl. Zaborsky 140.
Das Gelöbnis. Zaborsky 128.
Der Schimmel ohne Kopf. Zaborsky 128.
Der Ritt des Further Stadtschreibers (ÜH). Aus: Adalbert Müller, Beiträge zur Geschichte und Topographie der alten Grenzstadt Furth im Walde, in: Verhandlungen des historischen Vereins von Oberpfalz und Regensburg, (Regensburg) 10/1846, 144, Anm. 18.
Die Ritter von Chamerau (ÜH). Grueber–Müller 295 f.
Schloß Wolfstein (ÜH). Panzer II, 177 f. (296).
Der Dreisessel (ÜH). Panzer II, 138 f. (213). Grueber–Müller 396 f.
Schwarze Kunst (ÜH). Aufzeichnungen des Herausgebers 1963 in St. Englmar, Landkreis Bogen/Niederbayern. (St. Englmar.)
Wiedergänger (ÜH). St. Englmar.
Trud (ÜH). St. Englmar.
Himmelserscheinungen (ÜH). St. Englmar.
Schwarze und weiße Gestalten (ÜH). St. Englmar.
Der Teufel als Jäger (ÜH). St. Englmar.
Totenkopfkochen in Loitzendorf (ÜH). Aufzeichnungen des Herausgebers 1970 in Sattelbogen, Landkreis Cham/Oberpfalz. (Sattelbogen.)
Verhexte Ferkel (ÜH). Sattelbogen.
Das schwarze Singerl (ÜH). Sattelbogen.
Teufel als Jäger (ÜH). Sattelbogen.
Verhexter Bauernhof (ÜH). Sattelbogen.
Hexenmilch (ÜH). Sattelbogen.
Tanzende Lichter (ÜH). Sattelbogen.
Schwarzer Hund (ÜH). Sattelbogen.
Christnachtorakel (ÜH). Sattelbogen.
Hexenstuhl (ÜH). Sattelbogen.
Hexe (ÜH). Sattelbogen.
Benzingeruch (ÜH). Sattelbogen.
Traum (ÜH). Sattelbogen.
Heilige Luzia (ÜH). Sattelbogen.
Niesen im Holz. Aus: Richard Weber, Oberpfälzische Sagen, in: Die Nachbarn 2/1954, 145 (Nr. 9). (Weber.)

Der Schulmeister. Weber 145 f. (11).
Die weiße Frau. Weber 146 (12).
Totenwache. Weber 147 (17).
Wilde Jagd. Weber 148 (23).
Stockenfels. Weber 150 (32).

6. Stiftland und Fichtelgebirge

Der Teufel und die Wöchnerin in Bärnau (ÜH). Schönwerth I, 197 f. (3. Buch, Die Mutter und ihr Kind. Drud, § 8 Auswechseln und Wechselbalg 19, 7.).
Ausbuttern in Bärnau (ÜH). Schönwerth I, 371 f. (5. Buch, Die Thiere des Hauses, Hexe, § 12 Die Hexe, IV. Sagen, 2.).
Die Bärnauer Trud (ÜH). Schönwerth I, 218 f. (3. Buch, § 11 Die Drud, IV. Sagen, 6.).
Arme Seelen in Bärnau (ÜH). Schönwerth I, 305 f. (4. Buch, Der Tod. Arme Seele, VI. Sagen und Legenden, 13.).
Der umgehende Bauer in Mähring (ÜH). Schönwerth I, 296–298. (4. Buch, VI., 4.).
Der wandernde Geist in Mähring (ÜH). Schönwerth I, 298 f. (4. Buch, VI., 5.).
Der Teufel als Liebhaber einer Falkenberger Magd (ÜH). Schönwerth I, 136 f. (2. Buch, Die Braut. Liebeszauber, IV. Der Teufel als Liebhaber, 5.).
Der Hehmann (ÜH). Aufzeichnungen des Herausgebers von 1969 in Münchenreuth, Landkreis Tirschenreuth/Oberpfalz. (Münchenreuth.)
Besessenheit (ÜH). Münchenreuth.
Rauhnacht (ÜH). Münchenreuth.
Wilde Jagd (ÜH). Münchenreuth. Vgl. die in der Einführung genannte Belegstelle bei Schönwerth II, 157.
Die Klagmutter (ÜH). Münchenreuth.
Der Wiedergänger (ÜH). Münchenreuth.
Die Schätze des Fichtelgebirges (ÜH). Aus: Caspar Bruschius, Gründtliche Beschreibung des Fichtelbergs . . ., Wittenberg 1612, 10 f. (Bruschius).
Die Königsheide im Fichtelgebirge (ÜH). Bruschius 10.
Der Ochsenkopf (ÜH). Aus: Johann Christoph Pachelbel, Ausführliche Beschreibung des Fichtel-Berges in Norgau liegend . . ., Leipzig 1716, 67–70. (Pachelbel.)
Der Weißenstädter Weiher (ÜH). Pachelbel 24 f.
Das Zwergenloch bei Selbitz (ÜH). Pachelbel 92–94.
Das Zeitelmoos (ÜH). Pachelbel 90 f.
Die Moosleute im Fichtelgebirge (ÜH). Panzer II, 69 f. (92).
Die Gastwirte von Dörflas (ÜH). Panzer II, 74 f. (106).
Der Schatz auf dem Waldstein (ÜH). Aus: Ludwig Zapf, Der Sagenkreis des Fichtelgebirges. Mythe und Geschichte, Münchberg 1873, 19 f.
Totenmesse in Gefrees (ÜH). Schönwerth I, 305. (4. Buch, VI., 12.).
Das verlorne Ohr bei Gefrees (OÜ: Das verlorne Ohr). Schöppner II, 166 (621).

Brotfrevel in Gefrees (ÜH). Schönwerth I, 408. (6. Buch, Die Frucht des Feldes. Bilmesschneider, § 2 Das Brod, 20.).

Der Feilenhauer von Weißdorf (ÜH). Aus: Enoch Widmann, Chronik der Stadt Hof (Neuausgabe v. Heinrich Wirth), Hof 1843, 680 f. (Widmann).

Die Pest von 1505 in Hof (ÜH). Widmann 86 f.

Die Pest von 1519 (ÜH). Widmann 106 f.

Leichenschändung 1516 (ÜH). Widmann 100 f.

Der Teufelsberg (ÜH). Widmann 107.

Der Hofer Tuchmacher Hans Goditzer und der Teufel (ÜH). Widmann 117 f.

Spuk im Hofer Rathaus (1604) (ÜH). Widmann 320.

Eine Erscheinung in Hof 1694 (ÜH). Widmann 571 f.

7. Fränkische Reichsstädte, Residenzen und Bischofssitze

Der Werwolf von Ansbach (ÜH). Aus: Theophilus Lauben, Dialogi und Gespräch / Von der Lycanthropia, oder Der Menschen In Wölff-Verwandlung . . ., Frankfurt 1686, Vorrede. Zitiert nach Dünninger 67–69.

Kaiser Karl auf dem Prezenberg bei Ansbach (ÜH). Aus: Gottfried Stieber, Historische und Topographische Nachricht von dem Fürstentum Brandenburg-Onolzbach, Schwabach 1761, 360 f. (Anm.). Zitiert nach Dünninger 94.

Die blinde Jungfrau von Bamberg (ÜH). Panzer II, 137 f. (212).

Das Grab Kaiser Heinrichs in Bamberg (ÜH). Aus: Johann Manlius, Locorum Communium. Der Erste Theil . . ., Frankfurt a. M. 1556, Fijv. Zitiert nach Dünninger 30.

Der Bamberger Wetterhahn (ÜH). Panzer II, 167 f. (274).

Das Pöpelgäßchen in Bamberg (ÜH). Panzer II, 107 f. (163).

Der Teufelsweber von Bamberg (ÜH). Panzer II, 58 f. (76).

Der Klapperer von Bamberg (ÜH). Panzer II, 108 (164).

Freierschau in Coburg (ÜH). Aus: Johannes Praetorius, Saturnalia d. i. eine Compagnie Weihnachts-Fratzen oder Centner-Lügen und possierlicher Positiones, 1655, 408 f.

Das Gespenst als Eheweib. Aus: Ludwig Bechstein (Hrsg.), Die Sagen des Rhöngebirges und des Grabfeldes (= Der Sagenschatz des Frankenlandes Erster Theil), Würzburg 1842, 215 f. (Sagen des Grabfeldes Nr. 81). (Bechstein)

Der Engländer und sein Diener. Aus: Hermann Wettig, Die schönsten Sagen und historischen Erzählungen aus dem Herzogtum Coburg und seiner Umgebung, Coburg 1899, 29 f. (Nr. 14).

Judenfrevel in Coburg (OÜ: Judenfrevel.). Bechstein 210 f. (75).

Die Entstehung der Stadt Dinkelsbühl (ÜH). Aus: L. Beck, Übersicht über die Geschichte der ehemals freien Reichsstadt Dinkelsbühl von den ältesten Zeiten bis zum Jahre 1806 (= Adreßbuch der Stadt Dinkelsbühl 1. Teil), Dinkelsbühl 1886, 2 f.

Eine Orgel in der Kirche von Dinkelsbühl (OÜ: Eine Orgel in der Kirche zu Dinkelsbühl.). Aus: Anton Birlinger und M. R. Buck, Sagen, Märchen, Volksaberglauben (= Volksthümliches aus Schwaben, hrsg. v. Anton Birlinger, 1. Bd.), Freiburg i. Br. 1861, 298 f. (Nr. 472).

Die Eichstätter Judenverfolgung (ÜH). Aus: Franz Xaver Lang, Topographische Beschreibung und Geschichte der königl. baier. Kreishauptstadt Eichstätt, Eichstätt 1815, 107 f. (Lang).

Der Brand im Eichstätter Gymnasium (ÜH). Lang 171.

Die Willibaldsburg bei Eichstätt (OÜ: Sage von der Willibaldsburg.). Schöppner III, 171 (1139).

Sage vom Weingasteig. Schöppner III, 172 (1140).

Reiter ohne Kopf in Eichstätt (OÜ: Reiter ohne Kopf.). Schöppner III, 171 (1138).

Das Eichstätter Gießweibchen (OÜ: Das Gießweibchen.). Schöppner III, 170 f. (1137).

Der Ordelbach zu Eichstätt (OÜ: Der Ordelbach zu Eichstädt.). Schöppner III, 170, 1136.

Die Entstehung des Klosters in Feuchtwangen. (OÜ: Das Taubenbrünnlein zu Feuchtwangen). Aus: Anton Birlinger, Sagen, Legenden, Volksaberglauben (= Aus Schwaben. Sagen, Legenden, Aberglauben, Sitten, Rechtsbräuche, Ortsneckereien, Lieder, Kinderreime. Neue Sammlung von Anton Birlinger). 1. Bd. Wiesbaden 1874, 186 f. (Nr. 159).

Geistermesse in Nürnberg (ÜH). Aus: Die Hofer Chronik des Enoch Widman, in: Hohenzollerische Forschungen. Jahrbuch für die Geschichte der Hohenzollern, hrsg. v. Christian Meyer, (München) 2/1893, 113 f. Zitiert nach Dünninger 32–34.

Drei Wiedergänger zu Wöhrd (ÜH). Aus: Handschrift in der Staatsbibliothek München Cgm 2068 (ex Bibl. Palatina Mannh.) Nürnbergische Chronika, 908. Zitiert nach Dünninger 84.

Geist in Nürnberg (ÜH). Aus: Eberhard(us) Gockel(ius), Tractatus Polyhistoricus Magico-Medicus Curiosus ..., Frankfurt und Leipzig 1717. Zitiert nach Dünninger 77 f.

Die Tötung der Nürnberger Burggrafen (ÜH). Aus: Christoph Gottlieb Murr, Beschreibung der vornehmsten Merkwürdigkeiten in der H. R. Reichs freyen Stadt Nürnberg und auf der hohen Schule zu Altdorf, Nürnberg 1778, 422–424. Gekürzt.

Ein Prophet in Nürnberg (OÜ: Ein Prophet.). Aus: Büttner, Materialien zur Ansbachischen Geschichte, Topographie und Rechtsverfassung, 1. Bd. Ansbach 1807, 180–183. (Büttner.)

Ein Riese. Büttner 183.

Die Schwedenwacht. Schöppner III, 302 (1315).

Wie ein Hausgeist frei wird. Schöppner III, 303 f. (1317).

Der Teufel als Liebhaber (ÜH). Panzer II, 59 f. (77).

Der unheimliche Geselle des Nagelschmieds (ÜH). Panzer II, 176 f. (294).

Die »verfluchte Jungfer« in Nürnberg (ÜH). Panzer II, 180 (300).

Die arme Seele in Rothenburg ob der Tauber (OÜ: Die arme Seele.). Aus: Heinrich Wilhelm Bensen, Alterthümer, Inschriften und Volkssagen der Stadt Rotenburg ob der Tauber, Ansbach 1841, 85. (Bensen).

Das Steinkreuz. Bensen 85 f.

Der Schlingenbach. Bensen 86.

Die verfluchte Hofstätt. Bensen 96.

Die Heirat des Teufels in Rothenburg (OÜ: Der Teufels Heirath). Bensen 91 f.

Der Gemeindewald von Bad Windsheim (ÜH). Panzer II, 149 (231).

8. Rhön und Spessart

Das Rote und das Schwarze Moor in der Rhön (OÜ: Das rothe und schwarze moor bey Bischofsheim, in der Rhön.). Panzer I, 184–186 (206).

Teufelskirche in der Rhön (ÜH). Aus: Franz Anton Jäger, Briefe über die hohe Rhöne Frankens in geographisch-topographisch-physisch- und historischer Hinsicht, 2. Teil Arnstadt und Rudolfstadt 1803, 48 f.

Moorjungfrauen in der Rhön (ÜH). Aus: Franz Oberthür, Taschenbuch für die Geschichte und Topographie und Statistik des Frankenlandes, Weimar 1796, 54–56.

Die Osterburg. Bechstein 100 f. (Sagen des Rhöngebirges 47).

Die Tanzeiche bei Bischofsheim in der Rhön (OÜ: Die Tanzeiche bey Bischofsheim, in der Rhön.). Panzer I, 251 (258).

Der Heppberg. Bechstein 94 (Rhöngeb. 42).

Der Frickenhäuser See (OÜ: Der Frickenhäuser-See.). Bechstein 300 f. (Sagen des Grabfeldes 160).

Das Alpdrücken. Bechstein 303 (Grabf. 163).

Die Schuhsohle. Bechstein 302 (Grabf. 162).

Schlitzöhrchen. Bechstein 301 f. (Grabf. 161).

Der Kreuzapfel aus Sondheim vor der Rhön. Aus: Christian Franz Paullini, Zeitkürtzender Erbaulicher Lust . . ., Frankfurt a. M. 1695, 1259. Zitiert nach Dünninger 70 f.

Feuerzauber in Oberelsbach (ÜH). Aus: Eduard Fentsch, Volkssage und Volksglauben in Unterfranken, in: Bavaria. Landes- und Volkskunde des Königreichs Bayern, 4. Bd. München 1866, 180 f. (Fentsch.).

Der Dreistelz bei Brückenau (OÜ: Der Dreistelz bey Brückenau, in Unterfranken.). Panzer I, 186–189 (208). Gekürzt.

Der bärtige Mann am Rathaus in Bad Kissingen (ÜH). Fentsch 179 f.

Ilgenwiese bei Kissingen. Bechstein 134 f. (Grabf. 4).

Die Eilingsburg bei Kissingen (OÜ: Die Eilingsburg bey Kissingen.). Panzer I, 181 f. (202).

Totenläuten in Nüdlingen (OÜ: Todtenläuten zu Nüdlingen.). Bechstein 247 f. (Grabf. 113).

Der bestrafte Heiligenfrevel (OÜ: Heiligenfrevel bestraft.). Aus: Bernhard Baader, Neugesammelte Volkssagen aus dem Lande Baden und den angrenzenden Gegenden, Karlsruhe 1859, 113 (Nr. 153). (Baader II.)

Der Schatz bei Wolfsmünster. Bechstein 141 f. (Grabf. 12).

Das Schloß bei Partenstein. Schöppner II, 290 f. (776).

Der Berggeist Ho im Schloß Partenstein (OÜ: Der Berggeist Ho.). Herrlein 184 f. (Sagen im Thal der Lohr und Umgebung 25).

Der Wassermann bei Frammersbach (OÜ: Der Wassermann.). Schöppner II, 290 (775).

Der verschwundene Schatz. Schöppner II, 288 f. (772).

Taler aus Kohlen (OÜ: Harte Thaler aus Kohlen.). Schöppner II, 288 (771).

Der Brückenhund. Herrlein 178 (Sagen im Thal der Lohr und Umgebung 18).

Der Hirtenfriedel von Frammersbach (OÜ: Wie der Hirtenfriedel reich worden.). Schöppner II, 287 (770).

Der Huimann im Steinfelder Wald (OÜ: Der Huimann.). Herrlein 171 f. (Lohr 12).

Die Dunkel bei Rechtenbach (OÜ: Die Dunkel.). Herrlein 169 f. (Lohr 10).

Das Schächerloch im Steinmarker Wald (OÜ: Das Schächerloch.). Herrlein 204 f. (Sagen im Thal der Hafenlohr mit Umgebung 12).

Die Geldlöcher in Steinmark (OÜ: Die Geldlöcher zu Steinmark.). Herrlein 205 bis 207 (Hafenlohr 13).

Der verzauberte Pantoffel in Essenbach (ÜH). Aus: Alexander Kaufmann, Kleine Beiträge zur Geschichts- und Sagenforschung im Frankenlande, in: Archiv des historischen Vereins von Unterfranken und Aschaffenburg 19/1867, H. 2, 111 bis 115. (Kaufmann.)

Das gebannte Feuer. Herrlein 295 f. (Sagen im Elsavathal und in seiner Umgebung 14).

Das graue Männchen beim Kloster Himmelthal. Herrlein 317 f. (Elsavathal 22).

Der Teufelsbeschwörer in Keilberg (OÜ: Der Teufelsbeschwörer.). Herrlein 74 bis 77 (Sagen im Aschaffthal und in seiner Umgebung 22).

Der Wassernix im Kahlgrund (OÜ: Der Wasser-Nix.). Herrlein 104 f. (Sagen des Kahlgrundes und seiner Umgebung 19).

Der Spukgeist im Simmig (OÜ: Der Spuckgeist im Simmig.). Herrlein 99 (Kahlgrund 14).

Die Kartenspieler. Herrlein 102 (Kahlgrund 17).

Ein Spessarter Wilddieb (OÜ: Ein Spessarter Wilddieb aus dem vorigen Jahrhundert.). Kaufmann 115–119.

9. Mainstädte

Der Schloßpöpel von Eltmann. (OÜ: Der Schloßpöpel.). Aus: Johann Ludwig Klarmann und Karl Spiegel, Sagen und Skizzen aus dem Steigerwald, Gerolzhofen 1912, 215. (Klarmann-Spiegel.)

Irrwische bei Haßfurt (ÜH). Aus: C. F. Paullini, Kleine Doch curieuse Bauern-Physik . . ., Frankfurt, Leipzig 1711, 76. Zitiert nach Dünninger 73.

Der gespenstige Hammel von Haßfurt (OÜ: Der gespenstige Hammel.). Klarmann-Spiegel 222.

Der Götze Lollus in Schweinfurt (OÜ: Vom Götzen Lollus.). Bechstein 151 (Grabf. 22).

Ausgehackte Frösche. Bechstein 158 f. (Grabf. 28).

Die goldgekrönte Schlange. Bechstein 158 (Grabf. 27).

Die langen Schranken bei Schweinfurt (OÜ: Die langen Schranken bey Schweinfurt.). Panzer I, 173 (195).

Die auferstandene Frau (OÜ: Auferstandene Frau.). Bechstein 166 f. (Grabf. 35).

Der Lindwurm in Volkach (OÜ: Der lindwurm in Volkach, in Unterfranken.). Panzer I, 164 f. (190).

Huya. Schöppner I, 223 (229).

Der gespenstige Fuhrmann. Klarmann-Spiegel 201.

Gespenst in der Mette in Dettelbach (OÜ: Gespenst in der Mette.). Aus: Bernhard Baader, Volkssagen aus dem Lande Baden und den angrenzenden Gegenden, Karlsruhe 1851, 398 f. (Nr. 476). (Baader I).

Steinklopfer bei Dettelbach. Schöppner I, 223 (230).

Der Handschuh der Hadeloga von Kitzingen (ÜH). Aus: Friedrich Bernbeck, Kitzinger Chronik. Im Archiv des kath. Pfarramtes Kitzingen, Nr. 128/29, Fach XXX, Fasc. 10, S. 45. Zitiert nach Dünninger 26 f.

Kohlen werden zu Geld. Baader I, 398 (475).

Schatz bei Kitzingen. Baader I, 398 (474).

Der Schmied von Ochsenfurt (ÜH). Aus: Melchior Adam Pastorius, Franconia rediviva . . ., Bayreuth 1702, 422. Zitiert nach Dünninger.

Die Gründung der Stadt Würzburg (ÜH). Aus: Andreas Goldmayer, Historische / Astronomische vnd Astrologische Beschreibung . . ., Würzburg 1645, 2 f.

Feuersbrunst am Fischmarkt in Würzburg (ÜH). Aus: Ignatius Gropp, Wirtzburgische Chronick . . ., 1. Bd. Würzburg 1748, 309. (Gropp.)

Das große Sterben in Würzburg (OÜ: Grosses Sterben zu Wirtzburg.). Gropp 193.

Die Hexe in der Spitalmühle (ÜH). Fentsch 201.

Das Kreuz von Neumünster (ÜH). Fentsch 179.

Der Spuk in der Universitätsbibliothek von Würzburg (OÜ: Der Spuk in der Universitätsbibliothek zu Würzburg.). Schöppner II, 260 (733).

Die Geisterkirche in Karlstadt (OÜ: Geisterkirche.). Baader I, 385 f. (446).

Die Karlstadter Silberglocke. Baader I, 385 (445).

Der Kaiser im Guckenberg bei Gemünden (OÜ: Der Kaiser im Guckenberg.). Schöppner I, 21 f. (19).

Die Dräutleinsäpfel von Lohr (OÜ: Die Dräutleinsäpfel zu Lohr.). Schöppner III, 42 (969).

Der feurige Mann bei Steinbach. Herrlein 172 f. (Lohr 13).

Der wandernde Hirschwirt von Lohr (OÜ: Der wandernde Hirschwirth.). Herrlein 168 f. (Lohr 8).

Das Wertheimer Epitaph (ÜH). Aus: S. Hänle und K. v. Spruner, Handbuch für Reisende auf dem Maine, 2. Aufl. Würzburg 1845, 158 f, (Hänle-Spruner).

Der Doktor mit den Böcken (OÜ: Der Doctor mit den Böcken.). Aus: A. Fries, Sagen aus Unterfranken, in: Zeitschrift für deutsche Mythologie und Sittenkunde 1/1853, 19–23 (Nr. 3).

Der Riegelstein bei Wertheim (OÜ: Der Riegelstein.). Aus: Alexander Kaufmann, Sagen und Bräuche aus der Main- und Taubergegend, in: Zeitschrift für deutsche Mythologie und Sittenkunde 4/1856, 19 f. (3).

Eine Wertheimer Hexe (OÜ: Hexe als Gans.). Baader II, 112 (150).

Der spukende Feldschieder in Wertheim (OÜ: Der spuckende Feldschieder.). Herrlein 226 f. (Sagen im Haßlochthal und in seiner Umgebung 8).

Der versunkene Schatz bei Stadtprozelten (ÜH). Hänle- Spruner 162.

Spuk an der Miltenberger Überfahrt (OÜ: Spukerei an der Miltenberger Ueberfahrt.). Baader I, 346 f. (389).

Die Riesenpflüge von Aschaffenburg (OÜ: Die Riesenpflüge.). Herrlein 4 f. (Sagen von Aschaffenburg und Umgebung 2).

Der Spuk im Schloßgarten von Aschaffenburg (OÜ: Der Spuck im Schloßgarten.). Herrlein 15 f. (Aschaffenburg 9).

Hexe als Löwe. Baader II, 113 (152).

Der Eitel von Aschaffenburg (OÜ: Der Eitel.). Herrlein 39–41 (Aschaffenburg 26)

Ortsregister

Sachregister

Inhalt